PLUS QU'UNE VIE

Collection animée par Soazig Le Bail,
assistée de Claire Beltier.

Titre original : *The Vanishing Game*
Éditeur original : Bloomsbury Books USA

ISBN 978-2-36474-310-6

Couverture : Delphine Dupuy
Maquette intérieure : Amandine Chambosse

Loi n° 49-956 du 16 juillet 1949 sur les publications destinées à la jeunesse

PLUS QU'UNE VIE

KATE KAE MYERS

TRADUIT DE L'ANGLAIS (ÉTATS-UNIS)
PAR JEAN ESCH

EDITIONS
THIERRY
MAGNIER

LE COMMENCEMENT

La vie est une succession de souffles légers. Et en un seul souffle, tout peut changer.

Inspiration.

Finir les céréales avec mon frère Jack. Quitter la maison en courant.

Expiration.

Plaisanter pendant qu'on faisait la vaisselle. Tirer un coup de feu.

Inspiration.

Prendre des notes sans intérêt en cours d'histoire. Le proviseur qui vient me chercher en classe. Apprendre la nouvelle au sujet de mon frère.

Expiration.

Tout ça en un souffle léger.

Le parking de l'IUT de Troy fut envahi d'élèves qui se précipitaient vers leurs voitures. Ils voulaient être les premiers à sortir, mais surtout, ils voulaient devancer les bus. En ce vendredi précédant les vacances de printemps, il flottait dans l'air une atmosphère de mise en liberté conditionnelle. Heureusement pour moi, j'avais quitté le bureau du proviseur quelques minutes plus tôt et, par conséquent, il n'y avait que trois voitures devant ma petite Civic cabossée. Je roulais au pas, avide de liberté comme tous les autres. Peut-être plus.

Mon portable bourdonna, je jetai un coup d'œil au texto. C'était Brooke, qui voulait savoir si je participais à la sortie camping. Six ados qui faisaient griller des hot-dogs et de la guimauve. En se racontant des histoires de fantômes. Ou essayant de se faire rire. Pourrais-je rire de nouveau, un jour ? Je ne le pensais pas.

Si Jack avait toujours été de ce monde, on y serait allés tous les deux. Mais trois semaines plus tôt, mon frère jumeau avait péri dans un accident de voiture. Partout, où que j'aille, la douleur de sa disparition m'accompagnait. Elle m'épuisait, comme un sac à dos qui rythmait mon chagrin en cognant contre mon âme à chaque pas.

Je n'avais pas vraiment envie d'aller camper, mais la perspective de passer tout le week-end avec ma famille d'accueil me déprimait. Pire encore, je savais que le souvenir de la présence de Jack dans cette maison provoquerait un incessant murmure de deuil.

La voiture de devant s'engagea dans la rue et je franchis le stop à sa suite. Dix minutes plus tard, je me garai dans l'allée de la grande maison d'un étage où mon frère et moi avions vécu ces trois dernières années. En entrant, j'entendis les échos d'une émission culinaire à la télé et les gamins qui chahutaient avec le chien. Ça sentait les brownies aux flocons d'avoine. Les préférés de Jack.

– C'est toi, Jocelyn ? lança ma mère adoptive dans la cuisine.

Avant que je puisse répondre, Marilyn apparut dans l'encadrement de la porte, une main protégée par une manique, l'autre tenant une spatule. Elle souffla sur la frange qui tombait devant ses yeux.

– Alors, tu as décidé si tu partais camper ou pas ?

– Oui, je crois que je vais y aller.

– Parfait.

La sonnerie du minuteur la rappela en cuisine. Pardessus son épaule, elle ajouta :

– Tu as reçu une lettre. Elle est dans ta chambre.

J'ouvris le placard du couloir, attrapai un sac de couchage et montai. Dans ma chambre, je laissai tomber le duvet par terre. Mon esprit était accaparé par cette sortie camping : que devais-je emporter, comment m'habiller, quels sujets éviter ? Je remarquai la lettre. Encore des paperasses de l'IUT, sans doute.

Je pris l'enveloppe et la regardai fixement, la bouche entrouverte par un hoquet de surprise. Un frisson me parcourut de la tête aux pieds : l'onde de choc qui suit un tremblement de terre.

C'était une lettre de Jack.

1
MARATHON

En demeurant le plus possible dans la pénombre des immeubles, je courais sur le trottoir. Les semelles de mes chaussures qui claquaient sur le bitume mouillé martelaient une psalmodie désespérée : *Arriver jusqu'à lui… arriver jusqu'à lui…* Des voitures vrombissaient au loin. Je me faufilai dans des petites rues et franchis des passerelles découvertes ; j'étais essoufflée en débouchant dans Arsenal Street qui conduisait à la grande place de Watertown. Des spirales de pluie semblaient prisonnières dans les halos des lampadaires. Elles me rappelèrent *La Nuit étoilée* de Van Gogh, le tableau préféré de mon frère Jack. En d'autres circonstances, j'aurais apprécié la beauté abstraite de cette scène, mais à cet instant, je ne pensais qu'une seule chose : *C'est beaucoup trop éclairé par ici.*

J'étais trempée jusqu'aux os. Clignant des yeux pour chasser le brouillard du mascara dégoulinant, j'augmentai mon allure. L'enseigne d'une banque indiquait l'heure : 22:07. J'étais à trois heures du refuge de la maison et j'avais encore plus peur que le jour où j'avais quitté cette ville dans le nord de l'État de New York, il y avait presque cinq ans de cela. La pluie plaquait mon T-shirt contre mon corps et me cinglait le visage, mais j'avais l'esprit ailleurs. Le bruit de fond de l'angoisse étouffait toute douleur.

Deux voitures arrivaient en sens inverse ; leurs phares fouillaient la nuit comme des projecteurs. Je reculai dans la pénombre, le cœur battant, les poumons en feu. Quand elles furent passées, je traversai à toute vitesse la large artère. J'arrivai sur la place et passai devant la grande fontaine, sans ralentir. Les jets d'eau produisaient un sifflement sous la pluie. Je contournai les grands bâtiments de brique qui faisaient face à l'esplanade et me sentis moins vulnérable dans l'ombre profonde de leurs façades. Quelques secondes plus tard, je m'engouffrai dans une ruelle, puis traversai le parking désert d'une banque. Plus que deux pâtés de maisons ! Pendant que je courais, une seule question, pressante, tournait en boucle dans ma tête : sera-t-il encore là ?

Noah Collier était un garçon d'habitudes, et je savais que j'avais une chance de le trouver. Une minute plus tard, en tournant au coin d'une rue, j'aperçus mon objectif : un parking mal éclairé. Je le balayai du regard et le soulagement m'envahit quand je vis sa Jeep Cherokee noire.

J'observai le bâtiment de pierre grise. Noah était toujours à l'intérieur *a priori*, en train de s'entraîner dans sa salle d'arts martiaux, mais pas question d'entrer comme ça pour essayer de le trouver. Je devais attendre. Combien de temps ? Je n'allais quand même pas rester là et servir de cible à la personne qui me suivait. Alors, je me précipitai vers la Jeep en repoussant les mèches de cheveux mouillées qui me tombaient dans les yeux. Je tirai sur la poignée. La portière était verrouillée. Je repensai à la nuit précédente, quand j'avais espionné Noah. Il avait sorti plusieurs caisses de l'arrière de la Jeep. Je soulevai le hayon.

Après avoir repoussé un carton de bouteilles d'eau, je grimpai à bord du véhicule. Pas facile. Avec mon mètre quatre-vingt-deux, j'étais grande pour une fille. Je refermai le hayon et me recroquevillai sur le plancher, puis je restai allongée dans l'obscurité, essayant de reprendre mon souffle en écoutant la pluie qui martelait le toit. C'était peut-être mieux ainsi, pensais-je, car il ne serait certainement pas très content de me trouver assise sur le siège du passager.

Si j'étais soulagée d'être à l'abri, l'idée qu'un individu me traquait raviva mon angoisse quand je pris conscience de ma position vulnérable. Blottie à l'arrière d'un 4x4, sans arme et quasiment incapable de bouger, je ne pouvais pas me défendre. Je tendis l'oreille pour tenter de percevoir un bruit de pas, malgré le vacarme de l'averse. Si quelqu'un m'avait réellement suivie, il allait rappliquer dans une poignée de secondes. L'adrénaline déferla de nouveau et j'envisageai sérieusement de risquer un coup d'œil par la fenêtre. Mais je me retins et, après deux ou trois minutes, je me dis que je m'étais peut-être laissé emporter par mon imagination.

Maintenant que je ne pouvais plus bouger, mon corps commença à refroidir et, très vite, je me mis à grelotter. Je me surpris à attendre Noah avec impatience. Même si, évidemment, je ne savais pas trop comment il réagirait ; d'autant qu'il ne me laisserait pas beaucoup de temps pour m'expliquer. Parcourue de frissons, j'essayai de trouver une position confortable. Mes pensées formaient une masse confuse et brumeuse. Comment tout cela était-il arrivé ?

À aucun moment durant la journée passée à espionner Noah, je n'avais envisagé de me confier à lui. Mais il y a moins d'une heure, on m'avait volé ma voiture sur le parking d'un cybercafé. À l'intérieur se trouvait presque tout ce que j'avais emporté en quittant la maison de mes parents adoptifs à Troy : mon argent, mes vêtements, mon téléphone portable et mon netbook. Il ne me restait plus, sur moi, que divers papiers d'identité, les clés de ma voiture disparue et l'enveloppe qui m'avait poussée à venir ici, au départ.

Plus perturbant encore, mon instinct m'affirmait que j'étais suivie. Cet instinct qui semblait aiguiser sa lame sur mes nerfs en me mettant en garde : l'individu qui avait volé ma voiture n'en resterait pas là. Réclamer l'aide de Noah était le seul plan qui me venait à l'esprit car il n'était pas question d'aller à la police.

Le bruit d'une serrure électronique que l'on débloque me fit sursauter ; je retins mon souffle. Était-il enfin là ? La portière du passager s'ouvrit et une lumière crue s'alluma au plafond. Les yeux plissés, je tentai de me faire encore plus petite. Et maintenant ? Je savais que Noah n'était pas du genre à réagir calmement en me découvrant cachée dans sa voiture, quoi que je puisse dire. Surgir de l'arrière de sa Jeep alors qu'il ne s'y attendait pas risquait de me valoir un coup de poing en plein visage, ou pire. Je décidai de ne pas bouger.

Il s'installa au volant et claqua la portière ; le plafonnier s'éteignit. Le moteur rugit et une chanson que je ne reconnus pas jaillit de la radio. La Jeep quitta sa place de stationnement. Une fois sortie du parking, elle accéléra. Des ombres défilaient derrière les vitres, semblables à des chauves-souris vaporeuses. Ma position dans cet espace exigu devenait encore plus inconfortable maintenant que nous roulions. Le coffre d'une Jeep n'est pas vraiment conçu pour accueillir des passagers et je commençai à avoir des fourmis dans les pieds ; il fallait que je bouge. Mais je n'osais pas me redresser, de peur que Noah aperçoive le haut de mon crâne dans le rétroviseur. J'essayai de changer de position, tant bien que mal. Quelques virages serrés m'obligèrent à m'accrocher. En outre, il faisait sacrément froid à l'arrière. S'il avait mis le chauffage, l'air chaud ne parvenait pas jusqu'à moi.

Le trajet dura une dizaine de minutes, mais il me parut beaucoup plus long. Me cacher à l'arrière d'une voiture appartenant à un garçon auquel je n'avais pas adressé la parole depuis presque cinq ans ne correspondait pas à mon idée du bien-être. Me reconnaîtrait-il, au moins ? J'avais beaucoup changé. En écoutant la pluie, la radio et le bruissement des essuie-glaces, je réfléchissais à ce que j'allais lui dire quand on se retrouverait face à face.

« Salut, Noah. Crois-le si tu veux, c'est moi, Jocelyn Harte. Je pense qu'il faut qu'on se parle. Je sais que ça remonte à loin et qu'on ne s'est pas quittés en très bons termes, étant donné que tu as promis de me tuer si tu me revoyais. Mais

on n'était que des gamins en ce temps-là, et tu ne pensais pas vraiment ce que tu disais, hein ? »

Oui, aucun doute, ça marcherait.

On quitta le centre de Watertown en suivant Woodward Hill Road qui longeait la Black River. J'aurais dû me sentir soulagée car j'étais désormais à l'abri de mon poursuivant. Au lieu de cela, je me sentais affreusement seule. Non, pas seule. Pire. Dépendante d'un garçon qui ignorait que je me cachais à l'arrière de sa voiture.

Finalement, la Jeep ralentit et tourna à gauche, après quelques minutes, elle pénétra dans une allée et s'arrêta en douceur. J'entendis la porte du garage se lever, et on avança de nouveau. Le bourdonnement de la pluie cessa brutalement et l'intérieur de la voiture fut inondé par la lumière blanche d'une ampoule nue qui pendait au plafond. La porte du garage se referma derrière nous. Noah coupa le moteur et la radio se tut. Plaquée contre l'arrière du siège, je ne bougeais pas un cil. J'analysais chaque bruit.

La portière du conducteur s'ouvrit. Noah descendit et la claqua derrière lui. Ses pas crissèrent sur le sol en béton granuleux. Je savais qu'il serait beaucoup plus malin d'attendre qu'il soit rentré chez lui pour l'aborder. Je n'oserais pas frapper à la porte de séparation entre le garage et la moitié de la maison qu'il occupait, mais je pourrais me faufiler au-dehors et sonner.

Il s'éloigna de la Jeep. Une porte s'ouvrit et se referma. Je respirais un peu mieux, même si mon cœur battait encore à tout rompre. Je me redressai à quatre pattes pour regarder par la vitre. J'étais seule. Le hayon ne s'ouvrait pas de l'intérieur ; je dus escalader le siège avant pour sortir. Il y avait deux portes dans le garage. Une s'ouvrait sur l'intérieur de la maison, l'autre sur le jardin de derrière. C'était là que je devais aller, sans faire de bruit. Ayant espionné Noah, je savais que l'autre moitié de la maison était inoccupée. Au moins, cela supprimait le problème des voisins trop curieux.

À peine eus-je fait quelques pas qu'un léger crissement sur le béton me fit sursauter. En me retournant, je découvris la large carrure de Noah, juste avant qu'il se jette sur moi et me plaque contre la Jeep. Le choc déclencha une vive douleur dans ma nuque. Je poussai un cri. Il l'étouffa en me serrant le cou. Je me débattis, mais il avait des bras d'orang-outan. Mes poings ne l'atteignaient pas et il évitait sans peine mes coups de pied. Voyant que me battre ne servait à rien, je tentai désespérément de m'expliquer, mais ses mains serraient ma gorge de plus en plus fort et seuls quelques grognements s'échappèrent de mon corps qui manquait d'air. J'étais à sa merci.

Affolée, je plantai mes ongles dans ses mains. En vain. Je ne savais plus quoi faire, à part prononcer le nom qui me rendrait peut-être ma liberté. Les yeux fixés sur son visage déformé par la colère, je répétai deux mots importants, encore et encore. Aucun son ne sortait de ma gorge ; je devais ressembler à un poisson échoué sur le sable avec ma bouche qui s'ouvrait et se refermait, mais je continuai malgré tout. J'articulai ces deux mots, aussi distinctement que possible, en plongeant mon regard dans les yeux de fou de Noah.

Pourquoi ne comprenait-il pas ? J'étais à quelques centimètres de son visage ! Cet imbécile ne savait pas lire sur les lèvres ? Le sang battait à mes tempes, avec un bruit de ressac, mon visage me paraissait brûlant, enflé. Une brume légère se forma devant moi. Il allait me tuer !

Je laissai retomber mes mains et cessai de lutter. Je le dévisageai une dernière fois, dans un ultime effort avant de perdre connaissance. Je le suppliai du regard, sans résultat. Je n'avais jamais été très douée pour implorer les gens. En outre, pas facile de paraître vulnérable avec mon mètre quatre-vingt-deux, face à un gars qui mesurait à peine cinq centimètres de plus que moi.

L'étau qui me broyait la gorge se desserra enfin, juste assez pour me permettre d'aspirer quelques bouffées d'air. Il approcha son visage du mien.

– Tu as deux secondes pour t'expliquer.

J'ouvris la bouche, horrifiée de constater qu'aucun son n'en sortait. Ses doigts se refermèrent sur mon cou. Rassemblant mes dernières parcelles d'énergie, je parvins à croasser :

– Troisième *freak* !

Noah retira ses mains comme si j'étais de braises ardentes. Il recula, les yeux écarquillés. Plusieurs expressions traversèrent son visage : la stupéfaction, le doute, puis la colère. Je n'y prêtai pas attention, mon corps était trop occupé à avaler de l'air avec une voracité délirante. Mes membres tremblaient et je me sentais glisser le long de la Jeep. Noah bondit pour me retenir, mais je balançai mon poing, de toutes mes forces. Je l'atteignis à un endroit sensible, violemment ; il se plia en deux, avant de tomber à genoux en grognant.

On demeura dans cette position pendant un moment, moi assise sur le béton froid, adossée au pneu, et lui recroquevillé, tout près. On se regardait, sans rien dire.

2
L'ENVELOPPE

Je savourais la chaleur qui irradiait de la cheminée à gaz, pendant que je me séchais les cheveux avec une serviette, assise au bord du foyer surélevé. À l'exception d'une faible lampe, les flammes dispensaient l'unique lumière de la pièce. Des ombres tapies dans les coins se cognaient la tête contre le plafond.

En balayant du regard la moitié de la maison occupée par Noah, je remarquai les tapis usés, les murs qui avaient besoin d'un coup de peinture et les encadrements de fenêtres en aluminium bon marché. Une bibliothèque miteuse, collée contre un mur, croulait sous les livres de poche et les autres meubles semblaient déglingués. Malgré cela, tout était bien rangé.

D'après ce que m'avait dit Jack, je savais que Noah partageait autrefois cet endroit avec un colocataire, jusqu'à ce que celui-ci parte s'installer avec sa copine. Noah s'était retrouvé seul, mais il avait les moyens de payer le loyer.

Meilleurs amis du monde depuis l'enfance, Jack et Noah, ces deux génies de l'informatique, avaient fini par mettre au point un programme de protection très performant. Celui-ci avait été acheté par une société qui les avait également engagés en tant qu'analystes-programmeurs à temps partiel.

Le souvenir de Jack provoqua en moi un tumulte d'émotions. Cela faisait trois semaines maintenant que je vivais avec le chagrin de sa disparition, et c'était comme si une grosse pierre me broyait le cœur. Jusqu'à ce que je reçoive cette enveloppe.

– Qu'est-ce qui t'est arrivé, nom de Dieu ? demanda Noah du coin de la bouche.

– Ne jure pas, s'il te plaît.

– Toujours aussi prude, hein ?

Je ne répondis pas, alors il ajouta :

– Ce n'est pas vraiment un juron, tu sais.

C'était un vieux débat. Je restai muette, la gorge encore endolorie. Ma voix avait maintenant un timbre rauque, plus ou moins sexy, qui m'inquiétait. Sans regarder Noah, je sentais que ses yeux me transperçaient.

– Bon, alors, qu'est-ce qui t'est arrivé, *nom d'un chien* ?

Je passai la main dans mes cheveux humides.

– J'ai eu une dure journée.

– Je ne parle pas de ça, Jocey, dit-il en employant mon surnom de gamine. Tu n'es plus du tout comme avant. C'est quoi, ce maquillage et ces cheveux blonds ?

– J'ai grandi ! Qu'est-ce que tu croyais ? Que j'allais rester une pauvre ringarde toute ma vie ?

Mon regard dériva vers les fenêtres noires qui dégoulinaient de pluie.

– Tu veux bien fermer les rideaux ?

Noah hésita un instant avant de s'exécuter. D'un geste brusque, il tira les rideaux et se rassit.

– Je n'aurais jamais cru que c'était vraiment toi sans ces deux petits grains de beauté dans ton cou. On dirait une morsure de vampire. Je me souviens que je passais mon temps à les regarder, en imaginant que je te mordais à cet endroit.

Un souvenir me revint : la première fois où, Jack et moi, on avait vu Noah. C'était dans la chambre des garçons de Seale House, notre nouveau foyer d'accueil. Il était agenouillé devant un sac-poubelle noir découpé pour former un grand rectangle. Avec du ruban adhésif d'emballage transparent, il l'avait soigneusement plissé pour en faire une cape. Des années plus tard, assise devant cette cheminée, je n'aurais pas su dire combien de temps avait duré sa période Dracula. Quoi qu'il en soit, elle avait fini par céder la place au duo Dark Vador-Luke Skywalker, eux-mêmes remplacés plus tard par un ninja noir.

Mes doigts remontèrent dans mon cou.

– Je ne l'ai jamais su.

Il sourit, mais ce n'était pas un sourire agréable qui semblait dire « renouons notre vieille amitié ». À vrai dire, il me mettait plutôt mal à l'aise. Je posai la serviette avec laquelle je m'étais séché les cheveux. La chaleur bienfaisante du feu m'aidait à supporter mes vêtements encore mouillés.

– Je m'étonne que tu sois revenue ici. Tu détestes cette ville.

– Ce n'était pas mon intention. Mais après l'accident…

Ma voix mourut, impossible d'achever ma phrase. J'écoutai le murmure de la pluie.

– Jocelyn, je suis navré pour Jack. Sincèrement.

Une boule m'obstruait la gorge, ça faisait mal. Je hochai la tête en me mordillant la lèvre inférieure.

– Je chattais souvent avec Jack, reprit Noah. Il m'a raconté qu'un an après votre départ de Watertown, vous vous êtes retrouvés dans une autre famille d'accueil. C'est là que vous viviez.

– Les Haberton sont des gens bien, et leur maison n'a rien à voir avec Seale House. C'est une grande famille catholique installée à Troy, dans la périphérie d'Albany. Brent est docteur à l'hôpital du coin. Marilyn, la mère, est super. Ils sont super tous les deux.

– Tu les appelles par leurs prénoms ?

– Oui. C'est eux qui l'ont proposé, vu qu'on était beaucoup plus âgés que leurs autres enfants. Ils ont fait énormément pour nous. Ils nous ont même inscrits dans un collège technique privé, Jack et moi, pour qu'il puisse devenir analyste-programmeur et me permettre de me spécialiser dans l'art numérique. J'avais des cours le matin, et l'après-midi j'étais en stage. J'ai terminé il y a quinze jours. Maintenant, j'ai retrouvé un emploi du temps normal.

– Tu as fait du design graphique ?

Je hochai la tête.

– Jack a suivi la même formation, mais lui, bien sûr, il faisait de la programmation pour ISI.

– Il m'a parlé un peu de ce collège et de vos parents adoptifs. Ils savent que tu es ici ?

– Non. C'est les vacances de printemps. Je devais partir camper avec des copains, mais j'ai décidé d'annuler pour venir à Watertown.

– Pourquoi es-tu revenue, Jocelyn ? Et qu'est-ce qui t'a pris de te cacher à l'arrière de ma bagnole ?

Son ton débordait de méfiance et un silence pesant s'installa de nouveau entre nous. Ne sachant pas si je devais lui confier mes raisons, je demandai :

– Tu es toujours furieux à cause de ce qui s'est passé le soir où j'ai quitté Seale House ? Je n'étais qu'une gamine, tu sais. (Il détourna le regard. Je me levai et ajoutai :) C'était une erreur.

– Assieds-toi. On n'a pas fini.

Je l'observai avec appréhension.

– Pourquoi tu es si nerveuse ? Je ne vais pas te faire de mal.

Des larmes inattendues embuèrent ma vision, comme la pluie tout à l'heure. Humiliée, je me dirigeai vers un recoin sombre pour me cacher. Il se leva du canapé et vint se planter près de moi. Je n'avais pas besoin de le regarder pour sentir sa présence, de la même manière que je sentais la chaleur du feu.

– Tu ne pleures jamais d'habitude.

Il paraissait déconcerté maintenant.

– Je ne pleure pas, mentis-je.

Il avait raison : je n'avais jamais été une pleurnicheuse mais trois semaines plus tôt, en apprenant la mort de Jack, mon cœur s'était brisé. Et puis, hier, en découvrant cette enveloppe, j'avais senti l'espoir renaître, comme un oiseau qui file vers le soleil à tire-d'aile. Passer si brutalement du gouffre du désespoir à cette altitude m'avait donné le vertige. Et m'avait plongée dans un état de panique. Je brûlais d'envie de retrouver Jack et de savoir ce qui lui était arrivé. Alors, j'avais roulé jusqu'à Waterford et espionné Noah, persuadée que mon frère irait trouver le seul gars en qui il avait confiance. Mais Jack ne s'était pas montré et j'avais senti que je retombais dans le gouffre. Voilà pourquoi il suffisait d'un rien pour faire surgir les larmes.

Noah prit mon menton dans ses doigts et m'obligea à le regarder. Je discernai ses traits fins à travers mes yeux embués. Je tournai la tête d'un mouvement brusque, libérant une larme qui roula sur ma joue. Je l'essuyai rapidement. Noah posa la main sur mon épaule et me conduisit devant la cheminée. Cette fois, il s'assit à côté de moi.

– Ne t'inquiète pas. Il s'est passé un tas de choses depuis cette époque et je ne suis plus le même garçon.

– C'est ce qui me fait peur.

– Comment ça ?

– Dans le temps, il y avait un garçon appelé *Freak* qui était devenu mon héros.

Il secoua la tête.

– Arrête, Jocey.

– Je me souviens de ma première nuit à Seale House. Hazel Frey nous avait enfermés dans la cave, Jack et moi. On était terrorisés. Habituellement, Jack m'affirmait que tout finirait par s'arranger. Là, il ne disait rien. Il était malheureux, lui aussi. Tu as raison, je ne pleure jamais, mais ce soir-là, j'ai pleuré.

– Tous les enfants avaient une peur bleue de la cave.

– Il n'y avait pas que la peur. C'était plutôt l'impression de voir l'espoir écrabouillé comme une araignée sous une chaussure. Cette maison nous paraissait immense, impressionnante. Pour la première fois depuis longtemps, nous avions un tout petit peu d'espoir. Mais quand Hazel nous a enfermés dans la cave, on a compris ce qui nous attendait.

Le silence s'était installé dans la grande maison. Jack et moi étions assis côte à côte dans le noir quand on entendit une clé tourner dans la serrure. La porte en haut de l'escalier s'ouvrit et un rai de lumière entra. Puis un garçon que l'on avait déjà vu descendit à pas feutrés, enveloppé dans une cape de Dracula. Il avait une lampe torche.

– Tenez, murmura-t-il en nous tendant des assiettes en carton remplies de tranches de rosbif froid et de petits pains.

Il nous apprit qu'il s'appelait Noah et nous montra un grand carton. Il souleva un des rabats en déclarant :

– Vous pouvez prendre tout ce qu'il y a là-dedans.

Mon angoisse s'atténua un peu en le voyant sortir des couvertures, des oreillers et une autre lampe. Il la lança à Jack, en précisant :

– La laisse pas allumée toute la nuit. Si les piles sont mortes, je serai obligé d'en faucher des neuves dans le placard. Et elle risque de s'en apercevoir à force.

Pour finir, il sortit du carton une poignée d'illustrés, qu'il me tendit. Je lui souris.

– Merci, Noah.

– Assurez-vous que tout le monde est couché avant d'utiliser tout ça. Si Hazel vous surprend, elle va piquer sa crise.

– Je te revois encore assis sur la première marche, nous expliquant qu'il fallait attendre que Hazel soit dans les vapes avec sa marijuana. Ensuite seulement on pourrait ouvrir le carton. Pendant que Jack et moi, on mangeait, tu es resté bavarder avec nous, tu t'en souviens ?

– C'était il y a longtemps.

– Moi, j'ai l'impression que c'était hier. (Je m'éloignai légèrement de Noah pour le regarder.) Tu m'as demandé si j'étais un garçon ou une fille et j'étais gênée.

Quelques jours avant mon arrivée à Seale House, ma mère m'avait coupé les cheveux, la seule chose qui indiquait que j'étais une fille, vu que je ressemblais terriblement à un garçon, un grand échalas un peu gauche.

– Mais je ne t'en ai pas voulu car tu étais gentil. Je me souviens de m'être assise sur un oreiller pendant que tu nous parlais des vampires.

Noah soupira.

– Je suis crevé. Où tu veux en venir, au juste ?

– Je veux savoir ce qui cloche à Seale House.

– À part le fait que la maison a été à moitié détruite par un incendie ?

– Oui. (Je tournai la tête dans tous les sens pour soulager la tension de mon cou.) Comment c'est arrivé ?

– Je ne sais pas. Sans doute que quelqu'un a gratté une allumette.

– Celui qui a fait ça devait vraiment détester cet endroit. Mais on ne peut pas lui en vouloir, il y avait vraiment un truc pas clair dans cette baraque. Un truc qui foutait les jetons. Peut-être qu'il y avait un poltergeist.

– Un poltergeist ?

– Un fantôme, un dévoreur d'enfants... Choisis le nom que tu veux.

Noah m'observa comme si j'étais cinglée. Les flammes de la cheminée à gaz gravaient des tatouages dansants sur son visage.

– C'était du bidon tout ça, Jocey. Des mioches qui inventaient des histoires.

– Oui, bien sûr. C'est ce que je me suis dit pendant des années, en essayant d'échapper à cet endroit qui s'accroche à vous.

– Arrête ton délire ! Pourquoi tu exhumes ces vieux machins du passé ?

– Crois-moi, Noah, je n'avais pas du tout l'intention de te revoir. Mais il m'est arrivé un sale coup ce soir et je ne savais pas vers qui me tourner.

– Qu'est-ce qui s'est passé ?

– On m'a volé ma voiture, avec presque toutes mes affaires dedans, y compris mon fric et mon téléphone. (Je ne précisai pas que j'étais certaine d'avoir été suivie.) Alors, est-ce que tu peux m'aider, juste le temps que je trouve une solution ? Ensuite, je sortirai de ta vie et tu pourras faire comme si cette triste soirée n'avait jamais eu lieu.

– Entendu. Mais donne-moi la vraie raison pour laquelle tu es revenue à Watertown.

Je retrouvais le Noah dont j'avais gardé le souvenir, celui qui ne lâchait jamais rien. J'inspirai à fond et soufflai lentement.

– Je cherche Jack.

Son visage se ferma.

– Jack est mort.

– Si tu le dis.

– Qu'est-ce que ça signifie ?

Je haussai les épaules.

– J'ai reçu par la poste un article de journal consacré à l'incendie de Seale House. Il était dans une enveloppe de Jason Décembre.

– Impossible !

Je sortis de ma poche l'enveloppe pliée et trempée et la lui tendis. Le nom était écrit en majuscules dans le coin supérieur gauche. J'eus l'impression que l'on était redevenus deux gamins à qui on remet une énigme.

C'était un matin de juillet humide. On était assis dans notre cachette, Noah et moi, sur les plus hautes branches du pin géant. Personne ne pouvait nous voir. On avait fini d'arracher les mauvaises herbes dans les parterres de fleurs et on n'avait pas besoin de commencer à préparer le déjeuner des petits avant midi. Autrement dit, on avait devant nous une heure de bonheur pour déchiffrer les indices. Jack avait disparu, mais il nous avait laissé un message afin de nous défier.

Je le lus à voix haute, pendant que Noah regardait par-dessus mon épaule : « Si vous lisez ce message, ça signifie que vous êtes sur le point de me **trouver***. Cet indice mène à la dernière pièce du puzzle. Il y a des* **pages** *là où elle est cachée, mais elle n'est pas dans un livre. Elle est exposée aux regards, mais dépêchez-vous ou sinon, elle sera arrachée. Vous devez me trouver très vite. Jason Décembre. »*

Un vent chaud faisait danser les branches et éveillait le parfum boisé des pins, pendant que Noah et moi, on se creusait les méninges. C'est seulement une fois qu'on eut analysé le nom « Jason Décembre » que Noah comprit enfin.

– J'ai trouvé ! (Il sortit de sa poche un bout de crayon et écrivit au dos de la lettre. **J***[uillet]* **A***[oût]* **S***[eptembre]* **O***[ctobre]* **N***[ovembre]* **Décembre***.) Les six derniers mois de l'année !*

– Exact.

Hébétée, je regardais Noah avec un respect nouveau.

– Tu es aussi intelligent que Jack.

– Plus.

Je ne discutai pas. On redescendit de l'arbre et retourna vers Seale House. On savait maintenant que le dernier indice serait scotché derrière le calendrier dans la cuisine. C'était un moment magnifique.

À partir de ce jour, toutes les chasses au trésor que nous proposait Jack et tous ses messages furent signés de ce nom de code : Jason Décembre. C'était notre secret et nous trois seulement savions ce que ça voulait dire.

Noah, qui examinait l'inscription sur l'enveloppe, leva finalement les yeux vers moi.

– Pourquoi tu souris ? me demanda-t-il.

Mes lèvres se pincèrent.

– Je repensais à la première lettre de Jason Décembre.

Cette fois, je me mis à pleurer pour de bon, Noah pouvait bien penser ce qu'il voulait de moi. J'évitais de croiser son regard mais je devinais, à sa posture raide, qu'il était mal à l'aise.

– Je crois qu'il est toujours vivant, Noah. (Je ravalai mes sanglots jusqu'à ce que je retrouve une voix posée.) Et je sais que s'il a des ennuis, c'est vers toi qu'il se tournera. Tu es son meilleur ami.

Je n'avouai pas que je l'avais espionné, en espérant voir surgir mon frère.

– Non, il ne peut plus être vivant, dit-il d'une voix qui ne trahissait aucune émotion. C'est impossible.

– C'est à cause de toi que Jack a fini par travailler pour ISI et qu'il s'est donné à fond. Et c'est peut-être à cause d'eux qu'il a des ennuis. Imagine qu'il se soit passé une chose qui l'a bouleversé ou incité à disparaître ?

Noah me regarda en secouant la tête. Son refus d'accepter mes théories ébranlait ma détermination car il connaissait mon frère mieux que quiconque… moi exceptée. Je repensais à toutes ces nuits que Jack avait passées à chatter avec Noah, pour entretenir une amitié qui comptait énormément pour lui.

Elle avait ressuscité un an plus tôt, quand Jack avait renoué le contact avec Noah par le biais d'un réseau social.

Après avoir rattrapé le temps perdu, ils s'étaient mis à jouer et à communiquer par messagerie instantanée. Programmeurs passionnés l'un et l'autre, ils collaboraient pour élaborer des systèmes de codage, parmi lesquels un programme de protection destiné à contrer les pirates informatiques et à les identifier. Cette réussite avait attiré l'attention de plusieurs groupes de spécialistes. Et puis, un jour, ils avaient été contactés par une société nommée Internet Security, Inc.

Impatiente, je jetai un coup d'œil à la pendule de ma Civic. Je ne voulais pas que l'on arrive en retard en cours, une fois de plus, car on se retrouverait collés sur le campus. Alors que je m'apprêtais à klaxonner, je fus soulagée de voir Jack sortir en courant et quasiment plonger à l'intérieur de la voiture.

– Je t'avais dit de te dépêcher ! pestai-je, tandis qu'il claquait la portière.

Je démarrai en trombe.

– Mlle Biddway va me pulvériser avec son regard laser si j'arrive encore en retard.

– Laisse tomber. Tu sais ce que je viens de recevoir ? (Il n'attendit pas ma réponse.) Un mail d'ISI. Tu te souviens, ils ont demandé à Noah d'être analyste-programmeur chez eux ? Maintenant, ils veulent m'engager aussi !

– Où tu vas trouver le temps ?

– Pas de souci. Dans leur mail, ils disent qu'ils vont contacter l'école pour voir si je peux faire un stage chez eux le semestre prochain.

– Pas question !

– J'ai de bonnes notes, je suis sûr que le principal sera d'accord. Et quand tu sauras combien ils veulent me payer !

Travailler chez ISI avait permis à Jack et à Noah de gagner pas mal d'argent pour des garçons de leur âge, et ils n'avaient pas craché dessus. Mais cela prenait énormément de temps à Jack, et il y avait eu un prix à payer.

Mes pensées me ramenèrent dans le présent et j'observai l'expression dubitative de Noah qui examinait la coupure de presse froissée qui se trouvait dans l'enveloppe. Une photo de Seale House, datée de la veille de l'accident de Jack, était accompagnée d'une légende. Je l'avais quasiment mémorisée.

D'après la police, une demeure historique de Keyes Avenue a été partiellement détruite par un incendie qui s'est déclaré ce matin très tôt. La maison, inoccupée, allait être saisie. L'origine du sinistre est jugée douteuse par les responsables des pompiers et une enquête va être ouverte.

Noah retourna l'article, mais il n'y avait aucun message au dos.

– Franchement, dit-il, je ne sais pas quoi en penser.

Il remit la coupure de presse dans l'enveloppe et me la rendit.

– Tu peux dormir ici, si tu veux, ajouta-t-il en montrant une porte au fond du couloir. Il y a une autre chambre. La buanderie est juste à côté, tu peux utiliser le sèche-linge pour tes affaires. Tu trouveras des T-shirts dans la commode.

Il se leva et s'éloigna. Par-dessus son épaule, il lança :

– Essaye de te ressaisir.

Je ne pris pas la peine de le remercier. Je comprenais maintenant que Noah ne me croyait pas. Pensait-il que je lui avais montré un faux article ? Pendant quelques secondes, la certitude que mon frère était toujours vivant vacilla comme la flamme d'une bougie dans un courant d'air glacé. Mais je protégeai mentalement cet espoir ; je ne voulais pas que la logique implacable de Noah puisse l'éteindre. En outre, j'étais certaine d'une chose, et je me réjouissais d'avoir obtenu cette confirmation : ce n'était pas Noah qui m'avait adressé l'enveloppe signée Jason Décembre. Et étant donné que seuls Noah, Jack et moi connaissions ce nom de code, ça ne pouvait être personne d'autre. Mon frère était donc vivant, quelque part à Watertown, car le cachet de la poste montrait qu'elle avait été envoyée d'ici.

Pourquoi Jack avait-il simulé sa mort et m'avait-il fait parvenir cet indice ? C'était une énigme. Mais je savais qu'il ne m'aurait pas laissée souffrir le martyre durant plusieurs semaines sans une excellente raison. Une fois que je l'aurais retrouvé, il me raconterait tout.

3
WATERTOWN

M'éveillant d'un sommeil sans rêves, je découvris la lumière pâle du matin et jetai un coup d'œil au réveil posé sur la table de chevet. Presque onze heures. Encore une journée grise. Mon esprit dériva une fois de plus vers mon frère. Mon jumeau, Jack Harte, et moi étions les deux seuls enfants de notre mère, Melody. Affirmant que l'on avait failli la tuer à l'accouchement, elle avait immédiatement insisté pour que le médecin lui « noue les tuyaux ».

Grands l'un et l'autre, on se ressemblait beaucoup, sauf que j'avais les yeux bleus et lui marron. Nés d'une mère toute frêle qui mesurait un mètre soixante, on ne pouvait que s'interroger sur notre père. On ne l'avait jamais connu et Melody refusait de parler de lui. Alors, très souvent, on inventait des histoires, Jack et moi, en partant du principe qu'il était très grand. Par exemple, on avait décidé qu'il jouait pivot dans une équipe de basket professionnelle.

– À ton avis, c'est lequel ? demandai-je tandis qu'on regardait un match à la télé.

J'avais dix ans et je guettais les gros plans furtifs sur l'écran, dans l'espoir de découvrir une ressemblance flagrante avec l'homme qui aurait pu contribuer à notre ADN.

– Il faut réduire les possibilités, répondit Jack. Ça ne peut pas être un des Hispaniques. À cause de tes yeux bleus. Par contre, pour mon père, ce serait possible.

– Imbécile ! Tu as oublié qu'on était jumeaux ?

– Aucune importance.

– Bien sûr que si !

– Pas si maman a fait l'amour avec deux types différents le même jour. (Il rit en voyant ma tête.) Ça peut arriver, sœurette. Je l'ai lu dans le journal.

Je me retournai pour masquer mon expression. Quelques minutes plus tard, je quittai le salon et gagnai notre minuscule chambre miteuse. Au-dehors, des boulettes de neige dure comme des cristaux de sel frappaient les carreaux.

– Hé, lança Jack en entrant dans la chambre, il y a cinq minutes tu disais qu'elle avait certainement couché avec toute l'équipe de basket, tu te souviens ?

– C'est pas ça. (Je m'arrachai à la contemplation de la neige pour le regarder.) Mais si tu avais raison, si on était juste demi-frère et demi-sœur ?

L'idée que l'on puisse ne pas partager le même ADN à cent pour cent m'était insupportable.

Il secoua la tête.

– On ne tient pas notre intelligence de Melody, pas vrai ? dit-il. Elle serait incapable de finir une grille de mots croisés même si sa vie en dépendait. Ça vient forcément de notre père.

Je souris et approuvai d'un signe de tête car j'avais terriblement envie de croire qu'il avait raison. Il s'approcha de moi et me prit par les épaules.

– Tu sais quoi ? J'ai une énigme pour toi. Tu crois que tu sauras la résoudre ?

– Évidemment.

– Ce ne sera pas facile. Aucun indice, cette fois.

– Je n'en ai pas eu besoin la dernière fois.

Ce souvenir me fit sourire, avant de m'obliger à refouler mes larmes. Jack était le seul membre de ma famille que j'avais aimé, auquel je tenais. Il protégeait ma santé mentale comme je protégeais la sienne. Dans cette enfance tourmentée, entre l'indifférence de Melody et la brutalité de ses amants, on s'apportait mutuellement l'affection qu'un enfant unique n'aurait jamais connue. Il n'existait aucune rivalité entre nous. Parfois, on échangeait quelques piques, mais jamais avec l'intention de blesser.

La mort brutale de mon frère avait laissé un trou énorme dans ma vie. Ma douleur était intense. Les séances chez le psychothérapeute ne servaient à rien, même s'il m'affirmait que la guérison serait longue. Ce qui m'avait sauvée, c'était de recevoir cette enveloppe qui portait le nom de Jason Décembre. Je devais m'accrocher et essayer de deviner où se trouvait Jack.

Je sortis du lit en grimaçant car mon cou se souvenait encore de l'étau des doigts de Noah, la veille. En entrant dans la salle de bains, je constatai que mes vêtements avaient été lavés et soigneusement pliés sur le panier à linge. Noah avait-il agi par bonté, ou parce qu'il ne supportait pas de voir des vêtements trempés empilés par terre ? Je penchai pour la seconde explication. Sur mes affaires se trouvaient une brosse à dents neuve, un peigne et une enveloppe à mon nom, avec de l'argent à l'intérieur. Alors que j'aurais dû être reconnaissante, j'avais un goût désagréable dans la bouche. Noah m'avait peut-être donné cet argent pour être sûr que je fiche le camp et que je ne l'embête plus.

Une fois douchée, j'essuyai le miroir embué pour me regarder. L'espace d'une ou deux secondes, j'entrevis la fillette que j'avais été, cachée derrière mon reflet. Tel un hologramme, Jocey apparaissait puis disparaissait en fondu, partiellement recouverte par mon visage aminci et mon balayage blond récent. Au cours de ces dernières années, j'avais passé énormément de temps à essayer d'effacer cette fille, mais mon retour à Watertown ne pouvait manquer de la faire ressurgir. J'étais redevenue cette préadolescente aux cheveux filasse, plate comme une limande, toujours sur la défensive. J'avais été tellement dégingandée, maladroite, en retard physiquement, qu'il m'arrivait d'être surprise par ce que je voyais maintenant dans le miroir.

J'utilisai le sèche-cheveux. À douze ans, je détestais ma coupe courte et je m'étais juré qu'un jour j'aurais de longs cheveux brillants, comme aujourd'hui. Je ne laisserais plus jamais personne les massacrer.

J'arrêtai le sèche-cheveux et reportai mon attention sur le miroir ; l'image de l'ancienne Jocey s'estompa enfin.

Aujourd'hui, à presque dix-huit ans, je devais admettre que mon physique peu attirant d'autrefois avait présenté un avantage. Vu tous les hommes qui avaient traversé la vie de Melody, j'aurais certainement vécu beaucoup plus de sales moments si j'avais été aussi mignonne que ma mère. Mais parce qu'ils ne voyaient en moi qu'une grande gigue ressemblant à un garçon, ils me fichaient la paix. Les plus gentils nous ignoraient, Jack et moi ; les plus méchants laissaient parler leur cruauté naturelle. Pour y échapper, on devenait invisibles.

Je me coiffai en regrettant de ne pas avoir de pinces pour maintenir mes cheveux. Du rouge à lèvres et du rimmel auraient été les bienvenus également, mais même sans maquillage, j'étais beaucoup plus jolie que l'avait été Jocey.

Une fois habillée, je sortis de la salle de bains et traversai la maison de Noah. Constatant qu'il était parti, je ravalai un sentiment d'humiliation. Sans doute avait-il filé pour éviter de me voir. Dans la cuisine, j'inspectai le garde-manger et grignotai un bagel. J'appelai un taxi, qui mit vingt minutes à arriver. Je claquai la porte en partant. Venir réclamer l'aide de Noah avait été une erreur. On m'avait volé ma voiture et tout ce dont j'avais besoin pour rentrer chez moi, mais si je pouvais retrouver Jack, tout irait bien. Même s'il avait des ennuis, à nous deux on trouverait forcément une solution.

Je demandai au chauffeur de taxi de me déposer dans le centre de Watertown et passai la journée à retrouver des endroits où on allait quand on était gamins, Jack et moi : quelques boutiques d'informatique et de jeux, nos fast-foods préférés et la bibliothèque Emma-Flower que j'adorais.

Je n'appris rien, mais cela me permit de soulager un peu mon angoisse, comme si je me rapprochais de mon frère. Finalement, j'échouai dans un cybercafé et payai pour consulter ma messagerie au cas où Jack m'aurait envoyé un mail. Je fus vite déçue. Après cela, je surfai pendant une heure en me rendant sur ses forums préférés. Aucune trace.

Il ne me restait plus qu'à passer à l'étape suivante, répugnante. Je parcourus à pied le long chemin jusqu'à Keyes Avenue. Le moment était venu d'affronter le seul endroit que j'avais évité jusqu'alors.

À l'approche du crépuscule, je m'enfonçai dans des rues familières qui menaient au vieux quartier de la ville. À l'ouest, le ciel tourmenté avait pris une étrange teinte brunâtre et violacée ; il me faisait penser à un hématome qui s'élargissait. À l'opposé, des nuages de pluie lointains flottaient telles des écharpes gris anthracite. Un nouvel orage allait éclater, sans aucun doute, mais j'ignorais s'il s'accompagnerait d'un déluge semblable à celui de la veille.

Comme attirés par un aimant, mes pieds me ramenaient vers Seale House. Arrêtée sur le trottoir d'en face, j'observai cette énorme maison qui dominait tout le quartier. Quelques marches menaient à une porte à double battant massive et à une façade de pierre rose qui virait à l'ocre dans la lumière déclinante. Les ombres qui s'intensifiaient sur le perron assombrissaient les panneaux de verre de la porte et estompaient les fenêtres. L'espace d'un très court instant, un mouvement argenté sembla se produire derrière un des carreaux noircis. Le reflet d'un nuage, me dis-je.

La maison qui avait été si belle autrefois, vue de l'extérieur, était presque en ruine, calcinée d'un côté. Je ne pouvais m'empêcher de la regarder avec un petit frisson d'épouvantable plaisir, comme deux ans plus tôt quand j'avais appris que Melody, ma méchante mère, avait fini par mourir lors d'une fête.

Je fermai les yeux de toutes mes forces pendant quelques secondes, pour chasser l'image de cette maison. Mais elle resta gravée dans mes rétines, comme si elle avait le pouvoir d'émettre des rayons ultraviolets. J'avais à nouveau douze ans.

On suivit l'allée de ciment incrustée de cailloux. Je laissai échapper un bruit ressemblant à un soupir de contentement en regardant l'immense demeure devant nous. J'entendis Jack me glisser d'un ton moqueur, tout bas pour que l'assistante sociale ne l'entende pas :

– Tu es amoureuse.

Je ne pris pas la peine de détacher les yeux de la grande véranda et de la façade de pierre rose qui scintillait d'un éclat pâle dans les rayons de soleil de l'après-midi.

– Toi aussi, rétorquai-je, tout doucement, en sachant très bien ce qu'il pensait car je l'entendais dans sa voix.

On espérait tous les deux que cette famille d'accueil ne serait pas si mal après tout. Peut-être même qu'elle serait super.

Il haussa les épaules et devint espiègle.

– Tu crois qu'on est morts et qu'on est arrivés au paradis ?

On atteignit les marches du perron avant que je puisse répondre.

J'ouvris lentement les yeux. Après toutes ces années, je formulai enfin une réponse, dans un murmure :

– Non, Jack. On est morts et on est arrivés en enfer.

La lumière déclinait à toute vitesse. Je songeai qu'il y avait une épreuve plus terrible que de pénétrer dans Seale House : y pénétrer quand il faisait nuit. Aucun désespoir, aussi grand soit-il, ne pourrait me forcer à entrer dans cette maison après le coucher du soleil, alors je traversai la rue. Tout en me représentant mentalement le chemin le plus rapide une fois à l'intérieur, je me dis : « Tu entres, tu vois si tu peux trouver un truc et tu ressors. » Ce n'était pas comme si je devais y rester.

Les enfants placés dans cette institution n'utilisaient la grande porte de Seale House qu'en deux occasions : quand ils arrivaient pour vivre ici et quand ils repartaient pour de bon. Je bifurquai à droite et longeai le côté de la maison qui n'était pas calciné, passant devant des buissons de laurier-rose et de houx, parfaits pour dissuader les enfants de sauter par les fenêtres. Je levai la tête vers les vieux carreaux qui reflétèrent mon image. Mon imagination galopante me donnait l'impression que des yeux opaques m'observaient. Je détournai le regard et remarquai que l'herbe n'avait jamais été aussi haute. Il y avait des ronces dans les parterres de fleurs ; une chose que je n'avais pas vue une seule fois durant tout mon séjour ici. Je me faufilai entre la palissade en bois vermoulu et la maison, non sans mal car je n'avais plus douze ans.

À l'arrière, près d'un coin, se trouvait la petite porte que l'on avait empruntée si souvent. Je refermai la main sur la poignée en m'attendant presque à recevoir une décharge électrique, mais je ne sentis que le contact froid du métal. Elle était verrouillée, évidemment. Je fermai les yeux un instant pour me remémorer la méthode de Jack : *Tourne la poignée à fond vers la gauche, soulève la porte et secoue-la plusieurs fois*. Les charnières étaient branlantes et il y avait juste assez de jeu pour faire sortir le pêne de la gâche. En effet, il y eut un petit déclic et la porte s'ouvrit sans protester. Un silence beaucoup plus éprouvant pour mes nerfs que si elle avait grincé. Dans le temps, Jack et Noah veillaient à graisser les gonds afin que l'on puisse sortir en douce sans que Hazel Frey nous entende. Mais qui s'était chargé de cette tâche depuis des années que le foyer était fermé ?

Je pénétrai dans le petit vestiaire, montai deux marches et passai sous une entrée voûtée pour accéder à la cuisine. Il faisait sombre à l'intérieur de la maison, mais pas totalement noir. Un long plan de travail se dressait au centre de la pièce, différent de celui d'autrefois. Des bris de vaisselle et de verre jonchaient le sol, comme si quelqu'un s'était livré à une opération de saccage. Des chaises étaient renversées, l'une d'elles était même fendue, et le vieux sol en linoléum gris était déformé, maculé de taches humides.

L'odeur de suie masquait tout. Je me demandai comment Seale House avait laissé faire ça, en repensant aux fois où des garçons avaient tenté de mettre le feu aux rideaux. Les flammes mouraient aussitôt ; à croire que la maison elle-même éteignait l'incendie naissant. Le petit Dixon affirmait que c'était un tour de magie. Rien que d'y repenser, j'avais la chair de poule.

Je traversai rapidement la cuisine, en ignorant le verre brisé qui crissait sous mes pieds. La salle à manger avait conservé son buffet, sa table et ses bancs, mais le miroir était entièrement étoilé. L'odeur de fumée, de plus en plus présente, me piquait la gorge. En me retournant, je sursautai devant les ombres.

Pendant une seconde, il me sembla voir mon ancienne camarade de chambre, Beth la Furieuse. Accroupie dans un coin, elle tenait un des couteaux qu'elle avait volés dans le tiroir à couverts. Ses yeux rapprochés brillaient dans le noir et ses cheveux roux ondulés se fondaient dans les motifs du papier peint. Mon cœur s'emballa ; je savais pourtant que ce n'était qu'un souvenir. Beth la Furieuse redevint une ombre parmi les autres, mais je sentais encore sa présence malfaisante. Elle débordait de haine. Pas précisément envers moi, si je ne me dressais pas sur son chemin, mais envers tout le monde.

Mon corps était tellement crispé que j'eus du mal à avancer. Je tendais l'oreille pour guetter son murmure rauque, en me répétant que Beth ne pouvait plus être ici. Elle avait grandi elle aussi et elle était partie ailleurs, comme moi. N'empêche, mon cœur cognait furieusement.

Je fis encore quelques pas et m'arrêtai, pétrifiée par un chuchotement. Il venait d'une autre pièce. Et contrairement au fantôme de Beth, venu du passé, cette personne était bien réelle.

4
LA CAVE

Une deuxième voix se joignit à la première ; les modulations d'une conversation confuse se mêlaient aux soupirs du vent. Je tournai la tête dans la direction de ces sons et vis une lumière tremblotante. Une lampe électrique ? Puis je m'aperçus que seules des flammes pouvaient projeter ce genre de lueur jaune ! Quelqu'un s'était-il introduit dans Seale House pour achever sa destruction ? Mon premier réflexe fut de proposer mon aide, puis je songeai que les individus malfaisants, comme aurait dit Hazel Frey, étaient rarement sympathiques. Alors, je demeurai dans le coin le plus sombre et me déplaçai sans bruit, comme j'avais appris à le faire durant les mois passés ici.

– Comme une souris, me souffla Jack.

– Ouais, c'est ça… une souris d'un mètre quatre-vingts, murmurai-je.

Il sourit.

– Tu ne mesures pas un mètre quatre-vingts.

– Pas encore.

Le souvenir du ton enjoué de mon frère me serra le cœur, mais je m'obligeai à rester concentrée. J'avançai à petits pas et risquai un coup d'œil en coin. Le grand salon, situé juste en face de la porte d'entrée, était autrefois la plus belle pièce de la maison. Réservée aux visiteurs et aux employés des services sociaux, les enfants n'avaient le droit d'y pénétrer que pour essuyer la poussière sur les meubles ou servir gracieusement des rafraîchissements et du thé aux invités d'Hazel Frey. Mais maintenant, il y avait un mur entièrement noirci, des meubles abîmés… et d'étranges visiteurs.

Cinq gamins un peu plus jeunes que moi. Ils portaient des T-shirts noirs frappés de noms de groupes ou de slogans que je ne discernais pas, des jeans serrés taille basse et des piercings à gogo. Leurs cheveux étaient teints en noir corbeau ou décolorés, presque blancs, et ils arboraient des traits d'eye-liner qui auraient fait envie à une momie égyptienne. De prime abord, je crus que c'étaient tous des garçons, mais en les observant dans l'obscurité, je crus repérer deux filles. Heureusement pour moi, ils paraissaient hypnotisés par un petit feu. Les flammes déformaient leurs visages et projetaient des motifs tribaux sur les murs.

L'épaisse couche de suie qui couvrait les fenêtres obscurcissait la pièce ; les rideaux de dentelle à moitié calcinés pendaient. Le vent qui entrait par les trous de la toiture attisait le feu et aspirait des tourbillons de cendre. Que penserait Hazel Frey en voyant cela ? Cinq ans plus tôt, elle n'aurait jamais laissé ces enfants franchir sa porte. Et pourtant, ils étaient là, autour d'un feu de camp… dans le grand salon. Sans doute habitaient-ils le quartier et ils avaient investi cette maison brûlée pour se livrer à leur rituel païen. Deux d'entre eux échangeaient des plaisanteries obscènes, à voix basse, pendant que les autres regardaient fixement le feu en tétant des goulots de bouteilles sombres. Je reculai sans bruit. Mon instinct me conseillait de filer et de revenir demain, quand ils seraient partis, mais je craignais, si je quittais Seale House, de ne plus avoir le courage de revenir. Je m'éloignai. Prochaine étape : la cave.

Je retournai dans la cuisine, en essayant de ne pas trop penser à l'endroit où me menaient mes pas. Face à l'escalier qui conduisait au premier étage, à côté de la salle de bains, se trouvait une porte fermée. Lorsque ma main saisit la poignée, mon taux d'adrénaline monta en flèche car ce qui m'attendait de l'autre côté m'effrayait davantage que les adorateurs du feu dans le salon. Descendre dans la cave était sans aucun doute l'épreuve la plus angoissante que je pouvais accomplir, mais mon désir de connaître la vérité m'obligeait à continuer. Ouvrant la porte très lentement pour l'empêcher de grincer, je me glissai dans le noir. Aussitôt, mon cœur se mit à exécuter un numéro de claquettes fort désagréable.

Je n'avais aucune envie de descendre cet escalier, mais il ne me restait plus d'autre option. Si Jack m'avait laissé un message quelque part à l'intérieur de Seale House, c'était certainement dans la cave. Au départ, j'avais cru que l'article de journal concernant l'incendie était le moyen choisi par mon frère pour m'informer de ce qui s'était passé. Et il me demandait de retrouver Noah. Mais désormais, je me disais que l'indice était beaucoup plus direct. Il voulait que je vienne ici, depuis le début, et au lieu de cela, j'étais allée chercher midi à quatorze heures, comme toujours.

Je laissai la porte entrouverte et commençai à descendre dans ce puits d'un noir d'encre. Je sortis de ma poche mes clés de voiture et les tripotai jusqu'à ce que je trouve la minuscule lampe à LED accrochée au porte-clés. J'appuyai sur le bouton et un petit cercle bleuté transperça les ténèbres, éclairant les marches en bois brut sous mes pieds, mais rien d'autre. Malgré tout, je m'étonnai que ce mince faisceau de lumière suffise à calmer mon angoisse.

Au milieu de l'escalier, une autre idée me traversa l'esprit. Se pouvait-il que Jack soit terrorisé au point de se cacher dans cette cave ? Une telle hypothèse était inimaginable, mais l'inquiétude m'aiguillonna.

– Jack ? murmurai-je. Tu es là ?

Pas de réponse.

– Jack ?

– Pourquoi veux-tu absolument le cacher ici ?

– Je n'aime pas t'entendre gémir, répondit mon frère, sans aucune animosité toutefois.

À vrai dire, il paraissait même joyeux.

– Arrête de jouer les gros durs. Je sais que cette cave te fait peur autant qu'à moi.

– Tu te trompes, sœurette. J'adore cet endroit. Avec tous ces excellents souvenirs de nos premiers jours passés ici. Et puis, c'est une cachette parfaite. Qui va venir fouiner, hein ? Même Beth a la trouille de cette cave.

Jack ne répondit pas, et je me sentis vraiment idiote. Évidemment qu'il ne se cachait pas ici ! Étais-je devenue folle ? Je fus accueillie par un souffle d'air glacé et humide. Mon corps en sueur fut parcouru de frissons. C'est seulement en atteignant la dernière marche que je m'aperçus que je serrais les dents et respirais par le nez. Le mince faisceau lumineux qui se promenait sur les cartons empilés et les vieux meubles ne parvenait pas à chasser l'obscurité profonde. Un sapin de Noël couvert d'un drap m'arracha un hoquet de stupeur. Derrière tout ce fatras se trouvait l'imposante chaudière à mazout qui rougeoyait en hiver et demeurait silencieuse, tel un ogre en hibernation, durant les mois plus chauds. Tout au fond, il y avait l'endroit le plus sombre, celui dont les enfants avaient le plus peur, un mur de crasse noire et humide, à côté des fondations en ciment. C'était de là que venait l'odeur terreuse de décomposition. Je grimaçai. Après toutes ces années, elle demeurait aussi familière qu'écœurante.

Dixon, sept ans, était celui que la cave terrorisait le plus ; il nous réveillait en hurlant car il en rêvait. D'après Noah, Dixon était persuadé que les cadavres des enfants désobéissants étaient enterrés là. En apparence, on se moquait tous de cette idée ; intérieurement, on y croyait à moitié.

Je scrutai les ombres du fond en promenant le faisceau de ma minuscule lampe. Jack ne se trouvait pas dans la cave. D'une certaine façon, c'était un soulagement. Malgré ma hâte de le retrouver, je n'osais pas imaginer quelle situation effroyable aurait pu le forcer à se cacher dans cet endroit.

J'avais juste besoin de voir s'il m'avait laissé un message dans sa cachette.

Je contournai l'escalier, avec l'intention de me faufiler dessous. Mais mon plan fut contrecarré par plusieurs cartons entreposés sous les marches. Coinçant la lampe entre mes dents, j'en saisis un pour le tirer sur le sol, pendant que les clés tintaient contre mon menton. Le carton pesait des tonnes ; sans doute contenait-il des livres ou un truc débile comme des briques. Je parvins à le déplacer, en espérant que les raclements sur le ciment ne parvenaient pas jusqu'au rez-de-chaussée. La lumière bleutée sautillait furieusement, tandis que je continuais à dégager l'espace sous l'escalier.

Je m'y accroupis et braquai la lampe sur la marche du bas. C'était la seule marche pleine ; les autres, au-dessus de ma tête, n'étaient que des planches. Je m'aperçus alors que j'avais oublié de prendre un tournevis. Impossible de démonter le coffrage dans ces conditions, mais il fallait quand même que j'essaye. J'ôtai la lampe de l'anneau et la remis dans ma bouche pour utiliser une des clés. Pas facile d'atteindre le dessous de la marche, mais je fis aller et venir la clé, en tentant de l'introduire entre les planches. Je progressais légèrement quand j'entendis un bruit. Je m'arrêtai pour tendre l'oreille.

Des pieds martelèrent le sol du rez-de-chaussée et quelqu'un lâcha un cri ou un rire tonitruant, difficile à dire. Il y eut des éclats de voix ensuite, puis un grand fracas, comme si quelqu'un avait brisé une chaise. Soudain, la porte de la cave s'ouvrit à la volée. J'éteignis ma lampe. Mon instinct me disait que je n'avais pas intérêt à ce que ces gamins survoltés me découvrent. Mais je n'avais pas envie de rester dans cette position inconfortable, accroupie sous l'escalier. Surtout dans le noir. Je n'apercevais qu'une petite lumière vacillante en haut des marches et je craignais que le feu ne se propage. Ces gamins avaient peut-être fabriqué des torches avec des pieds de meuble.

Ils ne faisaient plus aucun bruit, mais je doutais qu'ils soient partis. S'étaient-ils arrêtés au sommet de l'escalier pour scruter l'obscurité de la cave, comme je l'avais fait dix minutes plus tôt ? Se défiaient-ils pour savoir qui oserait descendre le premier ou bien soupçonnaient-ils que j'étais là ? Totalement immobile, je gardais les yeux fixés sur le léger tremblement des ombres grises au-dessus de moi.

Et j'attendis, j'attendis... Qui se trouvait là-haut ? Malgré le ciment froid qui aspirait toute la chaleur de mon corps, mes aisselles étaient trempées de sueur et j'avais le visage en feu. Était-ce mon imagination qui essayait de me plonger dans un gouffre de terreur ou y avait-il réellement quelqu'un, au sommet de l'escalier, qui attendait que je bouge ? Ma bouche laissait échapper de petits halètements ; je pinçai les lèvres et inspirai par le nez l'air humide de la cave. Je guettais le moindre bruit. Je m'étais presque convaincue que mon imagination me menait en bateau quand un craquement se produisit : quelqu'un avait descendu une marche !

Cette personne semblait tendre l'oreille. Une autre idée me vint, plus terrifiante que la perspective d'affronter une meute de gamins hostiles. S'ils fermaient la porte à clé, je me retrouverais prise au piège ici. Or il y avait une chose dont j'étais absolument certaine : il n'existait qu'une seule sortie. Je m'apprêtais à surgir de sous l'escalier pour provoquer un affrontement, en me servant de ma petite lampe, lorsqu'un autre bruit me parvint. Le léger frottement d'une lame de couteau à cran d'arrêt qui jaillit du manche. Beth avait joué si souvent avec son couteau, la nuit dans notre chambre, que ce son était resté gravé dans ma mémoire. Changement de plan. Je me figeai. Je commençais à avoir mal au dos et aux jambes, et j'en oubliai la boîte cachée à l'intérieur de la marche.

La peur montait comme une lame de fond, l'obscurité de la cave humide m'oppressait. Je fermai les yeux de toutes mes forces.

Après le départ de l'assistante sociale, la rouquine prénommée Beth fut chargée de nous conduire à l'étage. Elle nous montra les deux grandes chambres contenant chacune trois lits superposés : six enfants par chambre. Elles étaient spacieuses, meublées très simplement, avec de larges fenêtres. En redescendant après avoir vidé nos sacs, on découvrit que le dîner était servi. Plusieurs garçons et filles s'étaient rassemblés sur les bancs, en silence, de part et d'autre de la longue table de salle à manger. N'ayant rien avalé depuis le bol de céréale du petit déjeuner, on dévorait des yeux le rôti, la sauce épaisse et la montagne de purée fumante.

– J'imagine que vous êtes affamés, dit Hazel Frey.

Elle ressemblait à une grand-mère, avec des traits doux et un casque de cheveux châtains grisonnant. On hocha la tête et elle nous adressa un sourire froid.

– C'est dommage.

Je remarquai que certains enfants nous regardaient d'un œil triste, tandis que d'autres ne s'intéressaient qu'à la nourriture.

– Suivez-moi, dit Hazel et on l'accompagna jusqu'à la porte située à côté de l'escalier.

Elle abaissa un interrupteur, ouvrit la porte et nous fit descendre. Une unique ampoule électrique, de faible voltage, éclairait les marches, et dès que l'on arriva en bas, elle montra un horrible édredon fait de carrés de polyester rêches.

– Pour votre information, il y a une chose que tous les enfants qui viennent ici doivent apprendre en priorité. Il s'agit de la règle de Seale House. Il n'y en a qu'une, et c'est la suivante : ne faites rien qui me déplaise. Si vous enfreignez la règle, vous êtes privés de dîner et vous passez la nuit ici. Pour vous donner un aperçu, vous allez faire cette expérience dès votre premier soir.

Sur ce, Hazel se retourna et gravit l'escalier d'un pas décidé, sous nos yeux hébétés. Elle claqua la porte et la ferma à clé. La lumière s'éteignit, nous plongeant dans le noir le plus complet.

J'avais tout fait pour essayer d'oublier ces mois passés à Seale House. Je me disais que certains des faits sinistres et inquiétants qui s'étaient déroulés entre ces murs ne pouvaient pas être réels, mais maintenant, alors que j'étais recroquevillée sous l'escalier, l'ouïe et la vue luttant contre l'obscurité implacable, il se produisit une chose qui, une fois de plus, déforma ma réalité. Je sentis un léger déplacement d'air derrière moi, comme un mouvement dans le noir. Quelqu'un, ou quelque chose, s'approchait pas à pas.

Un frisson glacé me traversa ; l'espace sous l'escalier devint étouffant. Pendant quelques secondes, je fus incapable de bouger, paralysée par le doute et la frayeur. Mon esprit hurlait : *Ce n'est pas réel !* Mais je sentais l'air chaud qui faisait se dresser les cheveux sur ma nuque, alors même que je percevais la présence de cet être presque oublié, surgi d'un lointain passé. La raison voulait que je tende la main derrière moi pour prouver qu'il n'y avait rien, à part le vide. Mais si je touchais une substance visqueuse, un truc en décomposition ?

Je ravalai un sanglot, pétrifiée, pendant que cette présence aspirait lentement toute mon énergie. Malgré le sang qui rugissait dans mes oreilles, j'entendais sa respiration. Allait-elle bondir et refermer ses mâchoires sur ma nuque ?

Oubliant les gamins surexcités en haut, ne pensant qu'à fuir ces oubliettes, je jaillis de sous les marches en trébuchant. Presque aussitôt, une vive douleur me vrilla le haut du bras. Je poussai un cri et m'élançai dans l'escalier, en laissant dans mon sillage un hurlement strident et effrayant, même à mes propres oreilles.

Une silhouette se découpait dans l'encadrement gris de la porte ouverte. Quand j'arrivai en braillant tel un démon, le garçon recula en titubant. Je le percutai de plein fouet et le projetai au sol ; je continuai à courir. Dehors, le soleil s'était couché et dans le salon, le feu n'était plus qu'un amas de braises, mais après les ténèbres de la cave, j'y voyais suffisamment. Maintenant que j'avais cessé de hurler, j'entendais les pas qui accouraient vers moi, de toutes parts. Je plongeai dans la flaque d'ombres à côté de l'escalier qui menait au premier étage. De ma cachette, je vis un garçon armé d'un couteau à cran d'arrêt se relever d'un bond et tourner plusieurs fois sur lui-même, affolé. La lame renvoyait un éclat argenté chaque fois qu'il poignardait l'obscurité.

Son couteau aurait dû m'effrayer, mais je l'observais avec indifférence. Comparé à cette… chose dans la cave, il paraissait inoffensif. Mon bras m'élançait et ma gorge me faisait souffrir, tandis que je m'efforçais de respirer calmement. Par-dessus le martèlement de mon cœur, je perçus un grondement sourd et, pendant une seconde d'angoisse, je crus que la bête allait charger dans l'escalier. Un éclair zébra les fenêtres. Ce n'était que le tonnerre. Un nouvel orage s'abattait sur Watertown.

Le vent secouait les corniches de la maison, pendant que trois autres gamins se rassemblaient autour de leur ami. J'entendis des jurons, lancés d'un ton guttural, et il me parut plus prudent de gravir lentement l'escalier. Les années s'évanouirent et me revint en mémoire le code que Noah nous avait appris, à Jack et à moi, pour éviter de poser le pied sur les marches qui grinçaient. Je me mis à compter mentalement. *Quatre, cinq, six… Mets-toi à gauche complètement et continue à monter. Dix-sept, dix-huit, reviens à droite en faisant un grand pas. Jette un coup d'œil en coin. Si la voie est libre, gravis les marches deux par deux jusqu'au palier.*

Pour l'instant, tout allait bien. Mais soudain, j'entendis un appel venu de mon passé, qui finit d'affoler l'aiguille de mon compteur d'angoisse.

« Jocey… » murmurait une voix, tandis que le garçon montait l'escalier derrière moi. « Jocey, où es-tu ? »

5
LA FUITE

L'odeur de fumée envahissait tout le premier étage. Les deux murs du couloir étaient noircis, l'un d'eux avait totalement brûlé et une partie de la corniche s'était effondrée. Je sentais le vent souffler à l'intérieur de la maison.

Je me faufilai dans la chambre des garçons, désormais vide, à l'exception d'un tapis tressé, d'un tabouret et de quelques cartons. Alors que je refermais tout doucement la porte, une image me vint à l'esprit : Noah et Jack me faisaient signe d'aller vers la fenêtre. Je m'y précipitai et jetai un coup d'œil à l'endroit où se trouvaient autrefois les lits superposés.

Le beau Dixon, sept ans, se redressa dans son lit. Ses boucles pâles étaient ébouriffées par le sommeil, il avait remonté les draps jusque sous son menton. L'inquiétude se lisait dans ses yeux.

À l'autre bout de la chambre, un garçon était recroquevillé au milieu d'un amas de couvertures. Il avait le teint cireux d'un gamin des rues qui, pour survivre, avait appris à toujours se coller dans les coins. Son regard froid trahissait un profond désespoir et une cruauté venimeuse. Son véritable nom était Conner, mais on l'appelait Corner Boy, le Garçon du Coin.

J'avais totalement oublié son existence jusqu'à cet instant. Malgré mes séances de thérapie avec ce bon vieux Dr Candlar, au cours desquelles étaient évoqués de nombreux détails concernant les enfants de Seale House, je n'avais jamais parlé de Corner Boy. Il avait pourtant bien failli me détruire ; c'était même lui qui m'avait poussée à m'enfuir de Seale House, finalement. Pourtant, je ne m'étais pas souvenue de lui. Avais-je perdu d'autres pièces de mon passé ?

Chassant ces souvenirs, je soulevai les stores étroits. Un éclair crépita et le tonnerre fit trembler les vitres. Mes doigts actionnèrent le vieux loquet en métal de la fenêtre, je m'arrêtai en entendant des voix étouffées dans le couloir. Je me demandais encore si le garçon au couteau avait véritablement prononcé mon nom. Comment pouvait-il savoir qui j'étais ? Plus flippant encore : pourquoi avait-il décidé de m'entraîner dans cette sinistre partie de cache-cache ?

Cela faisait seulement vingt minutes que j'étais à l'intérieur de Seale House et déjà un gamin genre *Freakazoid* me pourchassait avec son couteau à cran d'arrêt, j'avais eu un accrochage avec le fantôme dans la cave et un spectre venu de mon enfance me rappelait une chose que je voulais absolument oublier. Trop, c'était trop. Je commençais à me dire que j'étais tombée dans une faille spatio-temporelle, un « trou de ver » ; c'était une blague cosmique. Je faillis éclater de rire, jusqu'à ce que je tente de soulever la fenêtre, sans y parvenir.

Dans le couloir, j'entendais des portes s'ouvrir avec fracas et des voix s'élever, puis retomber, comme un vent furieux. En appuyant de tout mon poids contre la partie basse du châssis, je la fis craquer, mais la fenêtre refusait de céder. Un nouvel éclair illumina les carreaux et mon reflet disparut pendant une seconde. Un grondement de tonnerre suivit. Je poussai plus fort encore. Hazel Frey avait-elle découvert nos issues secrètes et fait condamner celle-ci ? Dans ce cas, pourquoi la porte du vestiaire s'était-elle ouverte si facilement ? Et si Seale House, après m'avoir laissée entrer, ne voulait plus me laisser sortir ?

Je saisis le petit tabouret à deux mains. Nouvel éclair. J'attendis le coup de tonnerre qui allait suivre et balançai le tabouret au même moment, violemment. Il heurta la fenêtre avec un fracas qui fut masqué par la détonation. Des éclats de verre volèrent dans tous les sens et l'un d'eux m'entailla le côté de la main. Ça faisait mal, mais ce n'était pas grave. Après avoir ôté avec le tabouret les morceaux de carreau accrochés au cadre, je me hissai sur l'étroit rebord de la fenêtre, au moment où la porte de la chambre s'ouvrait en cognant contre le mur.

Le vent glacé me coupa le souffle. Je grimpai sur le toit comme on l'avait fait des dizaines de fois, Noah, Jack et moi. Évidemment, ces soirs-là, la lune éclairait notre chemin et il n'y avait pas de bourrasques. À quatre pattes, je montai jusqu'au faîte et avançai très lentement, en m'interdisant de regarder en bas, Noah nous mettait souvent en garde contre ce danger. Malgré le vent qui me tirait par les pieds et plaquait mes cheveux sur mon visage, je progressais centimètre par centimètre, déterminée.

J'avalai plusieurs bouffées d'air rafraîchissantes après l'odeur de fumée et de cendres humides. En me retournant, je vis la silhouette du garçon, semblable à un singe voûté, qui escaladait lui aussi le toit. Il se déplaçait avec aisance sur les bardeaux usés. Il fallait qu'il soit fou pour aller si vite. J'essayai de presser le pas, en dépit du vent qui faisait trembler mes jambes. Je me rapprochais de cet endroit familier où le faîte rencontrait un deuxième surplomb. Soudain, la pointe de ma chaussure se prit dans un bardeau déformé et, entraînée vers l'avant, je tombai lourdement.

Des planches calcinées se brisèrent net et une partie du toit céda sous mes mains. Je poussai un hurlement en battant des bras furieusement pour trouver une prise, tandis que les bardeaux et les chevrons abîmés tombaient dans un vacarme d'enfer. En équilibre précaire, je m'accrochai à un morceau de bois qui s'effritait comme une allumette consumée. La gueule noire menaçait de m'avaler. Je m'éloignai du trou à reculons. Si je n'avais pas trébuché et enfoncé cette partie du toit avec mes mains, j'aurais marché dessus et traversé le grenier, jusqu'au premier étage ou même jusqu'au rez-de-chaussée.

Mon poursuivant riait comme une hyène démente. Ce son inhumain me donna le courage de contourner l'effondrement. Heureusement, le trou ralentit également le dingue au couteau et me permit d'atteindre le deuxième toit.

Après avoir franchi le faîte, je redescendis de l'autre côté. On ne voyait quasiment rien car d'épais nuages masquaient la lune, mais curieusement, c'était comme si je lisais une très vieille carte, oubliée depuis longtemps. Prochaine étape : l'énorme bouleau dont les branches montaient jusqu'au toit et formaient une sorte d'échelle naturelle. Hélas, la carte avait été modifiée depuis mon départ. Arrêtée au bord du toit, je repoussai les cheveux que le vent rabattait devant mes yeux. Tout en bas, j'apercevais une souche ridicule, seul vestige du grand bouleau.

Avant que j'aie le temps de trouver une solution, je fus frappée dans le dos par un objet dur. Me retournant vivement, je vis le garçon lancer un autre bardeau dans ma direction, à la manière d'un frisbee. Je me baissai en faisant un écart sur le côté. Un troisième projectile ricocha sur mon épaule, provoquant une vive douleur que je remarquai à peine car au même moment, une nouvelle bourrasque me déséquilibra. Je basculai vers l'avant et m'écrasai sur le toit. Soudain, je me retrouvai en train de glisser dans la pente raide, fonçant à toute allure vers le sol, la joue, le menton et les mains éraflés par les bardeaux. Mon T-shirt s'était relevé et mon ventre nu raclait le toit, jusqu'à ce que mes pieds s'enfoncent dans la gouttière, m'empêchant d'effectuer un grand plongeon.

La lame blanche d'un éclair lacéra le ciel et le tonnerre rugit au-dessus de ma tête. Je m'accrochai au toit, j'avais les paumes en feu. Un autre rire de hyène retentit, quelque part au-dessus de moi et je sentis que mon poursuivant approchait. Je l'imaginais plantant sauvagement son couteau dans mon dos, me transperçant le cœur.

Me déplaçant latéralement, tel un crabe paniqué, j'atteignis le coin de la maison et me laissai pendre dans le vide. La poussière, poussée par le vent, me rentra dans les yeux et ma vision se troubla, mais je me concentrai sur le martèlement des bottes du garçon. Je faisais un mouvement de balancier avec mes pieds pour essayer d'atteindre l'énorme tuyau rattaché à la gouttière. Dès que je l'eus coincé avec mes jambes, je lâchai la main droite pour l'agripper. Prudemment, je transférai le poids de mon corps sur le tuyau comme je l'avais souvent fait des années auparavant. À l'époque, ça flanquait la frousse. Maintenant, c'était terrifiant.

Accrochée au tuyau, je me laissai glisser vers le sol, mais il s'arracha à ses pattes de fixation rouillées. Sachant que j'étais un peu plus lourde qu'à douze ans et que les crochets avaient vieilli, eux aussi, je n'aurais pas dû être surprise. Pourtant, quand la gouttière de Seale House céda sous mon poids, j'y vis un affront personnel. La peur et la colère entrèrent en conflit, tandis que j'éprouvais l'abominable sensation du plongeon dans le vide. Le tuyau ralentit ma chute néanmoins, mais pas suffisamment pour m'offrir un atterrissage en douceur. Je tombai lourdement sur le sol ; ma hanche absorba la majeure partie du choc et j'eus le souffle coupé. Pendant quelques secondes d'effroi, je me débattis pour retrouver l'usage de mes poumons, jusqu'à ce que je parvienne à avaler, douloureusement, une bouffée d'air.

Je me redressai en position assise. Tout mon corps poussa des hurlements de protestation quand je levai la tête pour scruter le ciel noir et le toit gris. Si le garçon au couteau était là-haut, je ne le voyais pas. Cela m'inquiétait davantage que s'il était en train de vociférer en brandissant son arme. Je m'obligeai à me relever ; mes membres tremblaient encore après la violence de la chute. Coup de chance, je n'avais rien de cassé, apparemment. J'avançai aussi vite que possible, avec mes jambes en caoutchouc. Je contournai la maison, passai devant les buissons d'arbustes à feuilles persistantes, sous les érables géants et débouchai enfin dans le jardin de devant. Je traversai en courant la pelouse détrempée, jusqu'au trottoir.

Derrière moi, la porte d'entrée s'ouvrit si violemment qu'un des carreaux se brisa. Jetant un coup d'œil par-dessus mon épaule, je vis les enfants se précipiter à l'extérieur tels des cafards qui quittent leur cachette. Certains dévalèrent les marches du perron, pendant que d'autres sautaient par-dessus la balustrade de la véranda. Ils me pourchassaient !

6
LA RUELLE

Je filai sans demander mon reste, mes tripes hurlaient : *Fiche le camp !*

Les enfants étaient toujours à mes trousses et même si je ne comprenais pas la cause de leur hostilité, je n'osais pas m'arrêter pour leur poser la question. J'avais de grandes jambes et, grâce à une nouvelle poussée d'adrénaline, je parvins à conserver mon avance. J'éprouvais de nouveau ce puissant mélange de peur et de colère. Que voulaient-ils ? Étaient-ils furieux après moi parce que j'avais interrompu leur feu de camp grotesque ?

Leurs bottes produisaient des bruits sourds sur le bitume derrière moi, mais c'était tout : ils ne lançaient pas de jurons, ils ne me criaient pas de m'arrêter. Leurs braillements auraient été moins effrayants que cette poursuite muette.

Je tournai au coin de la rue et traversai ventre à terre deux jardins non clôturés ; l'herbe était une éponge mouillée sous mes pieds. Le vent était tombé, le monde de la nuit ressemblait maintenant à un tableau en noir et blanc couvert d'ombres abstraites. Je continuais à courir comme une dératée en essayant d'ignorer les éraflures qui me brûlaient le visage, le ventre et les paumes. Je zigzaguais dans le quartier. Mes poumons semblaient sur le point d'exploser.

J'étais face à un mur de douleur, les bruits de pas dans mon dos me poussèrent à le franchir malgré tout. Je n'osais pas m'arrêter, mon instinct m'indiquait qu'ils voulaient me faire du mal. En me retournant, je constatai que même s'ils avaient perdu du terrain, ils n'avaient pas renoncé. Avais-je affaire à une bande de zombies extraterrestres décervelés ?

La zone résidentielle céda la place à un quartier d'affaires. Ce secteur périphérique de Watertown avait connu un sacré lifting depuis la dernière fois que j'y étais venue. Et si certains bâtiments demeuraient familiers, la plupart avaient changé et je me sentais une étrangère. J'espérais de tout mon cœur que mes poursuivants finiraient par abandonner, à bout de souffle. Pour tenter de les semer, je m'engouffrai entre deux immeubles, suivis une ruelle et tournai encore deux fois. Au pâté de maisons suivant, je ne voyais plus la meute, alors je me réfugiai dans le renfoncement d'une boutique de fournitures pour artistes, fermée à cette heure, bien évidemment. Le store intensifiait les ombres et je doutais que quiconque puisse me voir. C'était une cachette idéale, le temps de reprendre mon souffle. Mes poumons me brûlaient à chaque inspiration, tandis que j'essayais de maîtriser les tremblements de mes bras et de mes jambes. Je n'arrivais pas à m'expliquer pourquoi cette poursuite m'avait plongée dans une terreur que je n'avais pas connue depuis très longtemps.

Accroupie, je guettais le martèlement des bottes. Je n'entendais que les grondements de tonnerre au loin et le vrombissement d'une voiture parfois. Je grelottais. Ma poitrine continuait à se soulever douloureusement, mais j'étais submergée par le soulagement. J'avais réussi à échapper à ces gamins ! Un vrai miracle. À l'instar des rafales de vent et du tonnerre qui était passé sans apporter de pluie, peut-être étaient-ils simplement faits d'air chaud, eux aussi.

Je me relevai lentement et scrutai l'obscurité environnante. Mon esprit fonctionnait à plein régime. Que faire maintenant ? Mon retour à Seale House s'était révélé pire encore que je l'imaginais, et je n'avais même pas réussi à ouvrir la cachette de Jack. Cela voulait dire que j'étais descendue dans la cave pour rien. Frustrée, je passai la main dans mes cheveux emmêlés par le vent.

Après avoir soigneusement vérifié que personne ne m'observait, je sortis du renfoncement et avançai en restant du côté le plus sombre du trottoir. Je passai devant une longue rangée de commerces fermés, puis bifurquai dans une ruelle et contournai une benne à ordures malodorante à côté de laquelle s'amoncelaient des journaux détrempés. En scrutant les ombres suspectes, je traversai à toute allure une rue déserte et m'engouffrai dans une autre ruelle. Plus sombre que la précédente. Je découvris trop tard qu'un grillage et une montagne de vieux cartons la transformaient en impasse. Je commençai à rebrousser chemin.

– Pourquoi tu es revenue ? demanda une voix aiguë.

Je sursautai et me retournai prestement. Un hoquet de surprise mourut sur mes lèvres au moment où quelqu'un émergeait de derrière une benne à ordures rouillée. Tel un personnage de cauchemar, le garçon qui m'avait pourchassée sur le toit me bloquait le passage. J'étais plus grande et plus lourde que lui, mais je ne me faisais pas d'illusions : je n'aurais pas le dessus. Drapé dans la grisaille nocturne, son visage était invisible, mais la lumière de la rue suffisait à éclairer son regard malveillant. Derrière lui, quatre autres garçons sortirent de l'obscurité, semblables à des spectres. Je reculai en regardant autour de moi. De chaque côté de la ruelle se dressaient des immeubles aux fenêtres noires ; une odeur de riz frit et d'huile chaude venait d'un endroit proche.

– Qui es-tu ? demandai-je.

J'étais surprise par le calme de ma voix.

– Tu ne te souviens pas de moi ?

Il paraissait vexé, sans que je puisse déterminer si c'était sincère ou pas.

– Ta tête me dit quelque chose… Attends, j'ai trouvé ! Tu as joué dans le remake du *Village des damnés* ?

Il sortit son couteau de sa poche et appuya sur un bouton. La lame jaillit ; elle luisait d'un éclat cruel dans la pénombre.

– Non, visiblement pas, dis-je.

– Tu m'as manqué, Jocey.

D'étranges ombres marbraient son visage, semblables à des larmes sur un mannequin.

– Jocelyn, rectifiai-je. Tu es lequel ? Martin ou Georgie ? Ou bien la petite Evie déguisée en garçon ?

Il avança jusqu'à ce que je puisse distinguer ses traits plus nettement. Derrière l'épais maquillage autour des yeux, les piercings sur la lèvre supérieure et l'arcade sourcilière, il me semblait percevoir un masque familier. Mais il était si petit en ce temps-là : un blondinet dans un pyjama Spiderman. J'éprouvai une curieuse forme de tristesse.

– Georgie, dis-je. Tu as beaucoup changé depuis la dernière fois.

– Toi aussi.

– Ça remonte à loin. Comment tu as su que c'était moi ?

– Tu t'es arrêtée sur le trottoir d'en face, puis tu as fait le tour de la maison en douce. Tu es descendue dans la cave. Quelle autre fille pourrait faire ça ?

Les autres se rapprochaient peu à peu, rendus hésitants par cette conversation.

– Mais que faisais-tu à Seale House ? demandai-je. Elle n'accueille plus d'enfants depuis des années.

Son visage demeurait impassible. Il ne répondit pas. Maintenant que j'avais cessé de courir, le froid s'insinuait dans mes articulations douloureuses. Je frissonnai.

– Que veux-tu, Georgie ?

Il souleva son couteau à la manière d'un trophée.

– Ton cœur.

– Je suppose que ce n'est pas une image ?

– Tu n'aurais pas dû faire ça, Jocey.

– Quoi donc ? Je n'aurais pas dû te donner mon petit pain sous la table ? Ou vérifier derrière les toilettes qu'il n'y avait pas de pince-oreilles avant que tu fasses pipi ? Peut-être que je n'aurais pas dû dire que c'était moi qui avais ébréché le bol en porcelaine d'Hazel, pour t'éviter de passer la nuit dans la cave.

Georgie avança d'un pas et je reculai d'un pas : deux danseurs timides. Il fit mine de porter une botte avec son couteau. Je sursautai.

– Qu'est-ce qui te prend, Georgie ? Tu n'es pas un meurtrier !

Peut-être que si, finalement. Ses compagnons continuaient à se rapprocher et je fus submergée par un terrible sentiment d'inéluctabilité ; comme quand on rend les armes dans un cauchemar, lorsqu'il n'y a plus d'issue. Scénario catastrophe : je ne me réveillerais jamais de ce rêve infernal. Georgie m'attaqua avec son couteau, pour de bon cette fois.

Je fis un bond sur le côté, échappant de peu à la lame. Trébuchant dans les cartons détrempés, je basculai à la renverse et levai les yeux vers Georgie. Un sourire sadique déforma ses traits de mannequin ; ses yeux débordaient de haine. Il leva son couteau. En désespoir de cause, je décochai un coup de pied. J'atteignis son genou. Il hurla de douleur et recula en titubant. Je me retournai pour escalader la montagne de cartons en espérant atteindre la grille, tandis que les gamins essaimaient. L'un d'eux me frappa dans le dos, avec une telle violence que je fus projetée contre la grille, qui trembla.

Georgie se lança à ma poursuite. La grille me cisaillait les doigts, mais je grimpai malgré tout. Jetant un coup d'œil par-dessus mon épaule, je le vis dessiner un arc de cercle avec son bras. La lame mortelle était pointée sur mon dos. Je serrai les dents dans l'attente du coup fatal.

Une puissante détonation retentit et Georgie tournoya sur lui-même telle une marionnette aux fils entortillés. Il s'écroula, son couteau glissa sur le bitume. Une fille hurla. Je sautai par-dessus la grille et atterris sur des barils, douloureusement. Je me laissai tomber sur le sol et m'accroupis pour regarder à travers l'amas de cartons. À l'extrémité de la ruelle se découpait la silhouette d'un homme éclairé de dos par la lumière blanche d'un lampadaire. Je ne voyais pas son visage ni le reste, mais quand il tira un deuxième coup de feu, les gamins oublièrent leur camarade à terre et se volatilisèrent. Mon cœur battait si vite que mon souffle sortait sous forme de petits halètements terrifiés. L'espace d'une seconde, j'examinai la silhouette lointaine de mon sauveur, jusqu'à ce qu'il disparaisse au coin.

Je me redressai. À travers la grille, je vis Georgie, immobile. Il n'y avait plus de haine dans ses yeux. Le sang qui s'échappait de sa tête formait des spirales sombres sur le bitume. Pendant un très bref instant, il redevint le petit garçon qui dormait avec un horrible dinosaure en peluche et avait peur des pince-oreilles.

– Georgie… murmurai-je.

Son nom resta coincé dans ma gorge.

Je me retournai et m'enfuis à toutes jambes en passant devant des bennes à ordures et un camion de livraison. Je trébuchai, mon genou heurta le sol, mais je me relevai aussitôt, j'avais peur de m'arrêter. Je courais à l'aveuglette.

Les contours de la réalité commencèrent à se dissoudre et j'eus l'impression de dériver sur un minuscule iceberg qui fondait à vue d'œil dans une mer bouillonnante. Finalement, je me retrouvai de nouveau accroupie dans le renfoncement obscur de cette boutique avec son large store. Je grelottais.

Une sirène hurlante approchait ; une voiture de police passa à tombeau ouvert, toutes lumières allumées. Quand mes méninges se remirent à fonctionner, je sus que je ne pouvais pas rester là.

7
HARCÈLEMENT

Quand je fus certaine que personne ne m'observait, je me faufilai parmi les ombres et me remis à courir. Je ne tins pas longtemps. Terrassée par la fatigue, j'avais même du mal à marcher. Je me laissais porter par mes pas, sans savoir où j'allais. Même si, apparemment, personne ne me suivait, je sursautai plusieurs fois en apercevant des formes inoffensives dans le noir. Les immeubles et les commerces formaient une masse floue. L'orage sec était reparti et les nuages gris s'effilochaient dans le ciel nocturne. L'atmosphère fraîchissait. J'avais un T-shirt à manches longues, mais pas de veste. Pour me réchauffer, je me frictionnai les bras, en grimaçant de douleur.

Finalement, je me retrouvai dans un quartier plus animé où il y avait davantage de circulation, des piétons déambulaient sur les trottoirs, pénétraient dans des bars ou des restaurants. Certaines enseignes m'étaient familières, et je m'aperçus que je marchais dans Factory Street. Comme guidée par un pilote automatique, je pris la direction de la pizzeria

Soluri, heureuse de constater qu'elle existait toujours. En entrant, je fus assaillie par une réconfortante odeur.

Je me rendis aux toilettes. La fille dans le miroir me regardait avec des yeux effrayés et un visage crasseux, zébré d'éraflures. Ma glissade sur le toit avait provoqué plus de dégâts que je le supposais : j'avais une vilaine écorchure à la joue et au menton. Je fis couler l'eau jusqu'à ce qu'elle soit tiède et nettoyai délicatement mes blessures. Ça piquait. Je me séchai en me tamponnant la peau avec une serviette en papier. Au moins, j'avais réussi à faire disparaître presque toutes les traînées noires, mais les égratignures ressortaient davantage.

Quelqu'un voulut ouvrir la porte verrouillée ; je sursautai. Très vite, je tentai de remettre un peu d'ordre dans mes cheveux emmêlés, avec mes doigts, sans grand succès. En ressortant des toilettes, je passai devant une mère qui attendait avec sa petite fille. Je me glissai dans un box faiblement éclairé, tout au fond du restaurant. Des couples et quelques familles étaient éparpillés ici et là. Je les enviais : ils pouvaient bavarder tranquillement et manger. Il ne me restait que deux dollars. Une serveuse aux cheveux noirs très courts vint me voir, je commandai un chocolat chaud à la cannelle, spécialité de la maison, et seule chose que je pouvais m'offrir.

Combien de fois on était venus ici, Jack, Noah et moi, en sortant de la bibliothèque ou après avoir fait une course pour Hazel ? On adorait cet endroit. La pizza avait toujours été notre plat préféré, à mon frère et à moi, mais Melody en achetait rarement. Elle était obsédée par son alimentation, elle voulait rentrer dans ses jeans moulants. Chaque fois que l'occasion se présentait, on s'achetait une pizza, Jack et moi.

Je me souvenais de m'être assise dans ce même box, où je m'étais amusée à faire s'envoler le papier qui enveloppait ma paille. Il avait atteint Noah en plein front et on avait éclaté de rire tous les trois. Ce jour-là, on était survoltés. Un homme d'affaires de la ville avait fait don de deux ordinateurs à Seale House. Aucun jeu n'était installé dessus, uniquement le système d'exploitation et un programme de traitement de texte basique. Et bien évidemment, Hazel n'envisagerait pas un instant d'acheter des logiciels ou de payer un abonnement à Internet, on ne pouvait donc pas faire grand-chose avec ces ordinateurs. De fait, la plupart des autres enfants s'en désintéressèrent rapidement, mais nous, on avait décidé d'apprendre la programmation. On avait effectué des recherches sur l'ordinateur de la bibliothèque et emprunté quelques livres. Jack et Noah prenaient cela très au sérieux ; moi, j'étais surtout contente d'être avec eux.

Mes pensées furent interrompues par les rires d'un groupe d'adolescents qui venait d'entrer. Quand ils approchèrent en passant devant les tables occupées, ma curiosité se changea en malaise. Il y avait trois garçons et deux filles. Un des garçons n'était autre que Noah. Je ne reconnus pas les autres, mais je supposai que c'étaient les amis du lycée dont il avait parlé à Jack.

Un gars râblé portait un T-shirt noir avec le mot RIT imprimé en orange sur le devant. Une fille aux cheveux longs se pendait au bras d'un garçon coiffé d'une casquette de base-ball. La deuxième fille avait des cheveux auburn courts, une jolie peau et un plus joli maquillage encore. Elle parlait à Noah en lui adressant de grands sourires. Il leva la tête et me vit.

Il haussa un sourcil interrogateur. La fille se tut et se tourna pour suivre son regard. Elle m'observa avec ses yeux ourlés des plus beaux faux cils que j'aie jamais vus. Ses lèvres nacrées se pincèrent comme si elle avait mordu dans un citron.

Consciente de mes cheveux en bataille, de ma joue éraflée et de mon absence totale de maquillage, je me sentis rougir. Je plongeai le nez dans ma tasse de chocolat chaud.

Quelques secondes plus tard, j'entendis Noah qui disait :

– Si tu trouves ça drôle de harceler les gens, pas moi.

– Je ne te harcèle pas ! protestai-je.

Je jetai un coup d'œil à ses amis qui s'installaient à une table, à l'exception de la fille. Les mains sur les hanches, elle nous foudroyait du regard, Noah et moi.

– Oui, c'est ça, dit-il.

Mue par une bouffée de colère, je glissai sur la banquette pour sortir du box, mais Noah me bloqua le passage. Il s'assit à côté de moi.

– Hé, du calme !

Je reculai prestement et croisai les bras.

– Retourne avec tes amis.

– Qu'est-ce qui est arrivé à ton visage ?

Je ne répondis pas et refusai de le regarder.

– Jocelyn ?

Je refermai la main autour de la tasse de chocolat chaud et bus une gorgée.

– Tu es pâle comme un linge et cette éraflure n'est pas belle à voir. Que se passe-t-il ?

– Je ne t'ai pas suivi, Noah. Comment je pouvais savoir que tu viendrais ici ce soir ?

– Je viens tous les mercredis pour la spécialité de la maison, et mes copains aussi parfois. Jack le savait.

– Eh bien, il n'a pas pris la peine de m'en informer. Comme si je m'intéressais à ce que tu fais !

La fille joliment maquillée fit signe à Noah de les rejoindre, en battant des cils.

– Commandez sans moi ! répondit-il.

Elle soupira et s'assit.

– C'est qui ? demandai-je.

– Sasha.

– Vous sortez ensemble ?

– Pas encore.

Je me retournai brièvement vers le dos raide de la fille.

– Je ne veux pas te mettre des bâtons dans les roues. Laisse-moi passer et tu pourras dîner avec tes copains.

Noah secoua la tête.

– Ils peuvent dîner sans moi, et tu ferais bien de rester ici.

– Pourquoi ?

Il m'observa avec une expression à la fois familière et curieuse sur son visage qui avait mûri.

– Jack n'est plus là pour veiller sur toi maintenant. Il ne serait pas content s'il t'arrivait quelque chose sans que je n'intervienne.

Je n'en croyais pas mes oreilles.

– Bouge de là, Neandertal, que je puisse sortir.

– C'est quoi, le problème ?

Je le regardai, sans ouvrir la bouche.

– OK, Jocey. Je suis navré si tout ce que je dis t'agace ! Reste au moins pour manger une pizza. Tu peux encore me supporter quelques minutes, non ?

– Que ce soit bien clair : je suis entrée ici uniquement parce que j'ai reconnu l'endroit où on venait quand on était gamins. Je ne savais pas que tu allais débarquer, sinon j'aurais passé mon chemin.

– Depuis quand es-tu si susceptible ? Franchement, tu étais beaucoup plus facile à vivre à douze ans.

La serveuse revint et Noah commanda une pizza médium. Quand elle fut repartie, je l'observai. Son regard impénétrable me plongeait dans une incertitude plus profonde encore que le soir précédent.

Il pointa le doigt sur mon visage.

– Tu vas enfin m'expliquer ce qui t'est arrivé ?

– Je suis allée à Seale House et ça ne s'est pas très bien passé. Je suis… tombée. Voilà, tu es content ?

– Pourquoi es-tu allée là-bas ? Tu es vraiment décidée à exhumer de vieux fantômes ? Plus personne ne vit dans cette maison.

– Sauf la créature dans la cave.

Je vis qu'il pensait que je plaisantais.

– Tu es entrée ?

– Oui.

– C'est certainement dangereux à l'intérieur, à cause de l'incendie.

Il avait raison. J'étais encore ébranlée par tout ce qui m'était arrivé. Je l'avais échappé belle. Mais surtout, j'étais horrifiée par le sort de Georgie. Quand je pensais à ce meurtrier, je m'inquiétais encore plus pour Jack.

– Ça va ?

– Oui. (Je décidai de lui poser une question qui me turlupinait :) Je suis curieuse de savoir qui t'a parlé de l'accident de Jack. Qui t'a dit qu'il était... parti ?

– Oh. En fait, je ne l'ai pas su tout de suite. Jack ne s'est pas connecté pendant deux ou trois jours. Aucune nouvelle. Au début, j'ai cru qu'il était accaparé par son boulot, mais ensuite, ISI m'a envoyé un rapport sur ce qui s'était passé.

La serveuse apporta sa consommation à Noah ; il but aussitôt une gorgée.

– J'aurais dû t'appeler, dis-je, mais je n'ai pas pu.

– Je comprends.

– Au moins, ISI a eu la décence de te prévenir.

– Oui. (Il regardait fixement son verre.) J'ai arrêté de travailler pour eux il y a une semaine.

– Ah bon ? Pourquoi ?

– Essentiellement à cause de la mort de Jack ; c'était comme s'il y avait une fuite d'air dans un canot de sauvetage. Je n'avais plus envie de rester sans lui. On a découvert notre amour de l'informatique ensemble, non ? On était super excités par la programmation tous les deux. Et par le fait qu'ISI s'intéresse tant à nous. Maintenant qu'il n'est plus là, ce n'est pas pareil.

Noah pouvait se montrer difficile et ombrageux parfois, mais sa loyauté envers mon frère me touchait profondément.

Quelques minutes plus tard, la serveuse apporta une pizza fumante, tapissée de saucisse, de jambon et d'oignons rissolés. Noah souleva une part qui laissa dans son sillage une traînée de fromage fondu. Il me regarda.

– Tu en veux ?

Ma fierté livra bataille contre mon estomac et perdit rapidement. Je me jetai sur une part et la dévorai. Pendant un moment, on fut trop occupés l'un et l'autre à mâcher pour parler.

Un éclat de rire retentit à la table de ses amis et je tournai la tête dans leur direction. Sasha s'exprimait avec beaucoup d'énergie, en souriant au garçon trapu qui semblait indifférent à son numéro de charme. Peut-être avait-il deviné qu'elle cherchait uniquement à attiser la jalousie de Noah.

Je pris une autre part de pizza. Je commençais à me sentir mieux maintenant que je m'étais réchauffée et que j'avais moins faim. Dans le décor ordinaire de ce restaurant, les étranges événements survenus à l'intérieur de Seale House et dans la ruelle ensuite paraissaient presque irréels. J'envisageai de raconter à Noah ce qui était arrivé à Georgie, mais je rejetai immédiatement cette idée. J'avais senti qu'il ne me croyait pas vraiment au sujet de la lettre signée Jason Décembre et je n'avais plus assez de forces pour tenter de le convaincre. Une fois rassasiée, je restai assise là, en ignorant les premiers élancements d'un mal de tête naissant. J'ôtai distraitement une écharde de poutre plantée dans ma paume.

Noah me prit la main et l'approcha de la lumière.

– Tu as les paumes abîmées aussi ? Tout ça à cause d'une chute ?

Je retirai ma main et pris ma tasse pour boire le fond de mon chocolat chaud. Noah m'observait encore d'un air dubitatif quand je la reposai.

– Merci pour la pizza, dis-je.

– Il faut que tu mettes quelque chose sur ces égratignures, surtout celle sur le visage. J'ai un tube de gel antibactérien à la maison. (Comme je ne répondais pas, il ajouta :) Je crois que tu ferais bien de passer une autre nuit chez moi.

Le martèlement dans mes tempes s'amplifiait : une méchante migraine s'annonçait. Je ne savais pas quoi faire car je n'avais aucune envie de m'imposer de nouveau chez Noah. Mais si je voulais retourner à Seale House le lendemain matin, j'avais besoin d'un endroit sûr pour me reposer.

Il plongea son regard dans le mien.

– Je vois que tu cherches un moyen de refuser ma proposition.

– Pas du tout.

Il sortit quelques billets de son portefeuille pour le pourboire et se glissa hors du box.

– Allons-y.

J'hésitai une poignée de secondes, pendant qu'il s'arrêtait à la table de ses amis pour leur dire quelques mots.

Le gars à la casquette de base-ball jeta un coup d'œil dans ma direction et me sourit, mais sa petite amie me lança un regard noir, par solidarité avec sa copine sans doute. Noah les abandonna pour se diriger vers la caisse, et je m'avouai que ce serait stupide de laisser la fierté me priver d'un refuge pour la nuit. Jaillissant du box, je passai rapidement devant ses amis, sans les regarder, et suivis Noah sur le parking.

Cette fois, je pris place sur le siège du passager, ce qui était beaucoup plus confortable. On ne dit pas un mot en quittant le centre-ville. Il mit la radio et je regardai le paysage nocturne défiler derrière la vitre. Un lent tourbillon d'angoisse emportait mes pensées. Qui avait tué Georgie ? Cet homme m'avait-il sauvée d'un coup de couteau ou bien avait-il abattu Georgie par accident en me visant ? Mais surtout : où était Jack ? Mon frère avait simulé sa mort pour une bonne raison et j'étais convaincue maintenant qu'il se passait des choses graves.

Demain, je retournerais à Seale House et j'inspecterais la cachette de Jack. Un léger frisson me parcourut. Cette fois, je serais mieux préparée. Finalement, je décidai qu'il valait mieux que je cesse de penser à la cave pour ce soir, je garderais ça pour demain. Dans la douce chaleur de la voiture de Noah, j'essayai même de me convaincre que ces manifestations effrayantes dans notre ancien foyer d'accueil avaient été provoquées par mes peurs enfantines.

Dans la salle de bains, mon premier geste fut d'avaler trois antalgiques. Après quoi, je désinfectai aussi bien que possible mon visage et mes mains. Dans la commode de la chambre où j'avais passé la nuit précédente, je trouvai un vieux T-shirt de Noah et le lançai sur le lit. Il était tout propre et ne sentait pas l'odeur de fumée de Seale House comme mes vêtements. Je les ôtai et les jetai dans un coin. Impatiente de me glisser entre les draps, je pris le T-shirt, mais m'arrêtai en captant mon reflet dans le miroir. J'avais des zébrures et des bleus à plusieurs endroits. Éclairée par la lumière tamisée de la lampe, j'examinai d'abord l'hématome qui grossissait sur ma hanche, conséquence de ma chute, puis mes autres blessures. Quand je découvris la marque sur le haut de mon bras, la stupeur me coupa le souffle.

En me rapprochant du miroir, je me souvins de la vive douleur que j'avais ressentie en m'extirpant de sous l'escalier de la cave. Tandis que j'observais cette marque, toute la terreur de ces quelques minutes ressurgit.

L'hématome violacé dessinait une gigantesque morsure.

8
MARCHÉ CONCLU

La route serpentait comme un ruban grisâtre, le paysage était drapé d'épaisses ombres nocturnes. Notre camionnette avançait dans un bruit de ferraille, au bord d'une falaise abrupte. Au-dessus de nos têtes, la lune était un globe imparfait et le ciel fourmillait d'étoiles.

Mon esprit avait du mal à gérer toutes mes préoccupations. Notre mère, Melody, marmonnait des phrases incomplètes en conduisant ; elle lâchait des bribes pleines de regret, de colère, de vengeance satisfaite et de chagrin. Parfois, une ironie vengeresse lui arrachait un rire ; à d'autres moments, elle pleurait ou fredonnait d'étranges chansonnettes. Habituée pourtant à toute la gamme de ses émotions bizarres, je n'avais jamais rien vu de tel. Et ça me faisait peur. Plus effrayant encore : Jack était malade, il ne pouvait pas m'aider.

Affalé à l'avant, il dormait, la tête appuyée contre la vitre, le souffle court. Il avait tellement de fièvre que son front était écarlate. J'aurais voulu qu'il se réveille et redevienne lui-même car lui seul savait parler à Melody.

Jack incarnait la voix de la raison qui réussissait à chasser les peurs sombres de notre mère. Moi, je n'étais que la petite farceuse intello qui s'efforçait désespérément de la faire rire. Car quand elle riait, quand elle était heureuse, c'était préférable pour nous tous. Notre vieille camionnette vibrait dans les virages pris à toute vitesse. À travers le pare-brise étoilé, j'apercevais sur le capot des traces de rouille qui semblaient se rapprocher centimètre par centimètre. Assise entre Jack l'endormi et la pitoyable Melody, je fus parcourue par un frisson glacé. Il était évident maintenant que les taches rouges n'étaient pas de la rouille, mais du sang. Le capot cabossé en était éclaboussé. Et ces taches venaient vers nous, tels des doigts rampants. La camionnette percuta de plein fouet une goutte de pluie, qui s'écrasa contre le pare-brise. Une autre suivit, puis plein d'autres, jusqu'à ce que le verre sale soit martelé par une sorte de pluie rouge.

Lancée dans sa course-poursuite solitaire, Melody ne ralentit pas. Au lieu de cela, elle brailla de plus belle, avec une détermination renforcée. Elle mit en marche les essuie-glaces qui grinçaient, étalant ainsi le sang sur le pare-brise, si bien que l'on roulait maintenant à l'aveuglette. La camionnette se mit à trembloter, comme victime d'une crise cardiaque, et les pneus gémirent en mordant sur le bas-côté. On décolla du bord de la falaise, dans la nuit noire. J'ouvris la bouche pour hurler, mais ma terreur était telle qu'aucun son n'en sortit.

Le rêve m'arracha au sommeil. Je demeurai immobile, le cœur battant à tout rompre, comme toujours après ce cauchemar récurrent. J'inspirai à fond plusieurs fois et mon pouls commença à se calmer. C'était le matin. La lumière du jour filtrait à travers les rideaux ivoire. Le ciel s'était éclairci et des hirondelles batifolaient dans les arbres voisins, offrant un contraste brutal avec mon sombre rêve.

Je m'extirpai du lit et me rendis dans la salle de bains. Mes douleurs et mes blessures me firent grimacer. Après avoir avalé des antalgiques, je pris une longue douche pour chasser la sueur provoquée par le cauchemar. La scène du coup de feu de la veille traversa de nouveau mon esprit, plus terrifiante que le cauchemar, et une fois de plus, je me demandai à qui appartenait cette silhouette à l'extrémité de la ruelle. Par quel miracle cet homme était-il présent au moment où Georgie allait me planter son couteau dans le dos, et pourquoi l'avait-il tué ?

Il semblait n'y avoir aucune réponse. Je poussai un soupir de frustration et coupai l'eau. En me séchant, j'examinai mon visage. Malgré un léger mieux, ce n'était pas formidable. Je passai en revue les autres bleus et égratignures, puis m'attardai sur la marque sur mon bras. Après une nuit, elle ressemblait toujours autant à une morsure, et j'essayai de me rappeler de quand datait ma dernière piqûre antitétanique. Quatre ou cinq ans ?

Je décidai de me soucier de ce problème ultérieurement et m'habillai. J'enfilai le même T-shirt vert anis et mon jean. Mes affaires et ma voiture me manquaient plus que jamais. J'avais travaillé pendant des mois pour me payer cette petite Civic cabossée, je me demandais si je la reverrais un jour.

Et que diraient mes parents adoptifs en l'apprenant ? Je n'avais pas envisagé de leur parler de cette virée dans le Nord, mais maintenant, je n'avais plus le choix. Ils seraient furieux que je sois venue ici seule, et déçus que je leur aie menti en prétendant que j'allais camper avec des amis. Décevoir Marilyn et Brent, c'était pire que d'être collée au lycée.

Ressortant de la salle de bains, je suivis l'odeur du petit déjeuner et le son de la voix de Noah. L'odeur était délicieuse, la voix furieuse. Je le rejoignis dans la cuisine. Enfant, il aimait cuisiner et, apparemment, cette passion ne l'avait pas quitté ; je trouvais cela réconfortant. Le Noah de mon passé consacrait énormément de temps à la préparation de petits plats, malgré ses nombreuses occupations, et on se réjouissait quand c'était à son tour de cuisiner. En le voyant s'affairer devant les fourneaux, j'avais l'impression de revoir le Noah d'autrefois. Du moins, jusqu'à ce qu'il pousse un juron et hurle dans le téléphone.

– J'ai dit que je m'en occuperais !

Il coupa la communication, fourra le portable dans sa poche, puis se retourna et me vit. Son air renfrogné s'accentua.

– Tu écoutes aux portes ?

– C'est mon passe-temps préféré.

Il montra la table sur laquelle étaient disposés des assiettes mauves et des verres remplis de jus d'orange. Je m'assis pendant qu'il versait des œufs brouillés dans un plat. En découvrant les tranches de bacon grillé dans une assiette près de moi, je compris d'où venait cette délicieuse odeur.

Encore un aliment que Melody nous interdisait. C'était une douce vengeance : grâce à ma taille, dont elle se moquait sans cesse, je pouvais manger ce qui me plaisait sans me soucier de ma ligne, contrairement à elle.

Je pris plusieurs tranches de bacon, un toast et une cuillerée d'œufs. Après la première bouchée, je dis :

– Excellent. Je suis contente de voir que tu aimes toujours cuisiner.

Noah continua à mâcher en silence et je me demandai s'il était en colère à cause de ce coup de téléphone ou après moi parce que je l'avais surpris. Assurément, il n'y avait plus grand-chose du Noah que j'avais connu chez ce garçon : il semblait beaucoup plus dur. En outre, quand on était enfants, j'étais légèrement plus grande que lui. Il avait poussé depuis, et maintenant, il mesurait quelques centimètres de plus que moi. Son torse et ses bras s'étaient étoffés également ; il était beaucoup plus musclé qu'il y a cinq ans.

Deux choses m'avaient toujours intriguée chez Noah. La première, c'était la douceur de sa voix, devenue encore plus moelleuse avec le temps. Même quand il était en colère, je me sentais attirée par ce timbre. La deuxième, c'étaient ses yeux ; des yeux qui débordaient d'intelligence, et d'une couleur magnifique. Je les avais remarqués dès le premier jour à Seale House, avant même qu'il descende dans la cave et que l'on devienne amis tous les trois.

Ils étaient d'un marron qui n'évoquait ni le chocolat ni le café, à moins d'ajouter une grande quantité de lait. Mais les qualifier de marron clair ne suffisait pas. Si je devais choisir un seul mot, je dirais « chaleureux ». Qu'il soit en colère ou bouleversé, qu'il fronce les sourcils à la manière d'un vampire assassin, cette couleur me faisait craquer. Je n'avais jamais vu quelqu'un avec de tels yeux.

– Jocey, si je te paye ton billet de car, est-ce que tu rentreras chez toi ?

J'abandonnai le spectacle de ses yeux pour reporter mon attention sur mon assiette, dépitée de constater que j'avais mangé presque tout mon bacon sans en savourer le goût.

– Tu es si impatient de te débarrasser de moi ? C'est toi qui as insisté pour que je revienne ici hier soir.

– Je ne cherche pas à me débarrasser de toi. Mais j'ai l'impression que ton chagrin t'empêche de réfléchir posément.

– J'ai pigé. Pour toi, je ne suis qu'un gros problème. Peut-être que je n'ai toujours été que ça. L'horripilante sœur de Jack qui s'incruste.

– Tu sais bien que ce n'est pas vrai.

– La troisième *freak*, l'intruse.

Au lieu de nier, Noah sourit et secoua la tête.

– Quoi ? fis-je.

– Tu n'es plus une *freak*, on dirait. Tu te souviens comme les filles se moquaient de toi à l'école ?

Un flash me replongea dans les affres de l'année scolaire passée dans cette ville.

– Nessa, Monique et Tabby ? Et l'autre, comment s'appelait-elle déjà ?… Geena ?

Il hocha la tête.

– Si elles te voyaient maintenant, ça leur fermerait le clapet, je parie. Tu es plus mignonne qu'elles n'ont jamais rêvé de l'être.

– Pourquoi es-tu si gentil avec moi tout à coup ?

– Pas gentil, honnête. On a toujours été francs l'un envers l'autre, non ?

– Oui.

– Donc, quand je te dis de rentrer chez toi pour surmonter ton chagrin, tu sais que je suis sincère.

– Tu penses que l'enveloppe de Jason Décembre est un faux ? Une sorte de blague de mauvais goût.

– Je ne sais pas quoi penser.

Je posai ma fourchette.

– Écoute, Noah, je te suis reconnaissante de m'avoir hébergée deux nuits et de m'avoir préparé ce délicieux petit déjeuner. Mais je dois continuer à chercher Jack.

– Comment veux-tu faire sans voiture ni argent ?

Il avait raison et, même si je détestais demander de l'aide, je n'avais pas le choix visiblement.

– Pourrais-tu me consentir un autre prêt, par hasard ? Je te rembourserai en rentrant. J'ai un petit compte-épargne.

Je lui montrai ma montre Crystal avec son bracelet en plastique transparent turquoise, seul objet de valeur que j'avais sur moi.

– Elle vaut presque cent dollars, neuve.

Je ne précisai pas que c'était un cadeau de Jack.

– Ce n'est pas trop mon style.

– OK. Merci quand même.

– Tu abandonnes si facilement ?

– Que veux-tu de moi, Noah ? Que je continue à jouer à ce jeu stupide ? Si c'est tout ce qui t'intéresse, sache que moi, j'en ai marre.

– Calme-toi.

– Tu parles de confiance, mais c'est la dernière chose que tu es prêt à donner. Tu ne crois pas que l'enveloppe Jason Décembre vient de Jack. Pourtant, je te promets que je n'ai rien inventé.

– Je n'ai jamais dit ça.

– Alors, qui me l'a envoyée ? C'est toi ?

– Non, bien sûr que non.

Debout près de la table, je le toisai sans rien ajouter. Au bout d'un moment, il secoua la tête et haussa les épaules.

– J'ai essayé de deviner d'où venait cette enveloppe. En vain.

– As-tu parlé à quelqu'un d'autre du code Jason Décembre ?

– Non.

– Trois personnes seulement connaissaient ce nom : toi, moi et Jack. (Je sortis l'enveloppe de ma poche et la lançai sur la table.) Regarde donc les faits ! Elle porte le tampon de la poste de Watertown et elle m'a été envoyée à Troy. Voilà pourquoi j'ai tout laissé tomber pour venir ici. Que pouvais-je faire d'autre ? Il fallait que je sache s'il est toujours vivant.

– Impossible. J'ai lu un double du rapport de police que s'est procuré ISI.

– C'est peut-être un faux.

– Dans quel but ?

– Peut-être que Jack a de graves ennuis et qu'il ne peut pas nous contacter directement. Il m'a envoyé cette enveloppe pour une raison bien précise. Je dois découvrir laquelle.

Noah semblait analyser mes réflexions et rassembler les éléments. Il prit l'enveloppe pour étudier le tampon. Je retins presque mon souffle, en priant pour qu'il tienne compte de tout ce que je lui avais dit.

Il repoussa sa chaise et se leva.

– OK, dit-il. Qu'est-ce que tu veux ?

– Il faut que je retourne à Seale House. Si Jack m'a laissé un message, il sera là-bas, dans sa cachette.

– Quelle cachette ?

– Une cachette que lui et moi étions les seuls à connaître.

Il tiqua.

– Je croyais qu'on partageait tout.

– Pas ça.

– Vous aviez donc un secret tous les deux. Remarque, ce n'est pas très étonnant. Dis-moi juste un truc, sans mentir. Si tu retournes là-bas et que tu ne trouves rien, accepteras-tu d'admettre que Jack nous a quittés pour de bon ?

– Je n'aurai pas le choix, je suppose.

– Dans ce cas, je vais t'aider.

Le soulagement me submergea.

– J'ai besoin d'argent pour le taxi, d'une lampe électrique et d'un tournevis.

Je marchai jusqu'au plan de travail pour prendre un couteau dans le bloc en bois.

– Et de ça.

– Range ce couteau ! Nom de Dieu, tu me rends dingue, Jocey !

– Pas de jurons.

Noah traversa la cuisine, se planta devant moi et referma ses doigts autour de mon poignet, avant de me reprendre le couteau avec son autre main. La chaleur de ce contact me surprit. Pendant quelques secondes électriques, il plongea son regard dans le mien. On resta muets.

Finalement, il lâcha mon poignet, se retourna vers le plan de travail et remit le couteau à sa place.

– Tu sais quoi ? dit-il. Je vais te conduire moi-même à Seale House et on inspectera tous les deux ta cachette. Quand tu auras vu qu'il n'y a pas de message de Jack, tu rentreras chez toi. Marché conclu ?

– OK.

– Mais pas de couteau. Et avant de partir, tu m'aides à faire la vaisselle.

9
SEALE HOUSE

– Sache qu'à mon avis, c'est une erreur de ne pas prendre une arme, dis-je, alors que Noah garait sa Jeep Cherokee devant Seale House.

– Essaye de ne pas te laisser dominer par tes peurs d'enfant.

Il coupa le moteur et on descendit de voiture. Au-dessus de nous, la traînée blanche d'un avion laissait une cicatrice boursouflée sur la joue du ciel. Le vent faisait danser mes cheveux devant mes yeux et je remerciai Noah de m'avoir prêté cette veste polaire ultralégère. Il portait la même, d'une autre couleur. On ressemblait à ces couples écœurants qui affichent leur amour en s'habillant de la même manière.

On suivit l'allée jusqu'à la grande véranda. Les souvenirs de Seale House me paraissaient encore plus vivaces que la veille. Il y avait tellement d'enfants, comme Georgie, qui parsemaient le paysage de mon passé à Watertown ! Mais, outre Jack et Noah, trois d'entre eux se détachaient dans mon esprit : celui dont j'avais peur, celui dont j'avais le plus peur, et celui pour qui j'avais le plus peur.

Le premier était Beth la Furieuse, la fille la plus âgée du foyer. J'aurais été incapable de dire combien de fois j'avais tenté d'engager la conversation avec elle, pour me retrouver en train de parler toute seule. Sans être certaine qu'elle m'écoutait. Elle me faisait penser à une bouilloire sur le point de pousser un long cri strident. On avait tous été soulagés quand elle avait décidé finalement de se faire du mal à elle-même, au lieu de s'en prendre à nous.

Corner Boy, le garçon que je craignais le plus autrefois, était sorti de ma mémoire jusqu'à hier. Rétrospectivement, je devais avouer qu'il y avait un tas de raisons d'essayer de l'oublier. Quant à l'enfant pour qui je tremblais le plus, Dixon, c'était un garçonnet de sept ans, beau mais traumatisé, qui me suivait partout comme un chiot perdu. L'un des trois, je le savais, était mort. Les deux autres étaient sortis de ma vie cette nuit sinistre et neigeuse où je m'étais enfuie.

On gravit les marches et traversa la véranda jusqu'à la porte d'entrée restée entrouverte après la poursuite de la veille. Noah entra le premier et je le suivis. Mes yeux et mes oreilles guettaient les signes de la présence des effroyables gamins. Noah s'arrêta brièvement pour jeter un coup d'œil aux cendres de leur feu de camp. Quand on arriva devant la porte de la cave, j'avais la bouche sèche.

– Ça pue là-dedans, commenta-t-il, en parlant de l'odeur de fumée.

– Oui, je sais. Tu veux que je tienne le tournevis, vu que tu as déjà la grosse lampe ?

– Non. Tu vas le tenir comme une arme. Et je n'ai pas envie que, prise de panique, tu me poignardes les fesses.

Je grimaçai dans son dos et lâchai une remarque grossière, mais intérieurement, je ne pouvais pas lui donner tort compte tenu de ce qui s'était passé la dernière fois que j'avais marché derrière lui avec un outil tranchant.

– Tu dis que c'est en bas, hein ?

– Oui.

Il ouvrit la porte et alluma la torche électrique, qui éclaira beaucoup mieux l'escalier que ma misérable lampe porte-clés.

– Noah, chuchotai-je en descendant derrière lui. Il est peut-être un peu tard pour t'en parler, mais… il y a une « chose » en bas. Elle m'a mordue au bras.

– Merci de me prévenir.

– Je t'assure ! Je n'invente rien.

On avait atteint le bas de l'escalier.

– Puisque tu es si trouillarde, Jocey, on va commencer par jeter un coup d'œil.

– Non, non, c'est bon…

Ignorant mes protestations, Noah traversa la cave en braquant sa lampe dans tous les coins. Il dévoila le faux sapin de Noël et ses quelques décorations restantes. Ensuite, il marcha vers la parcelle de terreau où, Dixon en était convaincu, on enterrait les enfants méchants. Il revint au bout d'une minute, en affichant un air las.

– Il n'y a rien de dangereux ici, sauf les champignons vénéneux qui poussent dans la terre, tout au fond.

– OK.

J'essayais de paraître rassurée, mais je regrettais de lui avoir parlé de la créature qui n'était plus là. Je me tournai vers la cachette de Jack, sous l'escalier.

– C'est ici.

Je me glissai sous les marches et réclamai le tournevis à Noah. Cette fois, il accepta de me le donner. Je lui montrai la première marche pour qu'il braque sa torche dessus. Le puissant faisceau fit apparaître une chose qui avait échappé à ma lampe porte-clés : des traces de marteau, plus récentes que celles laissées par Jack toutes les fois où il avait ôté et remis la planche de bois, il y avait des années de cela. Noah sembla ne pas les remarquer, mais elles me redonnèrent espoir, tandis que je m'attaquais à la marche avec le tournevis.

La planche céda enfin. Noah éclaira l'intérieur de la cachette.

– Regarde ! m'exclamai-je en y plongeant la main pour saisir le coffret en métal tout cabossé de Jack. Je te l'avais dit !

– Hmmm.

Je pris conscience soudain de la présence de Noah tout près de moi dans l'espace exigu sous l'escalier, et mon trouble s'accrut. Pourquoi, me demandai-je, étais-je aussi nerveuse simplement parce qu'il était accroupi derrière moi, même si son souffle soulevait délicatement les mèches de cheveux qui reposaient contre ma joue ? Au moins, ce n'était pas le monstre de la cave.

– D'accord, dit-il, tu as trouvé une vieille boîte. Ça ne prouve rien.

Il recula et on ressortit de sous l'escalier en examinant le coffret fermé à clé. Alors qu'on s'apprêtait à remonter, un bruit nous arrêta. Quelque part, au-dessus de nous, un long hurlement hystérique retentit, suivi d'un bruit de pas.

Je ne pus réprimer mon exaspération.

– Ah, non, ça ne va pas recommencer !

– Quoi donc ?

– Éteins la lampe !

Noah obéit et on se retrouva plongés dans l'obscurité, mais cela ne l'arrêta pas. Il me prit par le bras et chuchota :

– Viens. Allons voir ce qui se passe.

Je repensai à Georgie et à ses copains flippants. Certes, Georgie était mort, mais je devinais que les autres étaient aussi dangereux.

– Ce n'est pas une bonne idée.

On était au milieu de l'escalier quand on entendit la porte claquer et une serrure se fermer. Puis un long sanglot. On était enfermés dans la cave. La terreur monta en moi et j'eus envie de hurler, mais ma gorge se serra. De ma bouche sortirent uniquement de petits croassements sans doute humiliants, mais j'avais trop peur pour m'en soucier.

Échappant à la main de Noah, je m'élançai vers le haut de l'escalier et cherchait la poignée à tâtons. Je me mis à marteler la porte à coups de poing, mais la lumière soudaine de la lampe de Noah m'arrêta net. Il m'obligea à me retourner pour lui faire face ; le faisceau blanc allongeait ses traits, me rappelant sa période vampire.

– Arrête de paniquer.

– On est coincés ici ! Ils ont fermé la porte à clé !

– Je sais. Respire plus lentement ou sinon, tu vas hyperventiler.

Il me prit le tournevis.

– Tiens la lampe.

Je fis de mon mieux pour la maintenir droite, honteuse des tremblements qui agitaient mes mains. Pendant que Noah s'affairait, je guettais le moindre bruit, mais l'individu qui avait poussé ce cri et verrouillé la porte demeurait silencieux. J'espérais qu'il n'attendait pas derrière, animé d'autres intentions malveillantes.

Noah acheva de démonter la poignée en un temps record. J'étais impressionnée.

– Pourquoi tu ne m'as jamais appris ça ?

– J'ai pigé le truc après ton départ.

Il récupéra la lampe, ouvrit la porte et éclaira la pièce. Personne. On n'entendit aucune voix, mais le bruit d'une porte qui se ferme. On regarda tous les deux en direction de la cuisine.

– Reste ici, ordonna-t-il.

– Oh, allez !

Il me rendit le tournevis.

– Surveille mes arrières, au cas où ils arriveraient par là. Surtout, n'hésite pas à les poignarder dans les fesses.

Son intrépidité m'agaçait. Plantée dans la salle à manger, je le regardai s'éloigner, en me demandant pourquoi il n'avait jamais peur. À Seale House, tous les enfants vivaient plus ou moins dans l'inquiétude permanente, de la fausse bravoure de Corner Boy à la terreur tremblante de Dixon qui venait s'asseoir sur mes genoux au moindre problème. Chacun de nous se débattait dans des sables mouvants émotionnels, et on cherchait tous la protection de Noah.

Hazel Frey dirigeait Seale House à la manière d'un commandant. Des tableaux répertoriaient toutes les tâches. Ils indiquaient les rotations des corvées et des devoirs, la composition des repas et même la durée des douches. Malheur à l'enfant qui se trompait. Si les assistantes sociales louaient son sens de l'organisation, je suis certaine qu'elles ignoraient combien ses châtiments pouvaient être prompts et cruels. Pour Hazel, recueillir des enfants abandonnés était une source de revenus, rien de plus. Je ne pense pas qu'elle possédait une once de gentillesse dans son âme cassante. Mais sans doute parvenait-elle à donner le change devant les gens des services sociaux qui semblaient ne jamais se demander d'où nous venait l'énergie avec laquelle on arrachait les mauvaises herbes et déblayait la neige.

Voilà le chemin que suivaient mes pensées pendant que j'attendais dans cette pièce obscure. Où était Noah ? Fatigués par cette tension, mes yeux se fermèrent un instant.

– Tu es une menteuse, murmura Corner Boy à mon oreille, me réveillant en sursaut. Personne te croit.

C'était une nuit d'été moite et certaines filles parmi les plus âgées, dont moi, avaient reçu l'autorisation de coucher sous la véranda, derrière la maison. Je dormais si profondément que j'eus l'impression de remonter du fond d'un étang boueux. Il me jetait au visage son haleine fétide. Je savais qu'il ne se lavait jamais les dents ; il faisait juste semblant quand Hazel venait voir les garçons durant leur rituel du soir.

– Fiche le camp.

Ma voix était enrouée de sommeil.

Un croissant de lune pointait le bout de son nez sous l'avant-toit. Ses rayons baignaient les autres silhouettes endormies d'une lumière diluée, sans dissiper les ombres sur le visage de Conner. Aucun souffle d'air ne venait troubler la nuit silencieuse, à l'exception du chant de quelques grillons au loin.

– T'aurais dû lui dire la vérité !

J'avais les idées confuses, je dormais encore à moitié. J'avais dit la vérité à Hazel, pas uniquement la « vérité arrangée » que Conner avait voulu m'obliger à énoncer en utilisant le chantage.

– Ton petit copain dort en haut. Et ton frère aussi. Alors, qui va prendre ta défense maintenant, hein ?

Il se jeta sur moi, mains en avant ; ses grands ongles sales se plantèrent dans mon visage.

J'écarquillai les yeux, la joue en feu. Où étais-je ? Je me retrouvais dans une autre partie de la maison, différente de celle où j'avais fermé les yeux. Une vague de nausée et de vertiges monta en moi ; je m'efforçai de la contenir. Comment avais-je atterri dans cette pièce ? J'attendais Noah, en bas, et je n'avais baissé les paupières qu'une seconde, me semblait-il. Que se passait-il ?

Le fantôme hostile de Corner Boy avait-il réussi à me déplacer, ou bien, victime d'une étrange crise de somnambulisme, j'avais marché jusqu'ici ? Prise de panique, je me retournai. La porte était ouverte. Je m'en approchai en titubant. Sur le seuil, je dus m'arrêter pour me tenir à un montant de la porte. La peur enflammait mon visage et mon cœur galopait comme un cheval lancé dans une course à la mort. Néanmoins, une farouche détermination s'empara de moi. À cet instant, je détestais Seale House autant que je la craignais, et je haïssais cette peur qui avait été ma fréquente compagne autrefois.

– Tu ne gagneras pas, chuchotai-je.

Si Seale House m'avait transportée au premier étage, j'affronterais l'épreuve qu'elle me réservait : les morsures et le reste. M'obligeant à me retourner de nouveau, j'examinai mon environnement. Tout d'abord, je crus être dans une pièce inconnue aux murs tapissés de papier peint délavé, aux meubles endommagés par l'eau. Les fenêtres laissaient entrer plus de lumière que celles d'en bas, mais la pellicule de suie qui couvrait les carreaux filtrait les rayons de soleil matinaux et leur donnait une teinte grise. Une petite table ronde au plateau déformé trônait près du centre. Des rideaux, décrochés de leurs tringles, avaient été taillés dans le même chintz à motif floral que le revêtement du gros fauteuil détrempé, disposé dans un coin. Les murs étaient calcinés par endroits et tout empestait la fumée. En décrivant un cercle lent, je compris peu à peu où je me trouvais. Je réprimai un hoquet de stupeur. J'étais dans le salon d'Hazel

Frey, le dernier endroit sur terre où j'avais envie de mettre les pieds. Presque aussi effrayant que la cave.

Il me semblait sentir l'odeur sucrée de la marijuana, et je me demandai si c'était Hazel qui avait provoqué l'incendie en s'endormant avec son joint. Pourquoi Seale House m'avait-elle amenée dans cette pièce interdite quand j'étais enfant ? Avant que je puisse formuler une théorie, un craquement se produisit derrière moi. Faisant volte-face, je découvris quelqu'un dans le couloir, devant la porte. Une fille aux cheveux décolorés, presque blancs, et des yeux cernés de noir, à tel point que pendant une seconde, on aurait dit des orbites vides.

– Ça devient lassant, à force, dis-je.

Son épais eye-liner avait coulé et les larmes avaient laissé des traînées sur ses joues : le maquillage d'un clown triste. J'essayai de deviner son âge, et calculai que si elle avait été amie avec Georgie, elle devait avoir dans les quatorze ans. Mais elle paraissait plus jeune.

– Pourquoi tu es revenue ? demanda-t-elle.

– Pour trouver des réponses.

La fille hocha la tête comme si nous avions ce point en commun.

– Qui a tué Georgie ? demanda-t-elle.

– Comment le saurais-je ? Un type est apparu et il s'est mis à tirer.

– Je pense que c'est ta faute.

– Comme toujours.

– Y a quoi dans cette boîte ?

Je baissai les yeux. Mes mains tenaient fermement le coffret poussiéreux de Jack. Je ne m'en étais même pas rendu compte.

– Je ne sais pas trop, mais tu ne l'auras pas.

Elle sortit de sa poche une longue chaîne, en franchissant le seuil de la pièce, et se mit à l'agiter devant elle. La chaîne décrivait un huit flou et mortel en produisant un sifflement. Sans me quitter des yeux, la fille s'approcha. Je reculai, bien évidemment.

– Ton visage saigne, fit-elle remarquer.

– Ah bon ?

– C'est juste une égratignure, mais je peux t'arracher un œil avec ma chaîne. Tu me crois pas ?

Je la croyais. Je regardais la chaîne, qui tournoyait maintenant comme une hélice.

– Donne-moi cette boîte et tu pourras garder tes deux yeux.

J'aperçus un mouvement rapide dans son dos et un poing s'abattit sur l'arrière de son crâne. Elle avança en chancelant et tomba à genoux, sans lâcher la chaîne qui pendait mollement dans sa main. Noah se précipita, la désarma, puis la saisit par le cou pour la relever, sans ménagement.

– Je compte jusqu'à trois. Si je te revois ici, je te tue.

Il la repoussa et elle décampa aussitôt, comme le cafard qu'elle était. Quand elle fut hors d'atteinte, on l'entendit pousser un hurlement de rage et lancer des obscénités.

– Je croyais t'avoir demandé de ne pas bouger, dit-il.

L'espace d'un instant, j'avais revu le Noah dangereux qui m'avait étranglée dans son garage et je ne savais pas quoi dire. En côtoyant son bon côté hier soir et ce matin, j'avais oublié à quel point il pouvait être brutal.

– Ta joue saigne. Tu as cogné ta blessure ou quoi ?

– Oui, en quelque sorte. Tu as vu quelqu'un d'autre ?

– Non. C'est sûrement elle qu'on a entendue. J'ai regardé partout. La maison est vide. Qu'est-ce que tu fabriques dans le salon d'Hazel ?

Je n'avais plus le courage de rester ici pour découvrir les sales tours que nous réservait Seale House.

– Allons-nous-en, tu veux bien ?

– Ouvre le coffret d'abord.

– Impossible. Il est fermé à clé.

Il me le prit des mains et le posa sur la petite table ronde. Il ramassa le tournevis là où j'avais dû le laisser tomber et fit sauter le fermoir d'un coup sec. On se pencha tous les deux au-dessus du coffret comme si on était redevenus ces gamins impatients de résoudre une nouvelle énigme. Je farfouillai parmi tous les objets qu'elle contenait : des billes dans un sachet hermétique en plastique jauni, quelques pièces de monnaie poussiéreuses, des cartes Magic, des jetons provenant d'une vieille salle de jeux, une paire de baguettes en laque noire que l'on avait achetée dans un magasin chinois et, sous tout ce bric-à-brac, une enveloppe de papier kraft. Je la pris d'une main tremblante. Elle était vierge, à l'exception de deux mots écrits dans le coin supérieur gauche : *Jason Décembre*.

10
LE MESSAGE

J'insistai pour que l'on quitte Seale House avant d'ouvrir l'enveloppe, sans expliquer que j'avais peur de me retrouver transportée dans la cave ou sur le toit, malgré moi. On regagna la Jeep de Noah et on s'y installa, à l'abri du vent. Après avoir posé sur le plancher le coffret en métal, j'observai l'enveloppe brune pendant quelques secondes.

Soulevant le rabat, je sortis deux feuilles de papier sur lesquelles étaient imprimés de mystérieux groupes de lettres, dans tous les sens.

– Regarde, Noah, un texte codé !

J'étudiai les lettres et les morceaux de mots. Aucun message flagrant ne m'apparut, mais il fallait s'y attendre. Je fis pivoter les feuilles, sans plus de résultat. Les indices cachés dans ces groupes de mots ne seraient pas faciles à déceler. Je savais aussi que même si c'était long, ce n'était pas impossible.

Noah me prit les feuilles des mains et les examina à son tour. Sans rien dire, il les fit pivoter à son tour, très concentré, la bouche pincée. Je devinais qu'il avait du mal à accepter l'évidence : Jack nous avait laissé cet indice, cela voulait dire qu'il était toujours en vie.

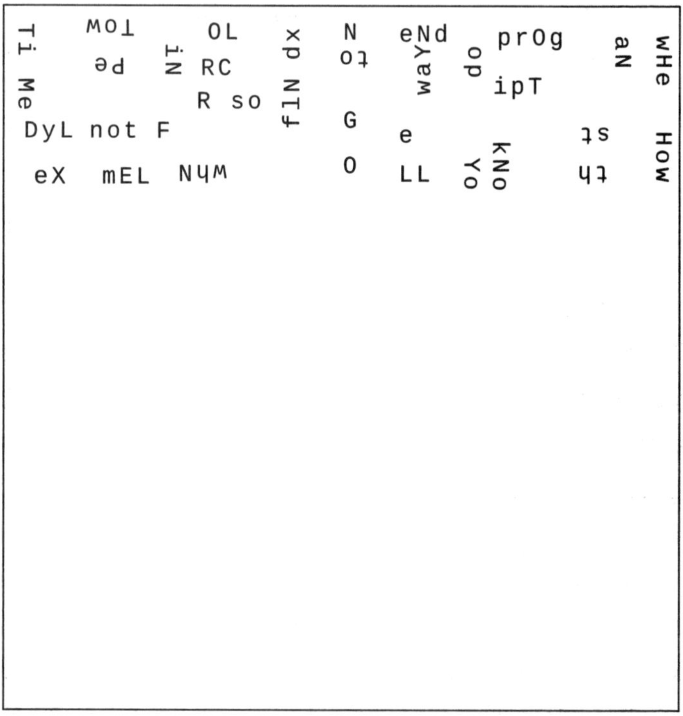

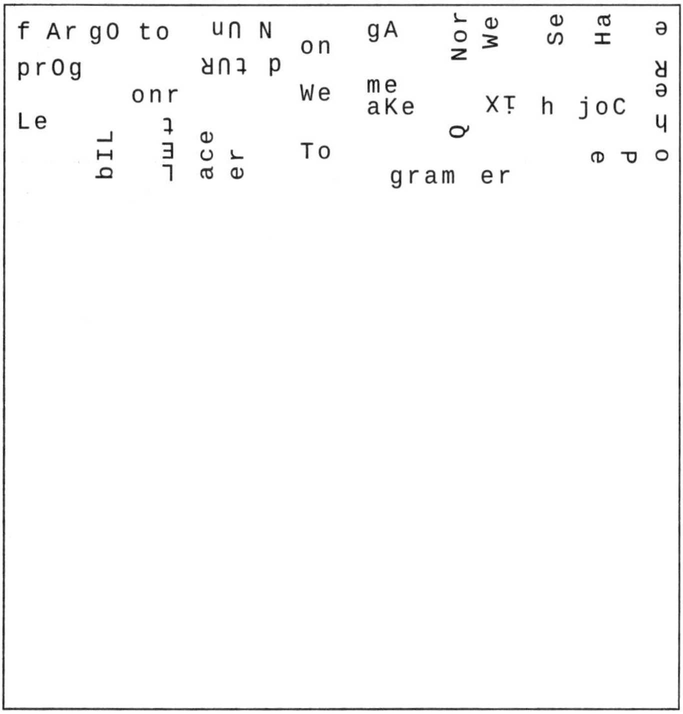

Finalement, Noah me rendit les feuilles.

– Je sais que tu es convaincue maintenant que Jack est vivant, mais réfléchis, Jocelyn. Il a très bien pu cacher ce coffret sous l'escalier il y a longtemps. Des mois, voire des années.

– Tu cherches vraiment à miner tous mes espoirs, hein ?

Après avoir remis les feuilles dans l'enveloppe, j'ouvris la portière de la Jeep. Le vent s'engouffra dans la voiture.

– Merci pour ton aide.

– Comment tu vas rentrer ?

– Je ne rentre pas. Souviens-toi, j'ai accepté de repartir seulement s'il n'y avait rien pour moi dans la cachette de Jack.

– Qu'est-ce que tu comptes faire ? Tu n'as pas d'argent, ni de voiture.

J'eus un moment d'hésitation. Dans mon excitation, j'avais oublié ces deux éléments.

– Je réglerai ce problème une fois que j'aurai déchiffré le message.

Noah mit le contact.

– Ferme la portière.

– Pourquoi ?

– Tu vas avoir besoin de mon aide.

Il m'observait avec ses yeux marron chaleureux, mais son expression n'était pas très amicale. Je détournai la tête.

– C'est tellement dur, avouai-je. Je pense sans cesse à lui. Le matin, au réveil, j'ai l'impression qu'une tonne de briques m'écrase le cœur. Puis cette enveloppe est arrivée.

– Je sais.

– Non. Sinon, tu ne voudrais pas me priver de cet espoir.

– Je suis réaliste, c'est tout.

– Toi, Noah ? Tu as déjà été réaliste ? Quand tu te déguisais en vampire ou en ninja ? Quand tu jouais à être Luke Skywalker, pendant que je faisais Chewbacca ? Toi et moi, on a toujours vécu dans un monde imaginaire.

– On était gamins. Il est temps de grandir, Jocey. (Il se massa le front, entre les sourcils, à la manière de quelqu'un qui a mal à la tête.) J'aimerais croire que Jack est en vie, autant que toi. Mais si ce n'est pas le cas et si tout cela n'est qu'une énorme farce, on va encore prendre un sacré coup au moral.

Je comprenais ce qu'il voulait dire et j'étais soulagée de retrouver son côté humain. Je refermai la portière.

– Tu as raison, j'ai besoin de ton aide.

Il démarra et on quitta Seale House sans un mot. Mes doigts caressaient l'enveloppe comme s'il s'agissait d'un trésor. On revint chez Noah et il me conduisit dans son bureau. C'était une pièce exiguë que dominait un meuble d'ordinateur envahi par un tas d'accessoires.

– Donne-moi les feuilles, dit-il.

Je les lui tendis. Il les scanna puis ouvrit un programme que je ne connaissais pas. Il lui demanda d'analyser les groupes de lettres en les traitant comme un texte.

– Où tu as déniché ça ?

– C'est un copain programmeur qui l'a créé et il m'en a fait une copie. C'est un bon outil de déchiffrage. Mais ça risque de prendre un peu de temps.

Je récupérai les feuilles dans le scanner et m'assis à une petite table près de l'ordinateur. Pendant que je prenais un crayon et un bloc, Noah me rejoignit en faisant glisser son fauteuil à roulettes.

– Tu crois que tu peux aller plus vite que mon programme ?

– Je m'amuse, c'est tout. Tu te souviens de la chasse au trésor que vous avez organisée tous les deux pour nos treize ans ?

– Vaguement. C'était quand ?

– Le 1er juillet. Tu savais que Jack et moi on est nés à Toronto ? Ça veut dire qu'on a la double nationalité jusqu'à nos dix-huit ans, cet été. Notre anniversaire tombe le jour du Canada Day, une date très importante là-bas.

– Je l'ignorais.

– Quand par hasard on était au Canada pour notre anniversaire, j'adorais ça. Il y avait des défilés et des feux d'artifice. Bref, on a eu treize ans l'année où on vivait à Seale House. J'ai offert à Jack un livre plein de problèmes de logique, ses préférés. Mais ce n'était rien comparé à l'enquête que vous m'avez fait mener tous les deux. Tu ne t'en souviens pas ?

– Si. Tu étais surexcitée.

– Je ne me suis jamais autant amusée pour mon anniversaire. Même s'il m'a fallu tout un après-midi pour découvrir les indices. Vous refusiez de me donner la moindre indication. Franchement, j'ai encore du mal à croire que vous aviez caché un des messages codés dans le jardin de monsieur McCloskey. Son chien a failli me mordre.

Je souris en repensant à cette merveilleuse journée et ajoutai :

– Mais le jeu en valait la chandelle.

– Des babioles achetées dans une boutique « Tout à un dollar » ?

Mon sourire s'évanouit. J'observai Noah en me demandant comment il avait pu devenir aussi blasé.

– Pour moi, c'était la caverne d'Ali Baba.

– Sans doute que l'on voit les choses différemment.

– Oui, sans doute. Tu vis au milieu des bouquins et des machines. Mais tu es seul. Es-tu heureux, Noah ?

– Ne joue pas à ce petit jeu avec moi. Tu es sûre de perdre.

L'ordinateur émit un bip ; on se retourna aussitôt vers l'écran. Le programme affichait une fenêtre de diagnostic qui disait : *Aucune correspondance trouvée.* Noah se propulsa vers le clavier, tapa sur quelques touches et le message disparut.

– J'ai un autre programme de décryptage, plus ancien. Beaucoup plus lent aussi. Et si celui-ci n'a pas réussi à décoder le message, ça m'étonnerait que l'autre y arrive.

Je reportai mon attention sur les feuilles. Je repris le crayon et recopiai les petits mots identifiables et éparpillés, sans rapport les uns avec les autres. Pendant que l'ordinateur analysait les données, Noah, installé à côté de moi avec son propre crayon, se mit à griffonner des notes et des anagrammes. J'avais une impression de déjà-vu : on cherchait des indices ensemble, comme autrefois.

Je dressai deux autres listes : les morceaux de mots qui commençaient par des majuscules et ceux qui commençaient pas des minuscules. Ça n'avait aucun sens. Ensuite, je les regroupai en fonction de la direction dans laquelle ils étaient écrits. Là encore, ça ne donna rien. J'essayai plusieurs autres variations. Je les lus à l'envers. Je n'obtenais que du charabia. Plus d'une heure s'écoula ainsi. Noah s'interrompit pour aller préparer le déjeuner, pendant que je continuais à me creuser les méninges. Je commençais à avoir mal à la tête, mais impossible de m'arracher à cette tâche pour aller chercher des cachets.

Noah revint avec, sur un plateau, des boissons et des sandwichs au jambon.

– Tu continues à te ronger les ongles, à ce que je vois, dit-il.

– C'est un aliment sans calories.

Je posai ma main sur la table, honteuse.

On mangea en silence. Mon regard revenait sans cesse se poser sur le message codé.

– Pourquoi Jack a-t-il choisi un truc si compliqué ?

– C'est peut-être bidon.

Je levai la tête et constatai que Noah avait les yeux fixés sur moi, pas sur les feuilles. Comme s'il me trouvait plus intéressante à analyser.

– Dans quel but ? Uniquement pour m'entraîner dans une impasse ? Jack ne ferait pas ça. Il n'agit jamais sans raison. Je suis certaine qu'il y a un message caché quelque part. Il faut juste le déchiffrer.

Quand le programme informatique annonça qu'il n'avait rien trouvé, Noah le referma.

– Désolé, Jocelyn.

– Ce n'est pas vraiment surprenant. Jack n'a pas conçu ce message pour ton ordinateur. Il m'est destiné.

Noah reprit une des deux feuilles et l'examina très attentivement. Finalement, il la reposa sur la table et la plia en deux, parallèlement aux mots. Puis il plia le bas de la feuille en accordéon.

– Hé, qu'est-ce que tu fais ?!

Je voulus reprendre la feuille, mais il m'en empêcha.

– J'ai une idée.

– Fais une photocopie, dans ce cas ! N'abîme pas l'original.

– Arrête un peu de faire des histoires, OK ? Regarde.

Il continua à plier l'étroite bande de papier, de façon à ce qu'on ne voie plus que les rangées de mots.

– Tu fais de l'origami ?

– Non. Tu as oublié comment on fabrique un shuriken ?

En le regardant poursuivre ses pliages, je repensai aux pauses déjeuner passées dans la cour et aux moments de calme à la bibliothèque de l'école. Tous les trois, on s'amusait à créer des messages en pliant deux feuilles sous la forme de petites pochettes hérissées de pointes.

– Les étoiles japonaises ?

Noah hocha la tête.

– La folie des échanges de messages à l'école. Sauf que nous, évidemment, on écrivait le texte à l'intérieur en général. Fais-en autant avec l'autre feuille, si tu te souviens comment on s'y prend. Fabrique le sosie de celle-ci. Tu avais raison en disant que Jack ne te donnerait pas un message qui nécessite un programme de déchiffrage. Il voulait être sûr que tu possédais déjà tout ce qu'il fallait pour te débrouiller seule. J'aurais dû m'extraire de l'équation.

Il attendit que je finisse mon pliage, puis il le prit pour le poser sur le sien, en travers, en s'efforçant d'insérer les pointes, un peu à la manière des rabats d'une boîte en carton. Si le pliage était bien fait, on obtenait une étoile à quatre branches. Je me penchai par-dessus l'épaule de Noah pour le regarder faire, en lui glissant des conseils qui l'agaçaient.

Quand il eut achevé l'étoile, on la contempla d'un air déçu. Les lettres encore visibles n'avaient toujours aucun sens.

– Tu es conscient que tu viens de détruire ces feuilles, hein ?

Noah m'ignora. Il démonta l'étoile, intervertit les deux morceaux et refit un shuriken.

– Et voilà ! dit-il avec un sourire suffisant.

Il le tourna vers moi pour que je puisse lire ce qui était écrit.

Chaque bord de feuille contigu formait un demi-mot, et maintenant qu'ils étaient assemblés, quatre mots me sautèrent aux yeux :

```
Peace
Tower
North
West
```

À cet instant, j'eus l'impression d'étouffer dans l'air confiné du bureau.

– La Peace Tower ! C'est là qu'on est allés pour notre grande excursion avec tous les élèves du cours de français de M. Montclaude.

Je me souvenais encore de notre excitation à l'idée de manquer une journée d'école et de traverser la frontière canadienne en car. Ottawa se trouvait tout près de Watertown, au nord. On avait visité le Parlement, où le français était souvent utilisé. Et on était montés au sommet de la Peace Tower, la tour de la Victoire et de la Paix.

– C'est au moins à deux heures de voiture, dit Noah.

– Et alors ? C'est là qu'on doit aller.

– Pour faire quoi, exactement ? Retrouver Jack ? Tu crois qu'il est resté assis sur un banc pendant tout ce temps, à attendre que tu déchiffres son énigme et que tu rappliques ?

J'étais bien décidée à l'empêcher de détruire tous mes espoirs.

– Tu as un passeport ?

– Oui. Et toi ? Ils ne te laisseront pas franchir la frontière si tu n'en as pas.

Je me levai pour fouiller dans mes poches de jean.

– J'ai toujours une pièce d'identité sur moi, au cas où. J'ai retenu la leçon, la dernière fois où Melody a fichu le camp. Regarde : permis de conduire et passeport.

Je les lui collai sous le nez.

– Avec ça, je peux sortir des États-Unis. Mes parents adoptifs me l'ont fait faire il y a quelques mois, pour qu'on puisse visiter les Chutes du Niagara.

Noah poussa un long soupir d'exaspération.

– Tu tiens vraiment à aller à Ottawa ?

– Oui. Et c'est toi qui vas m'y conduire. Car tu as envie autant que moi de savoir où mène cette piste. Dis-toi que tu pars à l'aventure.

Je retournai l'étoile et je n'entendis pas la remarque grossière de Noah car je venais de découvrir d'autres mots au dos :

See

HaLL

OLbIL

RC

R

– Regarde !

– C'est quoi le « Hall Olbil » ? demanda-t-il. Je n'ai jamais entendu parler de ce truc.

– Moi non plus, mais si c'est important, on découvrira ce que c'est en arrivant sur place.

Je pris l'étoile et la glissai dans l'enveloppe. Je souris à Noah.

– Merci d'avoir trouvé la solution. Je ne sais pas si j'aurais réussi.

Il me rendit mon sourire, même si ses yeux restaient sombres.

– De rien, dit-il.

C'était un progrès, comme le fait qu'il accepte de m'emmener au Canada.

On remonta dans la Jeep et on roula en silence. Le vent violent faisait se balancer les branches des arbres et les paniers de fleurs qui y étaient accrochés. Certains des quartiers de Watertown que l'on traversait m'étaient familiers, d'autres me semblaient inconnus ; et pourtant, où que l'on aille, j'entendais le murmure des souvenirs.

– Noah, pourquoi es-tu resté dans cette ville ? demandai-je.

– C'est ici que j'ai grandi.

– Justement. Pourquoi y rester ?

– Je n'avais pas envie de partir.

Je le regardai avec étonnement.

– Allons, Noah, on parlait sans cesse d'aller vivre ailleurs. Souviens-toi, on faisait la liste de nos endroits préférés. Jack changeait d'avis toutes les semaines. Parfois, il voulait aller en Chine, à d'autres moments, c'était l'Écosse ou la Grèce. Mais toi, tu rêvais de la Californie. Tu disais que tu voulais vivre sur une plage, au soleil, et ne plus jamais être obligé de déblayer la neige.

– Et alors ? Toi, tu voulais partir sur la côte canadienne et tu n'y es jamais allée, hein ? Où est-ce que tu avais envie de vivre, déjà ?

– À Charlottetown, sur l'île du Prince-Édouard.

– Ah, oui, à cause de ces bouquins que tu lisais. Mais ça ne s'est pas fait. Au lieu de ça, tu t'es retrouvée dans l'État de New York, comme moi. La vie n'est jamais telle que tu l'imagines quand tu es gamin.

– C'est un peu fataliste comme discours, tu ne trouves pas ? On peut encore faire des choix. Quand j'aurai dix-huit ans, bientôt, je ferai un tas de choses que j'ai toujours voulu faire. Et je ne resterai pas coincée au même endroit toute ma vie.

Noah leva les yeux au ciel.

– Tu joues les Miss Pipelette aujourd'hui.

Je n'aimais pas ce surnom que m'avait donné Beth la Furieuse, pas plus maintenant qu'autrefois. Mais ma réponse cinglante fut remplacée par un cri de stupeur quand une énorme pierre, lancée par un véhicule venant en sens inverse, atteignit notre pare-brise.

11
LA TOUR

Les trois horribles gamins faisaient tache à bord de leur Ford Focus bleu ciel. D'autant plus qu'ils n'étaient certainement pas en âge de conduire. Mais je n'eus guère le temps de m'attarder sur la question car une deuxième pierre vint frapper le pare-brise sur lequel elle laissa un éclat de la taille d'une pièce de vingt-cinq cents. Noah pila. J'entrevis deux garçons aux cheveux noirs penchés par les vitres baissées, les élastiques de leurs lance-pierres claquaient au vent. Ils souriaient comme des démons et nous adressèrent un doigt d'honneur, tandis qu'ils s'éloignaient à toute allure.

Noah se gara sur le bas-côté. On contempla le pare-brise fêlé. Il prit son téléphone pour y noter l'immatriculation de la Ford. Après quoi, il appela la police afin de déposer plainte. J'attendis pendant qu'il fournissait toutes les informations. Une fois l'appel terminé, il se retourna vers moi et demanda :

– Tu as envie de m'expliquer quelque chose ?

La façon dont son regard me transperçait me donnait l'impression d'être un ver au bout d'un hameçon.

– Que veux-tu dire ?

– Ce matin, à Seale House, j'ai cru que l'apparition de cette fille était due au hasard. Mais une deuxième agression ? Pourquoi ai-je l'impression que ce n'est pas juste une coïncidence si ces gamins ont essayé de te liquider ?

– Je suis tombée sur eux hier soir, pendant que j'inspectais la maison, OK ? C'est eux qui ont fait un feu de camp dans le salon. À mon avis, c'est également eux qui ont allumé l'incendie, mais je n'en suis pas sûre.

Je scrutais la route d'un œil inquiet, craignant de voir réapparaître la Ford bleue.

– Tu te souviens de Georgie ? demandai-je. Il faisait partie de la bande. Mais il n'avait plus rien d'un adorable petit garçon. Et il n'était pas très heureux de me voir.

– Sans rire ?

– Il a essayé de me poignarder.

Cet aveu ne provoquant aucune réaction de la part de Noah, je décidai de tout lui déballer. Me jetant à l'eau, je lui fis un résumé de ce qui s'était passé. Ce récit m'obligea à repenser au tueur inconnu et au funeste destin de Georgie. Même s'il avait tenté de me poignarder, le souvenir de sa mort me nouait l'estomac et me soulevait le cœur.

– Tu as attendu jusqu'à maintenant pour me raconter ça ?

– Au début, tu semblais ne pas croire à cette histoire d'enveloppe signée Jason Décembre. Alors, j'avais peur de te parler du reste.

Il redémarra, revint sur la chaussée et accéléra.

– Ils n'ont pas parlé d'un gamin assassiné aux infos. À Watertown, c'est pourtant le genre de nouvelle qui ferait du bruit.

– Peut-être que la police ne veut pas ébruiter l'affaire.

– Ne dis pas de bêtises.

Frustrée, je frappai sur le tableau de bord du plat de la main.

– D'accord ! J'ai tout inventé, comme ces gamins qui ont balancé ces pierres sur ton pare-brise.

Noah resta muet un long moment et je demeurai les bras croisés, pendant qu'il regardait la route. Je feignais l'indifférence.

Il introduisit un CD dans le lecteur et on laissa la musique nous séparer. Mes pensées dérivèrent vers le lycée et le cours d'anglais de Mme Chen. J'avais déjà obtenu un délai supplémentaire pour rendre ma dissertation sur Mary Shelley. J'étais censée la terminer durant les vacances de printemps et la lui envoyer par mail avant lundi, mais le brouillon se trouvait toujours dans mon netbook. Qui se trouvait dans ma voiture. Qui avait disparu.

Je décidai de ne plus y penser, étant donné que je ne pouvais rien y faire. J'écoutai la musique en constatant que les goûts de Noah étaient très proches de ceux de Jack.

La circulation devint plus dense et commença à ralentir à l'approche de la frontière. On patienta dans une des files qui progressaient lentement vers les postes de douane. L'homme derrière son guichet nous demanda nos passeports puis nous posa quelques questions banales sur notre séjour au Canada. Noah lui répondit que l'on projetait de visiter le Parlement et de rentrer avant la nuit. Après nous avoir souhaité une agréable visite, il nous fit signe de passer.

Je m'affalai dans mon siège, plus détendue maintenant que l'on roulait vers la Peace Tower. Je fermai les yeux et sentis le stress s'évacuer. Il fut bientôt remplacé par la somnolence. Après avoir lutté un instant, je finis par céder.

Je me réveillai un peu plus tard. Je me redressai en me massant le front.

– Où on est ?

– À une demi-heure d'Ottawa. On va s'arrêter pour acheter des trucs à grignoter.

On se gara devant une petite supérette au bord de la route. Dix minutes plus tard, on était repartis. On longea un alignement d'arbres luxuriants, jusqu'aux abords de la ville. Le temps d'avril s'était réchauffé et on croisa plusieurs cyclistes casqués, vêtus de tenues en Spandex. À l'entrée d'Ottawa, Noah fut obligé de garder le pied sur le frein à cause d'un car devant nous qui s'arrêtait sans cesse pour prendre ou déposer des passagers.

Enfin, on arriva en vue de l'ensemble des bâtiments gouvernementaux, au cœur de la capitale. Je regardai par la vitre les constructions imposantes et les façades de pierre sculptée. Avec les années, la plupart des toits de cuivre avaient pris la même teinte verdâtre que la statue de la Liberté. Je trouvais que le Parlement ressemblait à un vieux château anglais.

– J'avais oublié que c'était si impressionnant, commentai-je.

– Ouais.

– Tu étais déjà revenu depuis notre excursion avec l'école ?

– Deux ou trois fois. Question sport et distractions, Ottawa c'est autre chose que Watertown.

Notre objectif, la Peace Tower, se dressait devant le Parlement avec ses quatre horloges, une de chaque côté. La tour possédait également un carillon, une terrasse panoramique et une chapelle du Souvenir en l'honneur de ceux qui étaient morts à la guerre.

Dans ce quartier, la circulation était encore plus dense ; Noah trouva néanmoins une place pour se garer à quelques pâtés de maisons du Parlement. On mit de l'argent dans le parcmètre. J'emportai l'enveloppe avec moi car j'avais peur de laisser quoi que ce soit dans la Jeep, depuis qu'on m'avait volé ma voiture.

En marchant sur le trottoir, on passa devant deux voitures de police, blanches avec des bandes bleues et rouges, et le sigle RCMP, qui signifiait *Royal Canadian Mounted Police*, je m'en souvenais, la fameuse police montée canadienne. Une minute plus tard, on franchissait un large portail en fer forgé et contournait la grande flamme qui brûlait en permanence au centre d'une fontaine. Je levai les yeux vers les impressionnantes sculptures de la tour. Des gargouilles me toisaient.

– Par où veux-tu commencer ? demanda Noah.

– Puisque l'indice précise « nord-ouest », je pense qu'on devrait essayer la terrasse panoramique.

On pénétra dans la tour par l'entrée des visiteurs située sur le côté de la porte principale du bâtiment du Parlement. Après avoir fait la queue, on atteignit le guichet de contrôle :

on se serait cru dans un aéroport. On dut vider nos poches dans des corbeilles en plastique, soumettre nos chaussures aux rayons X et passer sous un portique. Ces formalités accomplies, on gravit deux volées de marches en pierre et on traversa la cour centrale qui regorgeait de sculptures, d'ouvrages de maçonnerie et de vitraux époustouflants.

– On se croirait dans un château médiéval, murmurai-je.

On s'élança dans l'escalier qui s'enroulait à l'intérieur de la tour, en s'arrêtant pour regarder la rotonde par les ouvertures voûtées. Arrivés en haut, une file de visiteurs attendait l'unique ascenseur conduisant au sommet. Devant nous, plusieurs personnes discutaient en français avec leur guide. Au bout de quelques minutes, on monta avec eux dans l'ascenseur. Noah me montra l'étroite fenêtre au fond de la cabine, qui permettait d'admirer les cloches du carillon pendant la montée.

La tour, beaucoup plus haute que toutes les autres constructions des environs, permettait d'avoir une vue imprenable sur Ottawa et la Colline du Parlement. La terrasse panoramique offrait cinq points de vue différents, dont un sur les toits de cuivre de l'édifice du centre. Mais une seule vue m'intéressait : celle que l'on avait des fenêtres donnant au nord-ouest. On s'en approcha pour regarder dehors.

Au loin, la surface gris-bleu de la rivière des Outaouais miroitait sous le soleil comme des milliers de diamants éparpillés. Juste en face, sur l'autre rive, on apercevait une petite ville. À cette distance, on aurait dit une maquette installée au bord de l'eau. Je la reconnus.

– C'est Gatineau, au Québec.

– Comment tu le sais ?

– On y a passé quelques jours avant de retraverser la frontière et de finir à Seale House.

De si loin, tout paraissait petit et insignifiant, et pourtant, je devais à cet endroit un de mes souvenirs les plus douloureux. Mais je n'avais pas envie d'en parler à Noah.

– Tu crois que Jack veut qu'on aille là-bas ? demanda-t-il.

– Je ne vois pas pourquoi. C'était il y a longtemps, et on n'y est restés que deux ou trois jours. J'ai oublié l'adresse et je ne saurais pas où chercher.

Je contemplais les constructions de Gatineau. Lors de notre visite de la Peace Tower, Jack avait reconnu cette ville du Québec et me l'avait montrée. Mais cette conversation n'avait guère d'importance, alors qu'essayait-il de me dire maintenant ? On s'était arrêtés exactement au même endroit, sans se soucier des filles qui nous bousculaient.

– Pousse-toi de là, grande gigue. Tu caches la vue.

Nessa pouffa.

– Ouais, pense un peu à nous, les personnes de taille normale.

Deux autres filles, Tabby et Geena, ajoutèrent leurs commentaires sardoniques.

Je toisai les quatre filles menues avec leurs cheveux longs et leur fard à paupières scintillant.

– Oh, pardon, dis-je, je croyais que vous étiez encore dans les toilettes, en train de rembourrer vos soutiens-gorges avec du papier.

Plusieurs garçons, parmi lesquels Jack et Noah, s'esclaffèrent. Nessa me regarda d'un air mauvais.

– Toi, tu portes même pas de soutif, pas vrai, freak *?*

– Exact.

– Et tu en porteras jamais, à mon avis. Je parie qu'en vérité, tu es un garçon qui aime s'habiller en fille.

– Au moins, je ne suis pas une fille qui s'habille comme une prostituée.

Outrée, Nessa voulut me donner un coup de sac, mais Noah s'interposa et lui bloqua le bras d'un réflexe impressionnant. Elle devint écarlate et visa la tête de Noah. Il lui arracha le sac des mains et l'envoya valdinguer à l'autre bout de la terrasse. En glissant sur le sol, il éparpilla son contenu : tubes de rouge à lèvres, tampons et peigne. Nessa injuria Noah d'une voix stridente, et courut récupérer ses affaires.

À l'école de Watertown, notre statut de *freak* était devenu une réalité officielle. Ce surnom que des gamins cruels avaient donné à Noah s'était étendu à Jack, puis à moi. Il était censé nous blesser, mais on s'en était emparés fièrement et on s'était enveloppés dans le cocon de l'amitié pour bâtir un champ de force protecteur autour de nous. Noah était le premier *freak*, Jack le deuxième, et moi le troisième.

Jack n'en revenait pas qu'un garçon comme Noah, un peu plus âgé, veuille devenir son ami. Il admirait l'intelligence de Noah, son intrépidité, et il lui était secrètement reconnaissant de cette amitié. Mais aujourd'hui, je comprenais une chose : Noah lui aussi cherchait désespérément quelqu'un pour lui tenir compagnie. Rejeté à l'école, vivant dans une maison remplie d'enfants renfermés et meurtris, il rêvait d'avoir un ami. Une personne qui ne le traiterait pas de cinglé parce qu'il se prenait pour un vampire ou un ninja, mais qui, au contraire, le suivrait volontiers sur les chemins bizarres qu'il choisissait d'emprunter. Pas étonnant, dès lors, que leur amitié ait ressuscité spontanément quand ils avaient commencé à chatter.

– Tu te souviens de ce qui s'est passé ici pendant notre excursion ? demandai-je en continuant à observer le paysage. Tu as empêché Nessa de me frapper avec son sac.

– Oui. Une des nombreuses fois où j'ai dû intervenir parce que tu t'étais mise dans le pétrin en voulant faire la maligne. Tu crois que cet épisode a un rapport avec notre présence ici ?

– Je ne sais pas.

Je regardai à droite et à gauche, aussi loin que le permettait la vitre. Il n'y avait rien de spécial d'un côté ou de l'autre. Détachant mon regard du paysage, je balayai la terrasse panoramique dans l'espoir de découvrir un indice quelconque, mais je ne voyais aucune cachette. Finalement, je sortis l'étoile en papier de l'enveloppe.

– Une suggestion, Noah ?

On l'étudia de nouveau, ensemble, d'abord le recto, puis le verso.

– Pourquoi ces mots sont-ils écrits à moitié en majuscules et à moitié en minuscules ? demanda Noah.

– C'était pareil sur toutes les rangées de lettres.

– Oui, mais quand on a assemblé le shuriken, « Peace Tower » et « North West » étaient bien écrits, avec une majuscule au début de chaque mot. Par contre, au dos, c'est différent.

– Exact.

J'examinai le code une fois de plus.

```
See
HaLL
OLbIL
RC
R
```

Je renversai la feuille et éclatai de rire.

– C'est du Jack tout craché ! Regarde. OLbIL n'est pas du tout un mot, c'est une série de chiffres : 7 1970. Il ne pouvait pas les écrire à l'endroit dans la colonne des lettres, on les aurait remarqués aussitôt, avant de fabriquer l'étoile. Il voulait qu'on plie la feuille pour trouver d'abord les autres mots.

– Tu crois que c'est une date ? Juillet 1970, peut-être ?

– Possible.

– Allons-y.

Noah se retourna pour marcher vers l'ascenseur.

– Tu sais où se trouve ce « hall » ?

– Non, mais je sais où les nombres ont de l'importance.

Pendant que l'on redescendait avec l'ascenseur, le carillon retentit quatre fois dans la cabine exiguë. Je sentis les vibrations me traverser le corps, comme un pressentiment. Pourquoi, alors que l'espoir renaissait, éprouvais-je ce sentiment inattendu de mise en garde ? Tandis que le dernier coup de gong se dissipait dans le silence, mon instinct m'ordonnait de quitter cette tour, au plus vite.

J'essayai de l'ignorer, mais la peur refusait de disparaître. Au contraire, elle me submergea avec plus de force encore. Soudain, l'intérieur de l'ascenseur s'assombrit et l'atmosphère devint étouffante. J'avais envie de pousser un cri d'alarme, mais mes lèvres étaient scellées, comme cousues par le fil d'un croque-mort.

Les parois de la cabine commencèrent à basculer vers l'intérieur. Elles nous écrasaient et comprimaient l'air ; les molécules elles-mêmes s'épaississaient. Les parois se mirent à palpiter, l'ascenseur se transformait. Sous mes yeux horrifiés, il prit l'aspect de l'organe interne de quelque entité malfaisante. Une matière visqueuse jaillit autour de nous et tout le monde fut pris de panique. Une femme hurla, en griffant les murs pour tenter de sortir.

L'hystérie enfla en moi, tandis que Noah disparaissait sous cette masse gélatineuse. Incapable de bouger, je fus engloutie à mon tour par des chairs fumantes.

12
FLEURS

– Qu'est-ce qui t'arrive ? demanda Noah. Tu n'as pas l'air dans ton assiette.

Il se tenait dans le couloir, devant la porte ouverte de l'ascenseur, et à part le fait qu'il me regardait avec perplexité, il semblait aller parfaitement bien : aucune blessure, pas de morceaux de chair calcinée en moins, pas même quelques lambeaux de peau visqueuse collés sur la joue. Les parois de la cabine ne ressemblaient plus à des blocs de gélatine qui palpitaient ; elles étaient couvertes de simples panneaux marron, comme il se doit.

Noah et les autres étaient tous sortis de l'ascenseur, sans s'apercevoir, visiblement, de ce qui venait de se passer. Je regardai la femme qui, quelques secondes plus tôt, avait hurlé de frayeur. Elle s'arrêta pour sortir une brochure de son grand sac à main, puis repartit tranquillement comme n'importe quel touriste. Noah m'observa alors que j'avançais vers lui, encore paralysée par la peur. Une chose tellement étrange venait d'avoir lieu dans cet ascenseur que je ne parvenais pas à l'analyser, et je savais qu'il était impossible de l'expliquer à

Noah. De toute évidence, il n'avait pas vu ce que j'avais vu, et si j'essayais de lui décrire la scène, nul doute qu'il me conduirait à l'asile d'aliénés le plus proche et me balancerait devant la porte sans même ralentir.

M'efforçant de chasser l'appréhension qui s'accrochait à moi telle une odeur répugnante, je traversai le hall d'entrée en feignant le détachement.

– Tu es malade ?

J'ignorai la question de Noah. Je me retournai vers l'ascenseur au moment où la porte se refermait. Il paraissait totalement inoffensif et normal. Noah me toucha le bras.

– Qu'est-ce qui ne va pas ? Tu trembles et on dirait que tu vas vomir.

– Tout va bien. Je suis juste un peu claustrophobe.

– Claustrophobe ?

– C'est rien. Allons-y.

Il m'observa encore quelques secondes, puis haussa les épaules.

– Comme tu veux. Par ici.

Je le suivis à l'intérieur de la chapelle du Souvenir, soulagée de voir qu'il n'insistait pas. Si mon rythme cardiaque s'était ralenti, mes membres étaient encore faibles et la confusion bourdonnait sous mon crâne. Je me dis que je ne devais pas flancher.

– Puisqu'on cherche une date, dit Noah. Je crois que c'est par ici qu'il faut commencer.

Des voûtes de style gothique et de grands vitraux conféraient à cette salle l'aspect d'une cathédrale miniature. Je me souvenais de l'avoir vue lors de l'excursion. Un magnifique autel sculpté se dressait au centre. Dessus reposait un coffre en cuivre gravé, fermé par une plaque de verre et orné aux quatre coins de statuettes d'anges agenouillés. Je montai les quelques marches pour regarder à l'intérieur : *Le Livre du souvenir de la Première Guerre mondiale*. D'autres vitrines, reposant sur des estrades de pierre moins hautes, formaient un demi-cercle autour de la salle. Quelques personnes étaient penchées au-dessus. Au total, sept livres recensaient les noms de tous les Canadiens qui s'étaient battus et avaient perdu la vie lors des différents conflits. Celui du centre était consacré à la Seconde Guerre mondiale.

Noah me chuchota :

– Dans le message de Jack, je pense que le premier 7 ne correspond pas au mois de juillet. Je crois plutôt qu'il indique le septième livre.

J'approuvai d'un hochement de tête et le suivis, en passant devant deux vieilles femmes, jusqu'au deuxième autel en partant de la droite.

– Celui-ci, dit-il.

Sur la plaque, on pouvait lire : *Au service du Canada, le Septième livre du souvenir*.

– D'après l'inscription, il a été commencé en 1947.

– Et il contient la liste de toutes les personnes mortes au cours des différents conflits.

Des bribes du commentaire de notre guide au cours de l'excursion me revinrent à l'esprit. Les pages de ces livres ressemblaient davantage à des œuvres d'art qu'à de simples feuilles de papier. Les noms des disparus étaient imprimés dans un style calligraphique et décorés d'enluminures héraldiques et de superbes aquarelles. En regardant à travers la vitre, on vit que le livre était ouvert à la page où figuraient les noms de personnes mortes en 1956.

– Puis-je vous aider ? demanda dans notre dos une voix grinçante qui me fit sursauter.

En nous retournant, on découvrit une sorte de gnome aux cheveux blancs hirsutes. Il arrivait à peine aux épaules de Noah et possédait les lobes d'oreilles les plus larges que j'aie jamais vus. Au revers de sa veste rouge, tendue par une petite bedaine, était fixé un badge en forme de feuille d'érable. Il s'appelait Stuart.

Noah montra la vitrine.

– Existe-t-il un moyen de tourner les pages pour consulter une autre date ?

L'homme nous adressa un sourire rayonnant et repoussa ses lunettes qui avaient glissé sur son nez.

– Quelle joie de voir de jeunes gens s'intéresser à leur passé ! (Plongeant la main dans la poche de sa veste, il en sortit une paire de gants en coton blanc.) Quelle date et quel nom ?

– 1970. Nom de famille : Hall.

– Très bien.

Il enfila ses gants à la manière d'un chirurgien qui s'apprête à opérer, et demanda :

– Un parent à vous ?

Noah haussa les épaules.

– En fait, on ne sait pas trop.

Le dénommé Stuart se lança alors dans son laïus de guide sur l'histoire de ces livres, en fournissant une pléthore de détails qui me passaient au-dessus de la tête. J'avais du mal à me concentrer sur ce qu'il disait, essentiellement parce que j'étais encore sous le choc. L'expérience de l'ascenseur, si elle s'était un peu atténuée, continuait à m'inquiéter. Le son des cloches était un avertissement : le temps nous filait entre les doigts, il était doublement important de retrouver mon frère. Le danger qui le menaçait semblait plus grave que jamais.

Stuart sortit de sa poche de poitrine, une petite clé en cuivre, déverrouilla la vitrine et souleva la plaque de verre.

– Ne vous approchez pas. Attendez que j'aie terminé. Ensuite, vous pourrez regarder.

Il se pencha au-dessus du livre, tel un gnome protecteur, et tourna délicatement les pages avec ses doigts gantés. Noah sourit et me glissa à l'oreille :

– On dirait qu'il désamorce une bombe.

Consciente de sa présence tout contre moi, je lui rendis son sourire, jusqu'à ce qu'il s'écarte.

– Ah ! s'exclama Stuart triomphalement. (Il se retourna vers nous.) Voilà, chuchota-t-il comme honteux d'avoir parlé si fort.

Il remit la plaque en place, verrouilla la vitrine et nous fit signe d'approcher.

– Theodore Gregory Hall, 1970. C'est bien lui que vous cherchiez ?

– Je suis sûr que oui, répondit Noah.

– Dans ce cas, je vous laisse seuls un moment.

Il avait avisé un couple d'un certain âge qui venait d'entrer dans la salle.

– Merci, murmurai-je par-dessus mon épaule avant de reporter mon attention sur une page entourée d'une bordure dorée dans le style rouleau de parchemin.

Noah se pencha au-dessus du verre.

– Pourquoi a-t-il choisi ce nom ? Ça te dit quelque chose, Theodore Hall ?

Je secouai la tête.

– Non, mais le nom juste au-dessus, oui. Tu te souviens de la fois où on est venus ici, lors de l'excursion ? On s'est arrêtés devant ce livre tous les trois. Et il était ouvert à cette page. On a vu ce nom.

– Roswell Herbert Flowers ?

– Oui. Et Jack a posé une question au prof.

Les yeux fixés sur la page en question, j'essayais de me remémorer cette question.

– Oui, exact... Attends... Ça n'avait pas un rapport avec Watertown ? Genre Flower Avenue ?

On se regarda et s'exclama en même temps :

– La bibliothèque !

Noah tapota le verre avec son doigt.

– Jack a demandé si c'était cet homme qui avait donné son nom à la bibliothèque. Mais M. Montclaude a expliqué que c'était quelqu'un d'autre. Un gouverneur, je crois.

Je me représentai mentalement la plaque apposée sur la façade du grand bâtiment dans lequel j'avais pénétré des dizaines de fois, et pas plus tard que la veille. « Bibliothèque Roswell P. Flower ».

– Oui, c'est ça.

L'excitation perçait dans ma voix : les pièces du puzzle s'assemblaient.

– On a trouvé l'indice ! Maintenant, on n'a plus qu'à retourner à la bibliothèque de Watertown !

Noah détacha les yeux de la vitrine pour me regarder. Sans rien dire.

– Qu'y a-t-il ? demandai-je.

– Tu plaisantes ?

– Absolument pas.

– Ne me dis pas que Jack nous a fait faire tout ce trajet, jusqu'au Canada, pour nous renvoyer à notre point de départ ?

À l'autre bout de la salle, Stuart nous jeta un regard désapprobateur.

– Chut, fis-je en me rapprochant de Noah. Bien sûr que si. Tu ne te souviens pas que ses indices nous envoyaient toujours par monts et par vaux ?

Il fourra les mains dans ses poches en faisant la moue.

– C'est ridicule ! En outre, on est censés faire quoi, une fois à la bibliothèque ?

– Trouver un livre écrit par un certain Theodore Hall, évidemment.

Noah fronça les sourcils, lèvres pincées.

– Ne te mets pas en colère, s'il te plaît.

Il secoua la tête en poussant un long soupir.

– Fichons le camp d'ici.

Il me prit par le bras pour m'entraîner vers l'escalier. Je regardai ses longs doigts glisser jusqu'à mon poignet, sans aucune gêne, et se refermer autour de ma main. S'il paraissait à peine conscient de ce geste, je ne pus m'empêcher d'imaginer les frissons qu'aurait ressentis une Jocey de douze ans.

En se dirigeant vers l'entrée principale du Parlement, on croisa un groupe de moines tibétains en toges orange. Alors qu'on franchissait la grande porte, Noah posa les yeux sur nos doigts entrelacés et parut presque étonné.

On passa devant une succession de boutiques et de cafés. Des drapeaux canadiens pendaient aux balcons et aux mâts ; les voitures roulaient au pas dans la rue embouteillée, à la recherche d'une place pour se garer. Toutes sortes de gens, touristes ou habitants, déambulaient. Un homme à la peau mate, coiffé d'un sombrero et vêtu d'un costume fait entièrement de fermetures Éclair, s'attira le regard inquiet d'une femme en tailleur. Le son d'une cornemuse nous fit tourner la tête en direction d'un bonhomme habillé en Écossais, kilt compris. Les gens s'arrêtaient pour l'écouter, ou le regarder, et déposaient des pièces de monnaie dans un petit seau en cuivre.

Un vaste marché aux fleurs couvert, dont la charpente disparaissait sous les paniers aux couleurs vives, capta mon attention. Des employés munis d'arrosoirs et de brumisateurs s'occupaient des plantes et de doux parfums flottaient dans l'air. Je regrettais qu'on ne puisse pas rester plus longtemps pour jouer les touristes nous aussi.

Ayant regagné la Jeep, il nous fallut une demi-heure pour sortir d'Ottawa. Noah fit la tête durant presque tout le trajet jusqu'à Watertown, et je ne pouvais pas lui en vouloir. Jack avait toujours eu tendance à pousser le bouchon un peu trop loin dans ses chasses au trésor, mais là, il avait franchi les bornes. Pourquoi se sentait-il obligé de semer des indices aussi compliqués ? Jamais indéchiffrables, cependant.

Je promis à Noah qu'une fois rentrée à la maison, je lui enverrais de l'argent pour l'essence, ou que Jack le rembourserait. Cela ne sembla pas dissiper son humeur grincheuse. Il monta le son de la musique. Après cela, je ne dis plus rien ; je regardai le soleil disparaître derrière les arbres.

Mes pensées me ramenèrent à Seale House. Malgré tous mes efforts pour enterrer les souvenirs liés à cet endroit, il y en avait un qui remontait toujours à la surface, celui de ma dernière nuit passée là-bas.

Dans le morne décor de mon enfance, seule cette soirée se détachait, avec ses bruits discordants et ses éclairs de couleur.

La radio était allumée.

Des flocons de neige tombaient devant la fenêtre de la cuisine.

Le pyjama jaune et bleu de Dixon.

Son cri de terreur.

Le visage empourpré et furieux d'Hazel.

Une voix flûtée qui récitait un horrible poème.

Beth la Furieuse qui crachait des ordres.

Des poings qui martelaient la porte de la cave.

Le poids du pistolet dans ma main et la détonation assourdissante.

La menace de Noah : « Si je te revois, je te tue ! »

On arriva enfin à Watertown, et ce fut un soulagement. Après avoir emprunté Washington Street, on se gara sur le parking de la bibliothèque Flower. Elle n'avait pas changé en cinq ans : une large et élégante façade de marbre, coiffée d'un dôme octogonal, ornée d'une série de doubles colonnes.

– Quand on vivait ici avec Jack, j'adorais cet endroit.

Noah ne répondit pas.

On descendit de la Jeep, ankylosés après ce long trajet, et on gravit les marches. Une plaque fixée sur la porte à double battant indiquait les horaires.

– Ils vont bientôt fermer, commenta Noah.

– Quelle heure est-il ?

– Neuf heures moins vingt.

On dénicha une rangée d'ordinateurs et on s'installa devant un écran. J'effectuai une recherche dans le catalogue de la bibliothèque. Une longue liste d'auteurs nommés Hall apparut, mais aucun ne se prénommait Theodore.

– Ce n'est pas ici, dis-je.

– Je vois.

Toutefois, il y avait un grand nombre d'auteurs dont le prénom commençait par un T. Je cliquai dessus, les uns après les autres. Ils avaient écrit aussi bien des romans que des documents dont les sujets allaient du sport à l'histoire. Il y avait même un livre d'images. Mais aucun de ces ouvrages n'avait le moindre rapport avec Jack, et je savais qu'il n'aurait pas laissé un indice aussi vague.

– Et maintenant ? demandai-je.

Noah haussa les épaules.

Soudain, une autre idée me vint.

– Tu te souviens du deuxième prénom de Theodore Hall ?

– Non. On aurait dû le noter.

Je fermai les yeux pour essayer de visualiser le livre dans la vitrine. Quelques secondes plus tard, mes paupières s'écarquillèrent.

– Gregory ! Theodore Gregory Hall.

Je revins en arrière de plusieurs pages, jusqu'à la liste des G, et découvris qu'il existait plusieurs Gregory Hall. Mais après vérification, aucun de leurs livres ne semblait correspondre à ce que l'on cherchait.

– Jack ne placerait pas un indice dans n'importe quel vieux bouquin, surtout pas un consacré au dressage des chiens ou aux régimes.

En faisant défiler la liste, j'avisai un Greg Hall. Je cliquai sur son nom. Trois titres apparurent, trois ouvrages techniques :

Manuel de conversion BASIC

Programmation neurolinguistique

Révisions, Contrôles et Références : guide pour l'application des codes sources

– Des manuels de programmation, dit Noah.

– Oui ! m'exclamai-je. Et regarde le dernier. Les trois mêmes lettres qu'au dos de l'étoile : R.C.R. Je suis sûre que c'est ça !

Je me tournai vers Noah. Au lieu de s'intéresser à l'écran, il me dévisageait. Il me sourit, à contrecœur.

– Petite futée.

J'étais heureuse d'entendre cette expression qui, autrefois, indiquait qu'il avait de moi une image positive. Et j'étais soulagée de voir qu'il était un peu moins énervé.

Après avoir noté la référence de l'ouvrage, je fermai le catalogue de la bibliothèque. On s'apprêtait à aller chercher le livre en question quand une voix dans notre dos nous fit sursauter.

– Salut, Noah. C'est qui, ta copine ?

13
CONDOLÉANCES

Le type qui se tenait derrière nous avait une petite vingtaine d'années, et pour une raison que je ne pouvais expliquer, il provoqua en moi une bouffée d'angoisse. Il nous toisait et je me levai, instinctivement, pour me mettre à sa hauteur. Bien qu'il me fût totalement inconnu, j'eus l'impression, pendant une seconde ou deux, que j'aurais dû le reconnaître.

Il avait le crâne rasé. Ses cils et ses sourcils pâles lui donnaient un air légèrement étonné, et il me souriait en affichant une assurance pleine de morgue. Certaines filles auraient pu le trouver séduisant, pas moi. Peut-être était-ce l'aspect caoutchouteux de sa peau bronzée qui me faisait penser à de la pâte à modeler, peut-être était-ce juste mon instinct, mais je sentais qu'il n'était pas digne de confiance.

– Qu'est-ce que tu fabriques ici ? lui demanda Noah.

Je m'aperçus alors qu'il s'était levé, lui aussi.

– Le patron m'a demandé de venir te voir, mais tu n'es pas facile à trouver comme mec.

Il se tourna vers moi et se présenta en me tendant la main.

– Zachary Saulto.

Je regardai sa peau hâlée, sans réagir.

Noah déplaça le poids de son corps pour venir se placer légèrement devant moi. Saulto laissa retomber sa main, sans se départir de son sourire satisfait.

– Tu diras à Sam que je n'ai rien à ajouter. Je croyais m'être fait clairement comprendre la dernière fois.

– Tu ne veux peut-être pas nous parler, mais peut-être que Jocelyn en a envie, elle. Qu'est-ce qui t'amène à Watertown ?

– Comment vous me connaissez ?

– Je travaille pour ISI, la société dans laquelle Jack suivait un stage. Mes condoléances pour ton frère. (Son sourire laissa place à un air faussement compatissant.) C'était un chouette gars, qui faisait du bon boulot. Tu ne peux pas imaginer à quel point on regrette sa disparition. C'était un brillant analyste-programmeur.

– Merci.

– C'est chouette de rencontrer enfin la jolie sœur de Jack.

Une pensée fit pétiller son regard.

– Allons-y, Jocelyn.

Noah me prit par le bras.

– Tu ne veux pas entendre ce que j'ai à te dire ? lui demanda Saulto.

– Non. Au cas où tu l'aurais oublié, je ne travaille plus pour vous.

Saulto s'avança pour nous bloquer le passage.

– Tu as signé un contrat quand tu es entré dans la boîte.

– Faites-moi un procès.

– Chez ISI, on n'engage pas des loosers. Et pour moi, un lâcheur est un looser, c'est la même chose.

– Garde tes remarques d'entraîneur pour le terrain de handball.

Saulto se pencha en avant, son torse puissant tendait le tissu de sa chemise bleue.

– Pense à Jack, souffla-t-il.

J'observai ses yeux durs comme du verre et demandai, d'un ton hargneux :

– Qu'est-ce que ça signifie ?

Il retrouva son sourire et recula d'un pas.

– Désolé. Il n'y avait aucun sous-entendu. Ravi de t'avoir rencontrée, Jocelyn. Jack ne parlait pas souvent de toi, et je le regrette.

Une faible sonnerie se fit entendre et une voix de femme annonça dans les haut-parleurs que la bibliothèque allait fermer ses portes. Noah m'entraîna à l'écart de Zachary Saulto. Celui-ci ne nous suivit pas, mais un coup d'œil par-dessus mon épaule me permit de constater qu'il nous observait fixement.

– C'est quoi, cette histoire ? demandai-je dès qu'on eut tourné au coin.

– Rien. Ce type raconte n'importe quoi. Allons-nous-en.

– On a encore le temps de trouver le livre de Greg Hall.

– Non.

Je m'arrêtai net. Noah se tourna vers moi, sans parvenir à masquer son irritation.

– La bibliothèque va fermer. On reviendra demain.

Je ne pouvais accepter l'idée d'attendre plusieurs heures pour obtenir ces informations qui se trouvaient à portée de main. Je commençai à revenir sur mes pas.

– Vas-y, si tu veux, lançai-je. Moi, je reste. S'il le faut, je me cacherai dans les toilettes et je sortirai quand la voie sera libre.

Sur ce, je m'éloignai à grands pas, mais Noah me rattrapa et me retint par les épaules, m'obligeant à me retourner.

– Écoute-moi, Jocelyn. Ce n'est pas le bon moment. Quel que soit l'indice laissé par Jack, c'est à toi qu'il est destiné et à personne d'autre. Il ne faut pas que tu le cherches maintenant. Tu comprends ?

Sans doute lut-il l'inquiétude dans mes yeux car l'étau de ses mains se relâcha et sa voix s'adoucit.

– La bibliothèque ouvre à dix heures. Je promets de te ramener ici demain dès l'ouverture.

En regardant derrière Noah, je vis Zachary Saulto apparaître au coin et marcher dans notre direction. Soudain, je compris le bien-fondé de la remarque de Noah concernant la nécessité de garder le secret. Alors, je cédai et franchis à sa suite les portes vitrées.

14
CONVERSATION

On acheta des plats asiatiques à emporter et, le temps que l'on arrive chez Noah, il était tard. Assis à la table de la cuisine, on piochait dans les différents plats. Je tombais de fatigue, à l'inverse de toutes mes douleurs de la veille qui se réveillaient. En trempant un nem dans la sauce piquante, je me souvins que nous raffolions de la cuisine asiatique tous les trois. Je n'avais pas oublié le repas que Noah et Jack avaient préparé pour le réveillon du jour de l'an, et notre hilarité devant la maladresse de Jack avec ses nouvelles baguettes. Ces souvenirs auraient dû me réchauffer le cœur, mais c'est la mélancolie qui prit le dessus.

– Tu es bien silencieuse. Où est passée Miss Pipelette ?

Je haussai les épaules et avalai une bouchée de riz.

– Je t'ai promis qu'on retournerait à la bibliothèque demain.

– Oui, je sais. Je pensais à mon frère. Vous passiez votre temps à chatter tous les deux, et malgré cela, vous n'avez jamais réussi à vous revoir.

– On avait prévu de se retrouver pour de vrai, mais il y avait toujours des imprévus. Comme quand il a eu une angine. Je voulais venir vous voir tous les deux, et je regrette que ça n'ait pas pu se faire.

– Jusqu'à ce qu'il te retrouve sur la Toile, tu lui manquais énormément. Tous les deux, on se demandait ce que tu étais devenu après notre départ de Watertown, mais c'était lui que ça tracassait le plus. Je crois qu'il se sentait redevable envers toi, curieusement. C'était toi qui t'occupais toujours de nous, les plus petits. Tu faisais fonctionner Seale House.

Je regardai le reste de mon nem.

– La dernière fois qu'on s'est parlé, il m'a dit que tu étais son meilleur ami.

– Rien de tel pour rapprocher les gens que les insomnies à l'aube. C'était un lien que je partageais avec Jack, mais pas avec toi. Tu dormais toujours comme une souche. À trois ou quatre heures du matin, quand personne d'autre n'est réveillé, c'est beaucoup plus facile de se laisser aller aux confidences.

J'eus une vision fugace : réveillée en sursaut dans mon lit à Seale House, j'étais partie à la recherche de Jack, et je l'avais finalement découvert sur le toit avec Noah. Ils observaient la lune avec une paire de jumelles.

– Quand je n'arrivais plus à dormir, reprit-il, je m'installais devant mon ordinateur. Jack était déjà là. On discutait d'un tas de choses. Je crois que c'est plus simple devant un écran que face à face. À vrai dire, j'ai l'impression d'avoir appris à mieux le connaître durant cette dernière année que quand on était gamins. Mais il y avait un sujet que l'on n'évoquait presque jamais : toi.

– Parce que tu étais toujours en colère après moi ?

– Non, bien sûr que non. Mais Jack m'avait fait comprendre qu'il n'était pas question de parler de toi ailleurs qu'au passé. Il ne voulait pas évoquer ta vie actuelle. Franchement, je ne sais pas pourquoi. Je me disais que c'était pour te protéger. Il pensait peut-être que j'étais encore furieux de la façon dont tu avais quitté Seale House. Toutefois, ces dernières semaines, il acceptait que je l'interroge sur toi.

En voilà une surprise !

– Pourquoi est-ce que tu voulais parler de moi ?

– Tu comptais énormément pour moi, Jocey. Tu es la seule fille de mon passé pour qui j'avais de l'affection.

Je ne dis rien. Je ne savais pas quoi dire.

– Jack m'a parlé de vos déménagements. De ta mère, de votre vie. Pas difficile de comprendre pourquoi vous vous êtes retrouvés dans des familles d'accueil tous les deux.

– Et toi ? Tu as fini par avouer à Jack pourquoi on t'avait envoyé à Seale House ? Tu affirmais que ton père était le comte Dracula et qu'il avait été obligé de t'abandonner parce que le professeur Van Helsing l'avait grièvement brûlé avec une croix.

Noah haussa les épaules.

– C'est parce que la vérité n'est pas aussi intéressante. Ma mère était une droguée qui s'est fait mettre enceinte par son dealer. Elle ne me désirait pas vraiment. Sans doute qu'à l'époque, ça me semblait moins douloureux d'inventer une histoire rocambolesque que de raconter la vérité.

J'avais honte de lui avoir arraché cet aveu. En outre, j'étais mal à l'aise de voir qu'il ne se laissait plus enfermer dans son passé, contrairement à moi.

– Je peux te demander autre chose, Noah ?

– Bien sûr.

– Je suis perdue, comme s'il manquait des pièces du puzzle. Et je ne parle pas des énigmes laissées par Jack. Je repense à cette rencontre avec Zachary Saulto aujourd'hui. Il travaille pour ISI, comme Jack et toi dans le temps, exact ?

– Oui. C'était un peu comme mon supérieur ; il m'envoyait du travail. Mais je ne lui parlais pas souvent directement.

– Qu'a-t-il dit, exactement ? « Pense à Jack » ? Qu'est-ce que ça signifie ?

– Je ne sais pas.

– Pourquoi as-tu arrêté de travailler pour eux ? Et ne me dis pas que c'est à cause de la mort de Jack.

À cet instant, il sembla franchir une barrière mentale.

– Tu sais en quoi consistait mon travail pour eux, hein ? En gros, j'ai perfectionné le système de sécurité que l'on avait déjà créé.

– Tu faisais la même chose que Jack.

– Ils nous avaient confié de nouvelles tâches ; on devait personnaliser le codage pour les différentes sociétés qui achetaient le logiciel. Mais il s'est passé un truc. Jack m'a adressé un curieux mail la veille de son accident. Juste une phrase. Elle disait que certains programmeurs d'ISI avaient introduit des *portes dérobées* dans leurs codes de sécurité.

– Pour que quelqu'un puisse s'introduire en douce dans le système informatique d'une société ?

– Exact. Autrement, dit, les clients n'étaient pas véritablement protégés.

– C'est illégal ?

– S'ils n'en ont pas informé leurs clients, oui. Je suppose qu'ISI ne voulait pas que cela se sache car ils risquaient de très gros procès.

– Jack ne m'a jamais parlé de ça.

Noah haussa les épaules.

– Peut-être qu'il n'en a pas eu le temps.

– Comment était-il au courant des agissements d'autres programmeurs ?

– Aucune idée.

– Est-ce que les dirigeants d'ISI auraient pu se sentir menacés par ce qu'avait découvert Jack ? Est-ce qu'ils auraient pu tenter de l'empêcher de parler ?

– Il n'y a aucun moyen de le savoir. Mais quand Jack est mort, j'ai flippé. Je me suis dit qu'il était temps d'arrêter de travailler pour ces gens.

Le portable de Noah sonna. Il le regarda et dit :

– C'est la police.

La communication fut brève.

– C'était Don Iverson. Un inspecteur de police qui est aussi une sorte d'ami.

– Tu es ami avec un flic ?

– Don est un gars bien. C'est lui qui s'est chargé de la fermeture de Seale House. Depuis, il a toujours suivi ce que je faisais, plus ou moins. Il m'a même aidé à obtenir mon émancipation pour que je puisse vivre seul, au lieu de me retrouver dans une autre famille d'accueil.

– Il a l'air d'un chic type, en effet.

– Oui. Bref, il semblerait que la police ait arrêté des gamins qui n'avaient pas l'âge de conduire. C'est peut-être ceux qui ont caillassé mon pare-brise. Don me demande de venir au poste pour les identifier. Tu veux m'accompagner ?

Je me levai et entrepris de débarrasser la table.

– Je suis fatiguée, et je n'ai pas vraiment envie de revoir ces sales gamins.

– OK. Je devrais être de retour dans une heure environ.

Après le départ de Noah, j'avalai quelques antalgiques et me trempai dans un bain chaud. Pendant que je me relaxais, mon esprit fit défiler les événements de la journée, y compris cette étrange expérience où je m'étais retrouvée transportée dans le salon d'Hazel, au premier étage de Seale House. Quels pouvoirs uniques et terrifiants possédait cette maison ? Étaient-ce ces mêmes forces obscures qui m'avaient suivie dans l'ascenseur de la Peace Tower ? Cette idée était tellement bizarre que je la repoussai aussitôt, comme j'avais essayé de repousser les souvenirs d'autres incidents anormaux survenus à Watertown. Je me disais que ça ne pouvait pas être réel.

Tout cela existait-il seulement dans ma tête, à la manière d'une illusion de prestidigitateur ? Mais une voix me répétait avec obstination : Et la mort de Georgie ? J'avais vu la silhouette de l'homme qui l'avait abattu, et cette fille enragée, ce matin, m'avait confirmé que nous avions vu la même chose. Même les pierres jetées sur le pare-brise de Noah par les amis de Georgie en apportaient la preuve. J'examinai tous ces éléments qui refusaient de s'assembler, en songeant que si je parvenais à découvrir le « pourquoi » de tout cela, je comprendrais le reste.

Avec lassitude et résignation, je laissai s'écouler l'eau du bain. Après m'être essuyée, j'empruntai à Noah un autre T-shirt pour la nuit, regrettant pour la énième fois la disparition de mes affaires. Dehors, le vent se leva ; il soupirait doucement contre les murs et chuchotait derrière les fenêtres. Plus détendue, j'éteignis la lumière, me couchai et sombrai dans un sommeil profond.

Ensuite, je me revois empêtrée à l'intérieur d'un rêve. Il y avait deux images familières. Celle d'une vieille femme et celle d'un homme effrayant dans une pièce obscure. Je rêvais de cette femme depuis quelques années, mais l'homme, c'était plus récent.

Dans mon rêve, la femme était très âgée, sa peau aussi fine et claire que du vélin. Des petites mèches de cheveux blancs tombaient sur son front et ses tempes ; elle portait une croix en argent par-dessus un chemisier violet. Debout face à face, on se regardait ; une douleur intense m'habitait et pourtant, instinctivement, je savais que cette femme n'en était pas la cause. Peut-être n'en était-elle que le témoin.

Ses doigts étaient tordus et des veines parcouraient le dos de ses mains. Délicatement, elle tendit le bras et me toucha, la tempe d'abord, puis le cœur. Elle dit une chose que je savais être importante, mais le rêve ne me laissait pas comprendre les mots. Avant que je puisse les déchiffrer, elle disparut dans un brouillard sale et je me retrouvai attirée dans une petite pièce obscure.

J'étais allongée dans ce qui ressemblait à un fauteuil de dentiste, tandis qu'un homme à la forte carrure avançait vers moi. Une lumière aveuglante dans son dos découpait sa tête et sa coupe en brosse, mais ses traits demeuraient dans l'ombre. Il brandit un objet tranchant. « N'aie pas peur. » Sa voix était étonnamment douce. « Ça ne te fera pas trop mal. »

C'est alors que j'entendis la voix de Jack : « Réveille-toi, Jocelyn. »

J'ouvris les yeux et restai allongée dans le noir, en essayant de me calmer. La voix de Jack se fondit dans le rêve, mais pendant quelques secondes, elle m'avait semblé réelle, ce qui ajoutait encore à ma confusion.

Je contemplais le plafond dans la pénombre en m'efforçant de maîtriser mes nerfs. J'écoutais les faibles gémissements du vent en me demandant si Noah était rentré. À en juger par le calme qui régnait dans la maison, il n'était toujours pas revenu. Alors que les derniers vestiges du rêve se dissipaient et que je commençais à me détendre, un bruit attira mon attention, un léger craquement, comme si une personne présente dans la pièce venait de basculer d'un pied sur l'autre. Mes yeux effrayés scrutèrent l'obscurité dans les coins.

Des ombres escaladèrent les murs et décampèrent : des phares de voiture dans la rue. Je demeurai couchée, les nerfs à vif, refusant de croire que mon angoisse n'était qu'un résidu de mon rêve. Un léger mouvement me fit tourner la tête ; je retins mon souffle avant de m'apercevoir que c'étaient uniquement les rideaux. Ils dansaient légèrement dans le vent. Pourtant, je n'avais pas ouvert la fenêtre !

Je repoussai les draps et fonçai vers la porte. Une forme sombre jaillie de l'obscurité se jeta sur moi et me plaqua sur le lit. Je tentai de la frapper, mais un coup de poing m'assomma à moitié, et mon agresseur en profita pour m'écraser sous lui, de tout son poids. Une main m'attrapa violemment par les cheveux et me cloua au matelas, pendant que l'autre serrait ma gorge dans un étau de douleur.

Son visage recouvert d'un masque d'ombre se trouvait juste au-dessus du mien. Tandis que ses doigts continuaient à se refermer autour de mon cou déjà meurtri, il grogna :

– Dis… moi… où… elle… est !

15
ON APPROCHE

Il entortilla mes cheveux autour de son poing, meurtrissant mon cuir chevelu. Les doigts de son autre main s'enfoncèrent de part et d'autre de ma trachée, accentuant la pression sur ma pomme d'Adam. Je lui griffais furieusement les bras et les mains, mais il continuait à m'étrangler. Il ressemblait à une sorte de fantôme psychopathe avec un sweat-shirt à capuche et des cheveux gras qui pendaient devant son visage.

– Dis-moi où elle est !

Dès qu'il relâcha, très légèrement, la pression de ses doigts pour me permettre de respirer et de répondre, je poussai un hurlement rauque. Qu'il interrompit en plein milieu.

Quelques secondes plus tard, un poing martela la porte de la chambre et Noah se mit à crier. Mon agresseur m'étrangla de plus belle en m'injuriant avec une telle fureur qu'il me crachait au visage. Dans un éclair de panique, je compris qu'il allait me tuer avant que Noah ne parvienne à entrer, mais cette pensée fut balayée par une sensation tout aussi terrifiante. Je sentis sa main devenir très chaude. Elle me brûlait le cou comme si un courant électrique passait entre nous. Il poussa des hurlements de loup-garou. Et puis, au moment où Noah enfonçait la porte d'un coup de pied, il bondit hors du lit et sauta par la fenêtre ouverte.

Noah se rua dans la chambre. Après s'être rapidement assuré que j'étais saine et sauve, il sortit à son tour par la fenêtre. J'écoutais les bruits de pas précipités dans l'allée. Les jambes en coton, je marchai jusqu'à la fenêtre. Un moteur rugit. Écartant les rideaux, je scrutai la rue sombre. Des pneus crissèrent et une voiture, tous phares éteints, fonça droit sur Noah. Celui-ci fit un bond sur le côté. La voiture passa en trombe et disparut au bout de la rue.

Les jambes encore un peu flageolantes, je quittai la chambre et rejoignis Noah sur le seuil de la maison. Il entra et verrouilla la porte, essoufflé.

– Elle a failli t'écraser !

– Failli seulement. (Il me regarda et l'inquiétude se lut sur son visage.) Tu es blessée.

– Non, ça va.

J'avais la voix éraillée et, alarmée par son regard inquiet, je me dirigeai vers le miroir le plus proche. Quand il alluma une lampe, j'eus le souffle coupé. La peau de mon cou, carbonisée, partait en lambeaux.

Noah me prit par le bras pour me conduire jusqu'au canapé. Puis il se précipita dans la cuisine. J'entendis l'eau couler. Quelques secondes plus tard, il revint avec une serviette humide qu'il enroula délicatement autour de mon cou. La fraîcheur me fit du bien.

– Repose-toi une minute, dit-il avant de retourner dans ma chambre.

Il ferma la fenêtre et je le vis ensuite inspecter les autres pièces. Quand il eut fermé toute la maison, il revint s'asseoir près de moi.

– Qui était-ce, Jocelyn ?

– Aucune idée. Mais ça fait deux fois que quelqu'un essaye de m'étrangler, ça devient lassant, dis-je. Tu sais que rien ne me fait plus peur que ça.

Il paraissait mal à l'aise.

– Désolé pour ce qui s'est passé dans le garage. Je suis à cran depuis que j'ai quitté mon boulot. Quand j'ai senti que quelqu'un se cachait à l'arrière de ma voiture, j'ai cru que Zachary Saulto me faisait suivre. Ça m'a rendu furieux.

Il était évident que les agissements d'ISI tracassaient Noah, bien plus qu'il ne le laissait paraître.

– Et je ne savais pas que c'était toi, évidemment, ajouta-t-il. Jack ne m'a jamais envoyé une photo récente de toi. Ce n'est pas faute de lui avoir demandé.

J'étais heureuse de savoir qu'il avait réclamé une photo de moi à Jack. Pourquoi mon idiot de frère se montrait-il si protecteur ? Ça ne lui aurait rien coûté d'envoyer à Noah ma photo de classe.

Il se releva pour marcher vers les fenêtres et s'assurer qu'elles étaient bien fermées.

– Normalement, personne ne pouvait rentrer. Tout était verrouillé. Portes et fenêtres. Je venais juste d'arriver quand je t'ai entendue hurler.

– Ce type n'arrêtait pas de répéter la même chose : « Dis-moi où elle est », « Dis-moi où elle est »... De quoi parlait-il, Noah ? Qu'est-ce qu'il voulait ?

Le tremblement de ma voix me faisait honte, mais je n'y pouvais rien. Une chose horrible était en train de se produire autour de moi, et plus j'essayais d'y voir clair, plus ça devenait confus.

– Tu as vu son visage ?

Parcourue de frissons, je me frottais les bras, la tête appuyée contre le dossier du canapé. J'avais encore le cuir chevelu en feu et je me demandais quelle quantité de cheveux mon agresseur m'avait arrachée.

– Non, il faisait trop sombre.

Noah alla chercha une couverture polaire pour me couvrir.

– Merci.

Il se rassit près de moi.

– Ça pourrait être Zachary Saulto ?

– Non. Ce type n'était pas chauve. Il avait des cheveux longs. C'est la seule chose que j'ai remarquée. À part son haleine qui empestait l'ail. Ce n'est pas très utile, hein ?

Noah reprit la serviette mouillée.

– Laisse-moi jeter un coup d'œil. C'est douloureux ?

– Un peu. Mais moins qu'on pourrait le croire.

Je n'ajoutai pas que cela m'inquiétait car Jack m'avait expliqué que l'absence de douleur en cas de brûlure signifiait que c'était sérieux.

Avec un coin de la serviette, Noah me nettoya soigneusement le cou. Penché au-dessus de moi, il retirait du bout des doigts de fines bandes de peau noircies. J'en profitai pour observer son visage de près. Il avait perdu cet aspect émacié qui lui donnait un air emprunté autrefois ; mais il avait conservé des traits anguleux très séduisants, surtout avec cette barbe naissante. Le garçon que j'avais connu n'avait même pas besoin de se raser. Même si j'étais déjà secrètement amoureuse de lui à l'époque, il était devenu beaucoup plus mûr et viril que j'aurais pu l'imaginer.

Se retrouver assise sur son canapé, pendant que ses doigts tripotaient délicatement mon cou, voilà qui était étrangement sensuel, si l'on faisait abstraction du fait que, deux jours plus tôt, ces mêmes doigts avaient tenté de m'étrangler, avec plus de violence encore que mon agresseur de ce soir. Mais à cet instant, je n'avais pas envie d'y penser, je préférais me concentrer sur ses yeux. Pendant quelques secondes, j'allai jusqu'à imaginer qu'il me prenait dans ses bras et me serrait contre lui, comme j'en avais toujours rêvé. Que ressentirais-je si je plaquais ma bouche sur la sienne ? Serait-il choqué si je l'embrassais ?

Son regard croisa le mien et je tressaillis. Avait-il deviné mes pensées idiotes de collégienne ? Je reportai mon attention sur son air grave et tous mes fantasmes se volatilisèrent aussitôt.

– C'est si grave que ça ?

– Pas pour toi, Jocelyn. Cette peau brûlée n'est pas la tienne. C'est la sienne.

– Quoi ?

Je me levai d'un bond pour retourner devant le miroir. Il me suivit. Je découvris que mon cou était écarlate, comme si j'avais un coup de soleil… en forme de grosse main. Je me retournai vers Noah. Dans un murmure, je demandai :

– Que se passe-t-il ?

Il secoua lentement la tête.

– Je n'ai pas de réponse à te donner. Retourne t'asseoir. Tu es toute pâle, je ne veux pas que tu t'évanouisses.

Il me ramena vers le canapé et je me glissai sous la couverture, en ramenant mes jambes contre moi. Noah se rendit dans la salle de bains, puis revint sur le canapé. Il dévissa le bouchon d'un tube de pommade contre les brûlures.

– Penche la tête en arrière.

J'obéis, et cette fois je contemplai les cercles de lumière jaune tamisée au plafond. Il appliqua tout doucement le baume sur la zone rougie. C'était froid. Je me représentais mentalement les contours de cette main dont j'avais senti le contact brûlant sur ma peau.

– Voilà, dit-il en refermant le tube. Ça va aller.

Je me redressai.

– Tu crois vraiment, Noah ? Depuis des années, je lutte pour me convaincre que toutes ces inquiétantes bizarreries à Seale House n'étaient rien du tout. Un effet de mon imagination débordante, peut-être. J'ai grandi et j'ai appris à vivre dans le monde réel où tout est gouverné par la logique. La logique établit des frontières, et ça me plaît. Mais maintenant, j'ai l'impression d'avoir à nouveau douze ans et de n'exercer aucun contrôle sur ma vie. Il se passe des choses que je ne peux pas expliquer.

Je remontai ma manche pour lui montrer la marque de morsure sur mon bras.

– Un petit cadeau de la cave de Seale House.

Noah l'examina d'un air préoccupé.

– Dis-moi un truc, Noah… tu crois qu'il est possible que Corner Boy soit toujours en vie ?

– Non. Comment ce serait possible ?

– Je ne sais pas. Mais je me demande, forcément, si la chose qui m'a attaquée dans la cave n'est pas ce type qui s'est introduit ici cette nuit.

Noah ne dit rien tout d'abord, il continuait à observer la morsure. Puis il demanda :

– Pourquoi tu ne me l'as pas montrée plus tôt ?

Je haussai les épaules et abaissai ma manche.

– Jocey, il semblerait que les brûlures de ce type sont plus graves que les tiennes. Est-ce que tu aurais pu, d'une manière ou d'une autre, dégager cette chaleur intense pour te protéger ?

– Comme un superpouvoir, tu veux dire ? Ce serait chouette. Tu crois que je vais développer une vision aux rayons X ensuite ?

– Bon, d'accord, c'était une question idiote. Si tu pouvais réaliser ce genre de choses, tu m'aurais fait le coup dans le garage, je suppose.

– Compte tenu de tous les trucs zarbis qui se passent, ce n'était pas idiot de poser la question. Mais jamais dans toute ma vie, avant et après Seale House, je n'ai vu un phénomène semblable. Alors, comment est-ce que ça pourrait venir de moi ?

Je songeai à mon étrange rêve, avant d'être agressée. Noah dut remarquer quelque chose sur mon visage car il demanda :

– Qu'y a-t-il ?

– Sans doute rien… Sauf que juste avant que ce type m'attaque, j'ai entendu la voix de Jack. Il me disait de me réveiller.

– Tu ne crois tout de même pas que Jack est venu te voir dans ton rêve !

– Ce n'est pas plus invraisemblable que ta théorie des superpouvoirs, si ?

– Non, sans doute.

– Ce visiteur pourrait-il être un des gamins qui ont lancé des cailloux sur ton pare-brise ?

Il secoua la tête.

– Je viens de les identifier au poste de police. Ils vont passer un petit moment derrière les barreaux jusqu'à ce que leurs parents paient la caution.

– Alors, je suis à court d'idées. Pourquoi ce type ne cessait-il de me demander où « elle » était ? Je ne sais absolument pas de quoi il voulait parler.

– Les fous ne manquent pas en ce bas-monde.

Je soupirai et fermai les yeux.

– Oui, et j'ai déjà croisé mon quota. En outre, il ne s'agit pas d'un truc bizarre de plus, dû au hasard. Je pense que tout ça est lié.

– Moi aussi.

J'observai son visage inquiet. Assis côte à côte, on écoutait le tic-tac de la pendule, les légers craquements de la maison qui s'endormait, et le vent qui pianotait sur les vitres avec ses ongles.

– Noah, j'ai peur.

– Alors, peut-être que tu devrais oublier les indices de Jason Décembre et rentrer chez toi.

– Comment le pourrais-je ? Abandonner Jack, c'est impossible.

– Il ne voudrait pas que tu te mettes en danger.

– Certes, mais ce qui s'est passé ce soir prouve que je dois le retrouver. Si ça devient plus effrayant, ça veut dire qu'on approche.

16
CONFIDENCES

Noah alla chercher mon oreiller et me donna une autre couverture pour que je puisse dormir sur le canapé ; on n'avait pas très envie, ni lui ni moi, que je passe le restant de la nuit dans l'autre pièce. Malgré mes protestations, il se coucha dans le fauteuil inclinable juste à côté. À l'exception d'un lampadaire dans un coin, toutes les autres lumières du salon étaient éteintes. Il faisait suffisamment sombre pour dormir et assez clair pour qu'on puisse voir.

À plusieurs reprises, l'image effrayante de l'intrus envahit mon sommeil et me réveilla en sursaut. Alors, je jetais un coup d'œil à Noah, endormi dans le fauteuil, et cela me rassérénait. Il s'était couvert d'un édredon en patchwork dans les tons bruns qui datait de l'époque de Seale House. Quand il l'avait sorti du placard, j'avais été un peu étonnée qu'il ait pu le conserver.

Finalement, l'épuisement l'emporta. J'émergeai lorsque Noah posa délicatement la main sur mon visage en prononçant mon nom. Son image floue était penchée au-dessus de moi ;

il me demanda si j'allais bien. Ses doigts laissèrent une traînée humide sur ma joue.

– Tu pleures.

– Je ne sais pas pourquoi.

Gênée, j'essuyai mes larmes. Je sortais d'un sommeil profond, sans rêve, et pourtant, une impression de tristesse m'habitait. Je me sentais vulnérable face à Noah, mais son expression ne trahissait que de l'inquiétude.

Je me redressai et regardai la pendule à côté du miroir. Presque quatre heures.

– Je ne voulais pas te réveiller.

– Tu ne m'as pas réveillé. J'étais levé.

Je me massai la nuque et bougeai lentement la tête de droite à gauche, en grimaçant.

– Qu'est-ce qui t'arrive ?

– Le type m'a tiré les cheveux si violemment qu'il m'a fait mal au cou.

Noah s'assit à côté de moi.

– Attends…

Ses doigts massèrent avec application les points douloureux.

– Ça fait longtemps que tu es debout ?

– Pas trop. C'est toujours aux petites heures du jour, quand je n'arrive pas à dormir, que Jack me manque le plus.

– Moi, il me manque tout le temps, dis-je d'une petite voix, et je n'étais pas sûre que Noah m'ait entendue.

– Ta présence fait ressurgir un tas de souvenirs du temps où on était gamins.

La tension dans ma nuque commençait à se relâcher. Je laissai échapper un long soupir, parfaitement réveillée maintenant, même s'il faisait encore nuit dehors.

– Oui, je sais, dis-je. La vie suit parfois d'étranges chemins sinueux. Tu crois que c'est le destin qui nous a réunis tous les trois ?

– Le hasard, peut-être. Je ne crois pas au destin.

Ses pouces décrivaient des cercles sur les points de tension, soulageant peu à peu la douleur. Il ne se doutait pas de l'effet produit par ce massage et je ne pouvais pas m'empêcher de réagir à la chaleur de ses mains.

– Oui, tu as certainement raison. Ce n'est pas le destin qui nous a expédiés dans ces foyers d'accueil. Uniquement des parents indignes qui n'auraient jamais dû avoir le droit de ramener leur bébé chez eux en sortant de la maternité.

Noah pouffa, mais c'était un rire sans joie.

– Tu l'as dit ! D'après ce que me racontait Jack sur votre mère, je suis surpris qu'elle ne vous ait pas abandonnés à la première occasion.

– Elle en a certainement eu envie plus d'une fois. Mais je crois que vivre sans Jack lui faisait encore plus peur que de se retrouver coincée avec nous.

– Que veux-tu dire ?

– La vie de Melody était une succession ininterrompue de rendez-vous, d'aventures et de ruptures. Toutes ses relations étaient vouées à l'échec car elle était complètement givrée. Quand les types avec qui elle sortait découvraient ce qui se cachait sous son joli minois, ça leur flanquait la frousse. Même les plus gentils étaient obligés de laisser tomber. Elle nous traînait avec elle dans sa quête infinie d'hommes car elle était dépendante de Jack. Il l'aidait à affronter sa dépression, provoquée par son enfance malheureuse.

– Je n'ai pas beaucoup de sympathie pour les gens qui rejettent la faute de leur comportement dégueulasse sur ce qui leur est arrivé quand ils étaient gamins.

– Moi non plus. Mais Melody a vraiment eu une enfance épouvantable. Elle a connu la pauvreté et les mauvais traitements, dans une petite ferme du Nebraska.

Je n'en dis pas plus. La libération de Melody était survenue quand, à quinze ans, elle avait rencontré Calvert, un copain de son cousin. Il avait quelques années de plus qu'elle seulement, il sortait tout juste de prison et était impliqué dans un tas de trucs louches. Ils avaient fichu le camp ensemble, et Melody racontait souvent que Calvert avait été le seul véritable amour de sa vie. Il avait fini par l'abandonner à un arrêt de car pour filer avec une femme à bord d'une décapotable rouge. Elle en avait eu le cœur brisé. Cela s'était passé trois ans avant notre naissance, et si elle ne nous parlait jamais de notre père, en revanche elle n'arrivait pas à oublier sa relation avec Calvert. Elle nous racontait leur histoire chaque fois que la dépression l'entraînait dans les ténèbres, et Jack était le seul qui savait comment, en lui parlant, la ramener vers la lumière.

Dorénavant, quand je pensais à ma mère, c'est-à-dire presque jamais, il y avait toujours cette petite boule de haine enveloppée de soulagement en songeant qu'elle était morte et sortie de ma vie, définitivement.

– Un jour, dit Noah, j'ai demandé à Jack pourquoi tu ne supportais pas les jurons, et il m'a expliqué que c'était à cause de tous les petits amis mal élevés de votre mère. Tu détestais leur langage. C'est vrai ?

– Oui. Je méprisais ces abrutis dont Melody tombait amoureuse. Elle aussi, je la méprisais, comme tout ce qu'elle faisait. Mon but principal dans l'existence, c'était de ne jamais finir comme elle.

– Alors, tu es encore vierge ?

Je m'éloignai de ses mains.

– Merci, j'ai moins mal maintenant.

Il haussa les sourcils, surpris.

– Hé, ce n'était pas une insulte.

– Je suis vierge, oui, mais je ne vois pas pourquoi je devrais en avoir honte. Ces bons à rien qui sortaient avec ma mère ne pensaient qu'à une chose. Quand, en grandissant, j'ai retrouvé le même comportement pathétique chez les garçons autour de moi, ça m'a sérieusement refroidie.

– On n'est pas tous comme ça.

– Pas tous, non. Je suis sortie avec des garçons gentils. Mais dès que ça devenait sérieux, j'arrêtais. Je ne voulais pas faire supporter à un pauvre gars tout ce que je trimbale.

– Un excédent de bagages, tu veux dire ?

– Plutôt le genre trois valises, deux malles et un sac fourre-tout.

Il sourit.

– Et toi, Noah ? Tu n'as personne, toi non plus. Tu vis ici tout seul. Tu n'as même pas un animal.

– J'ai eu quelques copines, mais ça n'a jamais duré. Je me lasse au bout d'un moment.

– C'est ça, le problème quand on essaye de trouver sa place dans la société normale, hein ? Quand on a marché sur un fil bizarre, le monde extérieur nous paraît bien terne avec ses filets de sécurité. Je n'aime pas faire croire que je suis comme tout le monde. Et je déteste mentir sur mon passé à un garçon qui me plaît.

– Pourquoi tu mentirais ?

– J'ai honte, évidemment. Avouer que ma mère était la plus grande traînée du monde et que je n'ai jamais connu mon père, c'est humiliant. Et ce n'est pas ça qui incitera n'importe quel garçon de mon école à me proposer un deuxième rendez-vous.

– Parce que tu ne choisis pas les bons garçons, Jocey. La vie de ta mère n'a rien à voir avec ce que tu es réellement. Est-ce que tu me méprises parce que ma mère était une droguée sans cœur qui s'est fait engrosser par son dealer ?

– Non, bien sûr que non.

– Était-ce la faute de Beth la Furieuse si ses grands frères l'ont violée ? Ou celle de Dixon si sa mère l'a laissé seul dans un appartement immonde pendant des jours ?

L'image de Beth glissant un couteau sous son oreiller me vint à l'esprit et, pour la première fois, son geste me parut plus triste que tordu. Je repensai au petit Dixon qui me suivait partout et s'accrochait à toutes les personnes qui se montraient gentilles avec lui. Combien de nuits était-il resté assis sur mes genoux pendant que je lui lisais mon histoire préférée ? J'avais presque oublié ce vieux livre en lambeaux, *Le Chien de guingan et le chat de calicot*. Il me suppliait de le lui lire, sans cesse. À tel point qu'il avait fini par le connaître par cœur. Le sentiment de tristesse m'envahit de nouveau, et je remontai les couvertures.

– Noah, comment tu as appris tout ça sur eux ?

– Souviens-toi, je suis le seul à qui Hazel faisait confiance pour nettoyer son bureau. J'en profitais pour lire les dossiers. Pour savoir à quoi m'attendre.

– Tu as regardé le mien et celui de Jack ?

– Non. Après cette première nuit dans la cave, quand on est devenus amis, ça ne m'a pas semblé correct. On avait bâti une relation de confiance. Vous écoutiez mes histoires de vampires et Jack parlait de ses livres d'Artemis Fowl. Et puis, je voyais bien que vous n'aviez pas un comportement bizarre qui pouvait devenir dangereux.

– Toujours à veiller sur les autres, hein ?

– Il fallait bien que quelqu'un le fasse, dans cette baraque.

Il avait raison. On avait vécu dans un monde qui tournait sur un axe alternatif où la vie de chacun était déséquilibrée et rien n'était prévisible. Au cours de ces dernières années, j'avais essayé d'oublier ce qui se passait quand l'existence s'emparait d'un groupe d'enfants effrayés pour les jeter de l'autre côté du miroir, dans un univers de folie. Noah était notre force.

– *Le moment est venu de parler d'un tas de choses,* murmurai-je. *De chaussures, de bateaux et de cire à cacheter, de choux et de rois.*

– *Pourquoi la mer bout et les cochons ont-ils des ailes ?* conclut-il avec un sourire dans la voix.

J'écoutai le silence, à l'aise dans l'intimité de ce petit matin, et je comprenais pourquoi il était plus facile de partager des pensées à cet instant, plutôt qu'en pleine journée.

Noah s'étira et demanda :

– Tu as faim ?

Bizarrement, oui. Je hochai la tête et il proposa :

– Si je nous préparais un petit déjeuner ?

Après avoir avalé un cachet contre la douleur, je me rendis dans la cuisine pour l'aider. Pendant qu'il faisait griller du bacon, je confectionnai des pancakes. Les premières lueurs de l'aube commencèrent à éclairer les fenêtres tandis que l'on se régalait. J'observai le ciel chargé et nacré.

– Tu ne manges pas assez, déclara Noah quand je refusai un deuxième pancake.

– Il est trop tôt. Généralement, je ne prends pas mon petit déj avant neuf heures. Il faut se préparer si on veut être à la bibliothèque pour l'ouverture.

– OK, dit-il, la bouche pleine de bacon, et il déposa un pancake dans mon assiette. Je dis juste que tu aurais besoin de prendre deux ou trois kilos.

– Arrête de me materner, c'est flippant.

– Très bien ! Je sors chercher le courrier.

Il quitta la cuisine. Je versai du sirop d'érable sur mon pancake et mordis dedans à pleines dents. J'entendis Noah qui m'appelait. Je le trouvai sur le seuil de la maison, face à l'allée. Je me penchai pour voir ce qu'il regardait ainsi et laissai échapper un petit cri.

– C'est ta voiture ? demanda-t-il.

17
NOUVEL INDICE

Je contemplais ma Civic. Elle était garée dans l'allée, innocemment. Je n'en croyais pas mes yeux. Je balayai du regard le quartier paisible et désert, à l'exception d'un vieil homme qui traînait une poubelle sur le trottoir. On s'approcha de la voiture. En collant le nez à la vitre, je découvris mon sac à dos sur le plancher, du côté passager. Ma trousse de maquillage et mon netbook étaient là où je les avais laissés trois jours plus tôt.

Je sortis les clés de ma poche de jean et me dirigeai vers le coffre. Noah m'arrêta d'un geste.

– Laisse-moi faire.

– Pourquoi ?

– On ne sait pas ce qu'il y a à l'intérieur.

J'imaginai une chose effroyable jaillissant de mon coffre. Mais pas question de lui laisser croire que j'étais une poule mouillée. Ignorant sa paume tendue, j'introduisis la clé dans la serrure et ouvris le coffre. Celui-ci ne contenait que mon sac de voyage. Noah s'en chargea pendant que je récupérais mes autres affaires dans la voiture. On retourna dans la maison et il verrouilla aussitôt la porte. J'inspectai le contenu de mon sac à dos : on ne m'avait rien pris.

Je consultai mon téléphone portable. J'avais reçu plusieurs textos et une photo, envoyée par les camarades qui m'avaient invitée à camper avec eux. Rassemblés, ils formaient des cœurs avec leurs mains ou tendaient le poing, pouce et auriculaire dressés.

Il y avait également un message vocal de ma mère adoptive, Marilyn, qui voulait prendre de mes nouvelles. Je lui envoyai un texto disant que j'avais marché jusqu'à un endroit couvert par le réseau, mais à partir de maintenant, je serais certainement injoignable. Qu'elle ne s'inquiète pas, tout allait bien. C'était nul de lui mentir, mais si je revenais à la maison avec Jack, je savais que tout serait pardonné.

Noah voulut savoir s'il manquait quelque chose dans mon sac. Je fouillai rapidement dans mes affaires.

– À première vue, non. Et tout est encore dans mon portefeuille, y compris mes cartes de crédit et l'argent liquide. Ça ne tient pas debout. Pourquoi voler ma voiture et ne rien prendre ?

– Et pourquoi la ramener ici pendant la nuit ?

– Était-ce une menace ou au contraire une bonne action anonyme ?

– Je ne pense pas qu'un bon samaritain serait reparti sans frapper à la porte car c'est flippant de ne pas savoir comment elle est arrivée ici. Conclusion, celui qui a fait ça veut que tu saches qu'il est sur tes traces. Ça veut dire que ce n'est pas prudent de rester ici. Surtout après l'agression. Si tu veux te changer, fais-le maintenant. Je vais préparer quelques affaires. Et ensuite, on fiche le camp. Tu as dix minutes.

– OK.

J'observai Noah. Je n'en revenais pas de le voir aussi serein. À dire vrai, il semblait presque enjoué, comme si la situation n'était pas dangereuse mais excitante.

J'emportai mon sac dans la salle de bains. Si j'étais soulagée d'avoir récupéré ce qui m'appartenait, tout me paraissait suspect désormais. Le voleur avait-il fouillé dans mes affaires ? Certainement, même si, en apparence, rien n'avait été déplacé. J'avais l'impression que l'on m'obligeait à jouer à un jeu auquel je ne voulais pas participer. Puis je me souvins que c'était moi qui avais décidé de venir ici au départ. J'aurais pu balancer l'enveloppe de Jason Décembre en qualifiant cette blague de cruelle ; je ne l'avais pas fait. En venant ici, peut-être avais-je ouvert la porte à toutes sortes de bizarreries, mais si j'aimais véritablement Jack et si je voulais le retrouver, je devais être forte.

Après ce recadrage, j'enfilai des vêtements propres, de la tête aux pieds. Le temps s'était rafraîchi et le ciel demeurait chargé ; j'optai pour un T-shirt gris foncé et mon jean préféré. Je me brossai les cheveux en grimaçant de douleur, et me maquillai rapidement. Quand j'eus terminé, mes égratignures avaient presque disparu ; le fard à paupières et le crayon faisaient ressortir mes yeux. Je me sentais un peu plus moi-même et je souris, jusqu'à ce que je voie les marques rouges dans mon cou. L'empreinte de la main de mon agresseur était encore visible. Je fouillai dans mon sac de voyage et pris une longue écharpe chinoise à rayures prune et vertes, ornée de perles aux deux extrémités. Je l'enroulai deux fois autour de mon cou afin de masquer totalement la brûlure.

Ayant rangé toutes mes affaires, je retournai dans le salon, où Noah était occupé à remplir un gros sac de toile. Il leva la tête et s'arrêta pour m'observer. Je me sentais un peu intimidée par son regard insistant.

– Un problème ? demandai-je.

– Ne laisse rien dont tu pourrais avoir besoin. Je ne suis pas sûr que l'on pourra revenir ici.

– À t'entendre, c'est grave.

– Ça l'est.

Son expression joyeuse contrastait avec ses paroles.

On vérifia que la maison était bien fermée et, après une brève discussion pour savoir quelle voiture on allait prendre, je cédai. On chargea nos affaires et son ordinateur sur le siège arrière de la Jeep. Noah sourit devant mon inquiétude évidente.

– Dis-toi que tu pars à l'aventure.

On s'attarda quelques secondes dans son garage, presque à l'endroit où j'avais cru qu'il allait m'étrangler. Si j'avais encore peur, c'était pour une raison différente. Il coinça une mèche rebelle derrière mon oreille.

– Allons-y.

On grimpa à bord de la Jeep. Il mit le contact et commanda l'ouverture de la porte du garage. L'image d'une rafale de balles traversant le pare-brise arrière me vint à l'esprit. Je me recroquevillai sur mon siège.

Il jeta un coup d'œil par-dessus son épaule en sortant à reculons.

– Tu sais, dit-il, si quelqu'un voulait te tuer, il aurait eu tout le temps de le faire pendant que tu contemplais ta voiture dans l'allée.

Vexée, je me redressai et ne dis pas un mot pendant que l'on quittait la zone résidentielle pour récupérer la grande route qui menait en ville. À plusieurs reprises, je me retournai pour regarder derrière nous : aucune voiture ne nous suivait.

Noah alluma la radio. La musique d'un groupe anglais excentrique jaillit des haut-parleurs. Il se mit à fredonner.

– Que se passe-t-il ? demandai-je finalement.

Le voyant hausser les sourcils d'un air surpris, j'ajoutai :

– Où est le Noah furieux qui passe son temps à m'enguirlander ? Tu es tout joyeux !

Il lâcha un petit rire, teinté d'ironie cependant.

– Toute cette histoire me plaît. Ça t'embête ?

– On dirait que tu as été enlevé par des extraterrestres.

– Écoute, Jocey. Nos relations entre toi, Jack et moi, ont toujours été franches. Alors, je vais te dire la vérité. Au vu de ces deux preuves concrètes, je suis immensément soulagé de savoir que tu n'es pas folle. Ne me regarde pas comme ça. Que penserais-tu à ma place ?

– Je croirais tout ce que tu me dis. On s'est toujours fait confiance.

– C'était il y a longtemps. Depuis qu'on s'est retrouvés, tu m'as raconté des trucs déments. Je me suis demandé si tu n'avais pas tout inventé et peut-être caché toi-même cet indice dans la cave de Seale House. Mais hier soir, ce type t'a attaquée. Et ce matin, ta voiture a réapparu dans mon allée. C'est la preuve que tu disais vrai.

– Alors, tu es de mon côté maintenant ?

Il m'observa longuement.

– J'ai toujours été de ton côté. Et savoir que Jack est peut-être vivant quelque part, c'est génial. S'il fait semblant d'être mort, c'est parce qu'il n'a pas le choix.

– C'est ce que je me tue à t'expliquer.

Sur le chemin de Watertown, on passa devant le bâtiment de la Urban Mission[1] avec son gigantesque mur peint. Des tourbillons multicolores et des visages abstraits flottaient sur un fond rose foncé, presque rouge. Je me souvenais de l'avoir vu lors de ma dernière visite.

Au lieu de se rendre directement à la bibliothèque, Noah décrivit un trajet sinueux, sans cesser de jeter des coups d'œil dans le rétroviseur. Finalement, après une dizaine de minutes de ce manège, on se gara sur le parking de la bibliothèque. Noah se retourna pour observer les quelques personnes qui entraient derrière nous. Visiblement satisfait, il marcha vers le bureau d'accueil, pendant que je me dirigeais vers les catalogues. Un beau gars portant des lunettes sans montures et un badge de la bibliothèque vint à ma rencontre. Il sourit et proposa de m'aider à trouver ce que je cherchais. Noah nous rejoignit et le chassa d'un regard mauvais.

1. Sorte d'Armée du Salut. *(N.d.T.)*

– Arrête de jouer les Dracula, dis-je.

– Alors, arrête de parler à des inconnus.

Je ravalai une réponse cinglante tandis qu'on montait dans l'ascenseur. Je sortis de ma poche la feuille de papier sur laquelle figuraient les références du livre que l'on cherchait et sentis renaître l'excitation. On dénicha la section consacrée aux ouvrages d'informatique et Noah vérifia les cotes. Il prit un épais volume sur un rayonnage. Sur la couverture, on pouvait lire : *Révisions, Contrôles et Références* de Greg Hall.

– Par ici.

Il m'entraîna jusqu'à une table inoccupée derrière un mur d'étagères qui nous offrait une certaine intimité.

On s'assit et il fit glisser le livre vers moi.

– Feuillette-le.

Je m'exécutai et découvris une carte de visite coincée entre deux pages, contre la reliure.

– Ça doit être ça.

Je refermai l'ouvrage avant de lire, avec Noah, ce qui était écrit sur la carte. Il y avait quatre groupes de lettres, en majuscules : UTREC ALERT LEGAL RYLA

– Ce qui veut dire ? demanda-t-il.

– Légal… La loi… Un avocat nommé Ryla ? Attends-moi ici, je vais chercher un annuaire téléphonique.

Il me suffit d'une minute pour en réclamer un à un bibliothécaire et regagner la table où Noah continuait à examiner la carte.

– Tu penses vraiment que c'est un avocat ?

– Non, bien sûr que non. Mais quand il s'agit de déchiffrer les codes de Jack, la première règle, c'est de partir du plus évident pour réduire les probabilités ensuite. Comme ça, rien ne peut nous échapper. Rends-toi utile, essaye de voir si ces lettres ne forment pas une anagramme.

Noah prit le stylo et la feuille que je lui tendais.

– Pourquoi il n'a pas laissé tout simplement un mot disant « Rendez-vous à la gare routière » ou un truc comme ça ?

– Jamais je ne me fierais à un message de ce genre, il ne serait pas de Jack.

Je foudroyai du regard l'annuaire inutile.

– Dans la liste des avocats, il y a juste un Rylund, dis-je. Aucun Ryla. Tu crois que ça pourrait être un prénom ?

– Ça m'étonnerait. Et c'est quoi, cette histoire de « TREC » ? Ça ne veut rien dire.

– Essayons à l'envers, alors. CERT. Ça pourrait être l'abréviation de « Certain » ou alors, c'est un acronyme, genre : Cette Énigme Rend Timbré.

Noah ricana pendant que je prenais un dictionnaire sur une étagère à proximité pour chercher ces deux mots : CERT et RYLA. En vain. Il me tapota l'épaule et, en me retournant, je le vis le nez littéralement collé à la carte. Il me la rendit.

– Jette un coup d'œil au liseré décoratif.

J'orientai la carte vers la lumière, l'approchai de mon visage, comme il l'avait fait, et plissai les yeux pour examiner la bordure gris pâle, à peine visible. En tenant la carte dans la bonne position, je distinguai un alignement de minuscules symboles :

♂+♂-♀:+♀-♂-♂+♂-♀:+♀-♂-♂+♂-♀:+♀-♂-♂+♂-♀

– Une équation homme femme, dit Noah.

Je posai la carte et pris le stylo et la feuille pour la recopier.

– Elle se répète. Jack s'est servi des deux points pour séparer les cinq symboles principaux, comme il l'avait fait avec les indices de la lanterne, tu te souviens ? Bon, alors, qu'est-ce qu'on obtient quand on ajoute une femme, qu'on soustrait deux hommes, qu'on en ajoute un et qu'on soustrait une femme ?

– Des couples à Hollywood ?

Je le regardai, étonnée, et éclatai de rire.

– Noah, tu as fait une plaisanterie !

– Ça m'arrive, parfois.

C'était si rare que j'avais envie de noter la date pour m'en souvenir. Néanmoins, décidant de ne rien faire qui pourrait nuire à nos relations délicates, je me contentai de sourire et me concentrai sur l'équation.

– Il existe un tas de possibilités, soupirai-je. Comment savoir ce que ça signifie ?

– Allons, Jocelyn, c'est toi qui as toujours été dans la tête de Jack. Tu devrais savoir ce qu'il a voulu dire. Est-ce qu'il parle de rapports humains ? Est-ce que nous faisons partie de cette équation, toi, moi et lui ? Dans ce cas, qui sont les deux autres personnes ? RYLA est-il un prénom de femme ?

– Non, je ne pense pas. Pour Jack, les indices concernent toujours d'autres indices. Il s'est sûrement servi de cette équation pour nous indiquer comment résoudre les énigmes de la lettre.

Noah étudia les symboles, et soudain, un large sourire éclaira son visage.

– Pense à l'excursion à Ottawa, dit-il. Pourquoi est-on allés là-bas ?

– À cause de notre prof de français, monsieur Montclaude.

– Exact. Et tu te souviens sur quoi il insistait toujours ? Les articles masculins et féminins, parce qu'en français, tous les noms communs ont un genre. On dit « le » ou « la ». Traduis ces symboles sur la feuille.

Je fis ce qu'il me demandait et me retrouvai avec + la, – le, – le, + le, – la. Noah me prit le stylo des mains et ajouta le premier « la » devant UTREC et colla les lettres.

– Lautrec.

– C'est quoi, ça ?

– C'est *qui*, plutôt. Toulouse-Lautrec, le peintre.

– Une chance que tu aies toujours aimé les cours de dessin à l'école.

Je n'avais jamais compris son intérêt pour les peintres.

– Maintenant, soustrayons « le » à « alert », ça donne…

– Art ! (Mon excitation grandissait.) Si on enlève « le » à « legal », on obtient « gal », auquel on ajoute « le » et on a « g-a-l-l-e »…

– Gallery, dit Noah. Moins le « la » à la fin de RYLA, avec les autres lettres, ça devient gallery.

– Lautrec Art Gallery.

– J'ai déjà vu ce nom. Je crois que c'est près de Paddock Arcade.

J'expirai lentement et adressai un sourire à Noah. Il me le rendit, visiblement très satisfait. C'était un moment particulier qui me rappela, encore une fois, cette journée extraordinaire, dans le sapin, quand on avait résolu la première énigme de Jason Décembre.

– Ce n'est pas trop loin, donc ?

– Non, dit-il. Au moins, Jack n'essaye pas de nous expédier à Ottawa.

Dans la Jeep, je sentis croître mon impatience.

– Tu as déjà mis les pieds dans cette Galerie d'art Lautrec ?

Noah secoua la tête.

– Et je ne sais absolument pas pourquoi il nous y envoie. Elle n'existait même pas quand on était gamins.

Le vent s'était levé ; il poussait des nuages gris cotonneux dans le ciel et agitait les feuilles des arbres. On dut passer deux fois dans Holcomb Street avant de trouver la petite galerie installée à l'intérieur d'une maison de brique ocre, avec un store vert foncé. Dans la vitrine, les tableaux étaient élégamment présentés sur des chevalets drapés d'étoffes. Noah se gara juste en face et on traversa la rue. Une clochette tinta quand on poussa la porte. Je lissai mes cheveux avec ma main.

En regardant autour de moi, je constatai que cet endroit possédait un petit côté Ancien Monde. Le parquet en bois foncé luisait ; il y avait des objets d'art et des antiquités dans tous les coins. Sur un présentoir à plusieurs tablettes trônaient des sculptures en cuivre. Sur les murs tapissés de soie moirée, les tableaux jouaient des coudes. Alors que l'on pénétrait plus profondément dans la galerie, une voix dit :

– Je vais voir qui c'est.

Un garçon franchit précipitamment un encadrement de porte voûté, en serrant dans sa main un bouquet de pinceaux. Il portait une chemise grise assortie à ses yeux ; ses cheveux cascadaient en boucles dorées. Il semblait très jeune, neuf ans environ, mais je savais qu'il en avait douze en réalité. Je me souvenais du bel enfant qu'il avait été, et aujourd'hui, malgré le passage délicat par l'âge ingrat, il était toujours très beau. Dixon s'arrêta net. Un sourire surpris s'épanouit sur son visage.

18
DIXON

La pluie glaciale de la dernière semaine du mois de mai ressemblait à une mauvaise blague. L'été approchait, les cours touchaient à leur fin ; on aurait dû pouvoir se promener en shorts et en tongs. Mais pas ici, dans le nord de l'État de New York où pénétrait le froid descendu du Canada. J'avais hâte d'échapper aux salles de classe étouffantes, au harcèlement des bêcheuses et aux professeurs qui distribuaient des devoirs rasoirs.

Allongée sur le lit du bas, je faisais mes exercices de maths. À l'autre bout de la chambre, assise sur son lit, Beth lisait un livre sans cesser de me jeter des coups d'œil. Régulièrement, sa main glissait sous son oreiller et caressait le couteau qui, je le savais, y était caché. Je m'occupais de mes fractions sans lui prêter attention.

Soudain, sentant une présence près de moi, je levai la tête et découvris Dixon qui me regardait fixement. Ses yeux étaient humides et il battait furieusement des paupières pour repousser les larmes. Hazel Frey détestait voir les enfants pleurer, dans le monde cruel des foyers d'accueil, c'était perçu comme un signe de faiblesse. Durant les quelques mois que Dixon avait passés à Seale House, il avait appris à masquer ses pleurs devant les autres, mais en voyant la compassion dans mes yeux, il avait du mal à retenir ses sanglots.

– Que se passe-t-il ?

Il me montra son doigt meurtri par de profondes traces de morsure, si larges qu'elles ne pouvaient pas être l'œuvre d'un des petits.

– Qui t'a mordu ?

– Le... le nouveau, bafouilla-t-il tout doucement.

– Celui qui s'assoit dans les coins ?

Dixon acquiesça.

Je me levai et me rendis dans la chambre des garçons au bout du couloir. Conner était recroquevillé dans le coin le plus éloigné, les genoux ramenés contre la poitrine, et il observait les autres. Assis sur le lit du haut, Jack et Noah prenaient des notes en lisant des manuels de programmation, pendant que Georgie et Spence construisaient une tour en Lego. Je m'approchai de Conner, qui m'ignora en grattant une croûte sur son genou. J'avais entendu l'assistante sociale dire à Hazel qu'il avait treize ans, ce que j'avais du mal à croire. La malnutrition et les mauvais traitements avaient entravé sa croissance : il avait la taille d'un garçon de dix ans.

– Si Dixon t'a embêté, dis-je d'un ton ferme en m'agenouillant devant lui, dis-lui de te laisser tranquille. Ici, on ne se fait pas de mal entre nous. Et surtout, on ne touche pas aux petits.

Bien qu'il refusât de croiser mon regard, j'étais décidée à ne pas bouger tant qu'il n'aurait pas réagi. Il avait l'air sale, alors que l'assistante sociale l'avait obligé à prendre un bain et à enfiler des vêtements propres avant de venir à Seale House. Ses yeux étaient cernés et ses joues creusées. De fines mèches de cheveux ternes tombaient sur son front et des bleus marbraient ses bras et ses mollets décharnés. Il avait quelque chose de pathétique, comme ça dans le coin de la chambre. Son visage était un masque impassible.

Je ne lui demandai pas « pourquoi as-tu mordu Dixon ? » car « pourquoi » était un mot qui ne devrait jamais être employé devant des enfants adoptifs. Il faisait ressurgir du passé un monceau d'immondices que la plupart d'entre eux ne voulaient pas partager et que leurs congénères ne voulaient pas entendre. Les ordres simples étaient préférables.

– Ne mords pas les autres, dis-je, d'un ton plus doux.

Je me relevai et commençai à m'éloigner quand Conner se déplia pour se jeter sur moi et planter ses dents dans mon bras, profondément. Je poussai un hurlement et reculai en titubant, l'entraînant avec moi. Je lui assénai un grand coup sur le côté de la tête ; il lâcha prise. La douleur irradia dans tout mon bras, mais j'eus à peine le temps de céder à l'incrédulité car il me percuta de plein fouet et m'expédia au tapis cette fois. Il tenta ensuite de me griffer et de me mordre au visage. Je parvins à le tenir en respect, mais j'avais beau être plus grande que lui, il possédait la force d'un dément.

Soudain, il fut tiré brutalement en arrière et Jack lui décocha un direct à la mâchoire. Mais cela ne démonta pas Conner, qui lâcha une rafale de coups de pied et de griffes, avec une telle sauvagerie que Jack et Noah durent s'y mettre à deux pour le maîtriser. Noah fut obligé de l'étrangler avec son bras, à la manière d'un catcheur, pour qu'il cesse enfin de se battre.

– Pas de ça ici, cracha Noah en resserrant l'étau de son bras. Compris ?

Conner nous regarda tous les trois avec ses yeux exorbités avant de hocher la tête d'un air maussade.

– C'est bon, lâche-le, dit Jack.

Conner courut se recroqueviller dans son coin. On s'approcha pour former un demi-cercle autour de lui.

Noah le toisa.

– Si tu ne te plais pas ici, fiche le camp.

Le ricanement du garçon me rappela les cris d'un singe hurleur que j'avais entendus un jour au zoo.

– Je vais changer de plans ! (Sa voix haut perchée était plus angoissante encore que les râles de Dark Vador.) Je voulais me barrer cette nuit, mais maintenant, je vais rester. Jusqu'à ce que je me sois vengé !

Il leva vers moi son regard vide. Je m'attendais à y voir de la haine ou de la peur, mais il n'y avait rien ; son visage ressemblait à un masque de plâtre qui cachait ce qui se trouvait dessous. C'était super flippant et je sentais l'angoisse s'emparer de moi.

– Et tu ferais bien de faire gaffe à ton petit toutou aussi, ajouta-t-il de sa voix de fillette en regardant derrière moi.

Je me retournai et découvris Dixon sur le seuil de la chambre, les yeux écarquillés par la peur. Je le rejoignis pour l'entraîner dans le couloir. Jack et Noah nous suivirent.

– Ne t'approche plus de lui, dis-je à Dixon.

Il hocha la tête furieusement.

J'examinai mon bras. Les dents de Conner avaient laissé des marques bleutées et arraché un peu de peau. Les autres regardaient eux aussi la morsure d'un air soucieux.

– Il est cinglé, commenta Jack.

– Ce sale petit Erv n'a rien à faire ici, dit Noah en appelant Conner par le surnom injurieux qu'on lui avait donné.

– Peut-être qu'on devrait en parler à Hazel.

– Elle ne nous écoutera pas. Il lui rapporte huit cents dollars par mois, lui aussi.

– Et vu ce qu'elle s'enfile comme coke dans le nez maintenant, elle a besoin de fric, ajoutai-je.

– Chut ! fit Noah en jetant un coup d'œil au bout du couloir pour s'assurer qu'il n'y avait personne, puis il regarda Dixon.

Celui-ci glissa sa main dans la mienne, pendant que Jack disait :

– Noah et moi, on va devoir garder un œil sur Corner Boy. On est plus costauds que lui et on est deux. Trois avec toi, Jocey.

Noah acquiesça ; son expression sévère montrait qu'il était prêt à assumer cette tâche. Dixon se colla contre moi et je passai mon bras autour de ses frêles épaules.

Ce soir-là, au dîner, Conner s'assit à l'extrémité du banc. Il fit glisser son assiette devant lui et commença à se fourrer la nourriture dans la bouche avec ses doigts. Furieuse, Hazel lui ordonna d'utiliser sa fourchette. Le garçon obéit à contrecœur, jusqu'à ce qu'elle tourne la tête. Tenant alors sa fourchette dans la main droite, il recommença à manger avec sa main gauche. À part ça, il semblait plutôt calme. Je me demandais si le fait d'avoir passé la nuit dans la cave, conformément à la tradition instituée par Hazel, suffirait à lui inculquer la discipline.

Après le repas et la vaisselle, alors que la lumière déclinait dans le crépuscule pluvieux, Dixon vint me voir pendant que je lisais, tout timide. Il me tendit une feuille de papier avec un dessin : une fille chevauchait une licorne et s'envolait vers les étoiles et la lune.

– C'est toi.

Chaque fois qu'il me montrait ses œuvres, j'étais toujours étonnée qu'un garçon si jeune puisse dessiner ainsi. Je lui souris.

– Très joli. C'est un de tes plus beaux dessins. Mais cette fille est trop jolie pour être moi.

– Non, c'est toi.

Il tenait également son vieux livre en lambeaux, alors je le pris sur mes genoux.

– Commence à lire, je t'aiderai pour les mots que tu ne connais pas.

J'appuyai mon menton contre ses cheveux doux et bouclés pendant qu'il ouvrait le livre à la première page et se mettait à réciter les mots appris par cœur :

– Le chien de guingan et le chat de calicot étaient assis côte à côte sur la table. Il était minuit et demi…

Je détachai les yeux de l'illustration décolorée au moment où Conner passait lentement devant la porte de la chambre.

Son regard déferla sur nous comme de l'huile qui glisse à la surface de l'eau.

– Noah ?

Dixon se rapprocha.

– Salut. Ça fait longtemps. Qu'est-ce que tu fais ici ?

Le garçon sourit.

– Je vis à l'étage, avec ma mère.

Il se tourna vers moi et son sourire s'évanouit. Il me regarda droit dans les yeux et prononça mon nom dans un murmure :

– Jocey ?

Je retins mon souffle pendant quelques secondes. Allait-il s'en prendre à moi, comme Georgie ? Finalement, je demandai :

– Tu m'as reconnue ?

Dixon se précipita pour nouer ses bras autour de ma taille. Émue, j'éclatai de rire.

Il me lâcha et recula d'un pas.

– Comme tu as grandi ! s'exclama-t-il. Mais tes yeux bleus n'ont pas changé, ils sont toujours comme je les dessinais. Ouah, Jocey, tu es devenue super jolie !

Je souris.

– Je te remercie. Toi aussi, tu as grandi, mais je t'aurais reconnu n'importe où.

Une femme franchit à son tour l'encadrement de porte voûté.

– Dixon ?

Je perçus son inquiétude dans ces deux syllabes.

On se retourna, Noah et moi, pour la regarder. Elle avait des yeux ronds comme des billes et un visage étroit, mais ses cheveux noirs très bien coupés et le mascara contrebalançaient ses traits ingrats.

– Maman. (Dixon posa ses pinceaux sur une table et fit signe à la femme d'approcher.) Je veux te présenter mes amis Jocey et Noah. On s'est connus à Seale House, avant que je vienne vivre avec toi.

La femme nous jeta un regard anxieux, mais Dixon ne parut pas s'en apercevoir.

– Où vas-tu à l'école ? demandai-je, histoire de détendre l'atmosphère.

– Ici. C'est maman qui me fait cours.

Je jetai un coup d'œil autour de moi, sur tous ces objets anciens qui encombraient la boutique, en songeant que c'était un endroit où d'autres enfants n'étaient certainement pas invités à venir jouer. À quoi ressemblait la vie de Dixon, seul avec cette femme déjà âgée, sans aller à l'école où il pourrait côtoyer des camarades ? Était-ce bon pour lui ?

Sa mère adoptive continuait à nous observer avec méfiance.

– Jocey était comme ma grande sœur, ajouta Dixon. Elle veillait sur moi.

La femme se détendit légèrement.

– Tu dessines toujours ? demandai-je.

Il acquiesça avec un mélange de fierté et de timidité.

– Maman me donne des leçons.

L'affection se lisait dans le regard de la femme.

– Il est très doué, dit-elle.

– Ça ne m'étonne pas. Je me souviens des licornes que tu dessinais. Tu savais mieux dessiner à sept ans que moi à douze. Je parie que tu adores prendre des leçons.

Il acquiesça de nouveau, sans se départir de son sourire. Mais derrière, j'entrevis cette souffrance qui l'avait toujours habité.

– Où est Jack ? demanda-t-il.

Noah et moi, on se regarda.

– Tu ne l'as pas vu ? m'étonnai-je. Il n'est pas venu ici avant nous ?

– Non. Pourquoi il serait venu ?

– Euh… Eh bien, figure-toi que… il y a quelque temps, il a disparu. C'est pour ça qu'on est ici. Il nous a laissé une série d'indices que l'on a suivis. On essaye de le retrouver et on pensait qu'il était venu te voir.

– Des indices ? Comme les jeux que vous faisiez à Seale House ?

– Oui, ça y ressemble beaucoup. Et l'un d'eux nous a conduits jusqu'à cette galerie. Quand je t'ai vu, j'en ai déduit qu'il t'avait rendu visite.

– Non, il n'est pas venu, et c'est dommage. J'aimerais bien le revoir.

Noah balaya du regard les murs chargés d'œuvres d'art.

– C'est une chouette galerie, dit-il. Je peux jeter un coup d'œil ?

– Bien sûr, répondit la femme, mais j'ai besoin de Dixon un moment.

Elle pivota et s'éloigna. Dixon lui emboîta le pas.

– Je reviens ! lança-t-il.

Je me tournai vers Noah.

– Pourquoi est-ce qu'on était censés venir ici, alors ? Juste pour voir que Dixon va bien ? Je m'en réjouis, d'ailleurs. Mais à quoi joue Jack ?

– Aucune idée. Si tu veux mon avis, la question se pose depuis le début. C'est son jeu. À ce stade, on ne peut pas faire grand-chose, à part suivre les règles. Voyons s'il a laissé un autre indice.

– Quel genre ? Je n'y connais rien en art, et encore moins en antiquités.

– Pas la peine. Cherche un truc qui n'est pas à sa place.

On se mit à examiner tous les objets devant lesquels on passait. Beaucoup de tableaux représentaient des natures mortes : coupes de fruits, fleurs, etc. Le reste, c'étaient des portraits et des paysages. Il y avait également des tables anciennes, des chaises aux pieds grêles et aux sièges en satin, des statuettes et d'autres bibelots pour lesquels je ne dépenserais pas un sou. Plus je déambulais dans ce capharnaüm, plus j'avais envie de coller une taloche à Jack.

Après plusieurs minutes, Noah me fit signe de le rejoindre.

– Viens voir ça.

Il se tenait devant une peinture à l'acrylique, accrochée dans un coin ; c'était un tableau abstrait, étroit, d'environ quarante centimètres sur quinze, que l'on remarquait à peine. Jamais je n'accrocherais chez moi ce mélange d'éclaboussures et de traits de pinceau aux tons ternes.

– C'est horrible ! Et l'artiste en réclame cent dollars ! J'aurais pu peindre la même chose les yeux bandés.

– Exact, répondit Noah d'un ton rieur. (Il montra les initiales dans le coin inférieur droit.) J. D.

– Jason Décembre !

Il décrocha le tableau. On regarda l'emplacement vide sur le mur, puis le dos de l'encadrement : un simple morceau de carton fixé avec du ruban adhésif. Noah l'emporta vers le comptoir, au moment où la mère de Dixon réapparaissait.

– Je peux vous demander d'où vient ce tableau ?

Elle parut gênée.

– En fait, c'est un peu particulier. Il est arrivé par la poste il y a quelques jours, accompagné d'un chèque de cent dollars. Et un mot me demandant de l'exposer dans la galerie pendant une semaine. S'il ne se vend pas, je pourrai l'enlever.

Je me demandai pour quelle raison Jack dilapidait ses économies de cette façon.

Noah dit :

– Je suppose qu'en temps normal, les artistes ne vous paient pas pour exposer leurs œuvres ?

– Non.

– Pourtant, ce serait très astucieux sur un plan commercial, commentai-je, curieuse de savoir combien d'objets elle vendait en un mois.

Pourtant, Dixon était plutôt bien habillé.

Je sortis ma carte Visa de mon portefeuille et la lui tendis.

– On le prend.

Je craignais d'avoir atteint le plafond de dépenses autorisées, mais la machine accepta mon achat.

Noah demanda :

– À tout hasard, auriez-vous conservé l'emballage dans lequel ce tableau est arrivé, pour qu'on regarde le cachet de la poste ?

– Désolée, je l'ai jeté.

La porte s'ouvrit et un client entra. C'était un bel homme d'une trentaine d'années au teint olivâtre. Il se dirigea vers l'autre extrémité de la galerie.

La mère de Dixon voulut envelopper le tableau dans du papier kraft, mais Noah l'arrêta.

– Pas la peine, on l'emporte comme ça.

– On peut dire au revoir à Dixon ? demandai-je.

Elle se retourna brièvement vers la porte voûtée.

– Désolée, je l'ai envoyé faire une course.

J'étais déçue, et elle dut s'en apercevoir. Alors, elle ajouta :

– Est-ce que vous comprenez ? Il lui a fallu presque deux ans pour se débarrasser de ses cauchemars. Il se réveillait toutes les nuits en hurlant. Je n'ai pas envie que ça recommence.

– Évidemment, dit Noah. On comprend.

Je confirmai en hochant la tête, mais j'étais triste pour Dixon.

Elle nous abandonna pour aller s'occuper de l'autre client. Il faisait partie de ces hommes qui cherchent à combiner décontraction et élégance. Il portait un pantalon souple et ample avec une chemise en coton sans col. Ses cheveux châtains, assez longs, balayés de reflets dorés, étaient coiffés en arrière pour dégager son visage aux traits puissants. Il me suivit des yeux. Je remarquai qu'il avait un gros pansement dans la paume.

On sortit de la galerie et je sentis tous mes muscles se raidir, tandis qu'une rafale de vent soulevait mon écharpe. Je me tournai vers Noah.

– Je suis sûre que c'est lui, le gars de la nuit dernière !

– Oui, certainement.

Il posa sa main dans le bas de mon dos pour m'entraîner de l'autre côté de la rue.

Il déverrouilla la Jeep et lança le tableau sur le siège arrière. Une voix cria nos noms. On se retourna : Dixon courait vers nous.

– Vous partez ?

– On est obligés, dit Noah, les yeux fixés sur la porte de la galerie.

– Oh.

Son évidente tristesse me ramena à l'époque où c'était un jeune enfant.

– Ça va aller ? lui demandai-je.

– Ma mère est un peu timide devant les gens qu'elle ne connaît pas, mais elle est vraiment gentille avec moi.

La femme brune apparut derrière la vitre ; elle nous observait d'un air angoissé. En temps normal, un comportement aussi possessif m'aurait inquiétée, mais là, c'était différent. Dixon avait tellement souffert du manque d'affection dans sa prime jeunesse qu'il était comme une sorte de trou noir émotionnel. Quelle que soit la quantité d'attention et de tendresse que l'on déversait sur lui, ça ne serait jamais suffisant. Alors, peut-être avait-il besoin de cet amour maternel dévorant.

– Je suis heureuse pour toi.

Noah s'installa au volant.

– Salut, Dixon. C'était chouette de te revoir.

Le garçon s'approcha de moi.

– Jocey, avant que tu t'en ailles, je veux te dire un truc. Je sais que tout le monde était furieux après toi ce soir-là, à cause de ce qui s'est passé. Mais pas moi. Tu as fait ça pour me sauver. Après avoir quitté Seale House, je me suis retrouvé dans une autre famille d'accueil. C'est là que j'ai rencontré ma nouvelle mère. C'était leur cousine et je lui ai plu tout de suite. Je suis venu vivre avec elle et maintenant, elle m'a adopté.

Je sentais dans sa voix une fierté nouvelle.

– C'est super, dis-je. Je me suis souvent demandé ce que tu étais devenu.

– C'est vrai ? Moi, je me suis inquiété le soir où tu es partie. Je me disais que je ne te reverrais jamais et que c'était ma faute.

Noah ouvrit la portière du passager, de l'intérieur, et m'appela. Je levai la tête. Le type aux cheveux longs était sorti de la galerie et se dirigeait vers sa voiture.

– Ce n'était pas ta faute, Dixon. Je t'interdis de penser ça. Promis ?

– Promis.

Je l'étreignis et ses bras tout fins se refermèrent autour de ma taille.

– Prends soin de toi, murmurai-je en me détachant de lui pour monter dans la Jeep.

Je claquai la portière. Noah démarra aussitôt, en trombe. Je gardai les yeux fixés sur Dixon jusqu'à ce qu'il disparaisse à l'intérieur de la galerie.

19
LE TABLEAU

Noah roulait dans les rues de Watertown comme s'il était sur un circuit de formule 1 et je m'étonnais qu'il n'ait pas encore provoqué un accident ou une intervention de la police.

Je gardai les yeux fixés sur la route.

– Tu as remarqué le pansement dans la paume de ce type ? demandai-je.

– Oui. Tu avais déjà vu ce bonhomme, avant la nuit dernière, je veux dire ?

Je secouai la tête.

– Pourquoi on s'est enfuis au lieu de l'affronter de face ? Il n'était pas armé.

– Détrompe-toi. Si Paul Gerard était armé, ça ne se verrait certainement pas.

– Tu le connais ?

– Oui. Et je sais qu'une confrontation directe ne servirait à rien. On n'a aucun moyen de l'obliger à nous dire pourquoi il t'a agressée, ni ce qu'il veut. Et ma ceinture noire ne pèsera pas lourd face à lui.

– Tu es ceinture noire ?

– Oui. Je t'ai parlé de Don Iverson, l'inspecteur de police. C'est lui qui m'a fait découvrir ça ; il ne voulait pas que je passe mon temps assis devant l'ordinateur. Jack ne t'a pas dit que je pratiquais les arts martiaux ?

– Si, mais j'ignorais que tu étais passionné à ce point. (Je ne pus m'empêcher de sourire.) Tu es devenu un ninja noir, finalement.

Je serrai les dents lorsqu'il grilla un feu rouge.

– Ralentis, Noah. Tu me fiches la frousse. Qui est ce Paul Gerard ?

– Il travaillait chez ISI.

– C'est un programmeur ?

– Non. Il s'occupe de la sécurité sous d'autres formes. Son boulot consistait à faire des recommandations aux personnes que la société venait d'embaucher. C'est comme ça que je l'ai rencontré. Mais évidemment, c'était avant qu'il démissionne.

– Il a démissionné, lui aussi ?

– Ça fait plus d'un mois qu'il est parti, à cause d'un problème entre ISI et lui. J'ignore lequel. Peut-être qu'il leur a fauché du fric. Si c'est le cas, ils ont fait en sorte que ça ne s'ébruite pas.

– Évidemment. Une société spécialisée dans la sécurité ne voudrait pas que ses clients sachent qu'elle est incapable de se protéger elle-même. Ça pourrait leur faire perdre un tas de contrats.

– Je me réjouis d'autant plus d'avoir fichu le camp.

– Mais que me veut-il, ce Paul Gerard ? C'est quoi, ce truc dont il me parlait ?

– Comment veux-tu que je le sache ?

Je portai la main à l'écharpe qui enveloppait mon cou.

– À ton avis, comment il m'a brûlée ?

– Aucune idée… mais quand je l'ai rencontré, il m'a parlé de trucs d'arts martiaux complètement déments. Je crois qu'il a même étudié dans un monastère au Népal. C'est ce qu'il raconte, en tout cas.

– Tu parles de ce qu'on voit dans des films ?

– Peut-être que tout est bidon. Mais pendant qu'il était ici pour me former, je l'ai invité à mon dojo pour une séance d'entraînement. Il est très fort. Même le propriétaire de la salle était impressionné.

– Super. Autrement dit, je n'ai pas la moindre chance contre lui.

– Je pense que Gerard essaye de nous intimider. Il a fait exprès de se montrer, pour que je sache qui t'a attaquée la nuit dernière.

Les yeux fixés sur la route, je sentais s'insinuer en moi ce vieux sentiment de désespoir, tandis que Noah sortait des limites de la ville pour prendre la direction du parc national de Wellesley Island situé au bord du Saint-Laurent, dans la région de Thousand Islands, un endroit luxuriant.

On pénétra dans le parc et on continua à rouler pendant plusieurs kilomètres. Finalement, après un dernier coup d'œil dans le rétroviseur, Noah ralentit et s'engagea sur une route plus étroite. Il la suivit au milieu des fourrés épais

EED	TH
CAU	
WAS	EDS
	STO
GW	OU
BE	E
HO	WE
	ER
RA	TY
AR	NIN
EW	EL
R	KH
SS	WHA
BRI	IX
FSH	HAZ
LIA	TIN
GRA	NOT
LE	OS
SO	OF
E	TS
AT	IS
TT	TW
OU	RES
TH	THA
HE	RY
NE	INK
TI	TA
*C	

jusqu'à une zone de pique-nique, puis il effectua un demi-tour pour faire face à la direction d'où l'on venait. À cause du ciel chargé et du froid, il n'y avait pas d'autres visiteurs. Il coupa le moteur.

Après avoir récupéré le tableau sur le siège arrière, il se servit de son canif pour découper le fond. Trois choses étaient scotchées au dos de la toile : un petit sachet en plastique contenant cinq pièces de puzzle, une étroite bande de papier rouge couverte de lettres et une clé.

On examina chaque élément. Le plus intéressant était la bande de papier. Elle mesurait un peu plus d'un centimètre de large ; les lettres majuscules étaient divisées en petits groupes.

– Il y en a d'autres derrière, fit remarquer Noah.

Je retournai la bande. En effet, je découvris des lettres différentes.

– On dirait des mots coupés.

Il se tassa derrière son volant.

– C'est reparti, grommela-t-il.

– Comment ça ?

– Combien de temps ça va durer, ce petit jeu ? Nous envoyer à la chasse aux indices comme si on était encore des gamins, passe encore. Mais si Gerard est impliqué, c'est une autre histoire.

J'étais surprise par sa réaction.

– Tu n'as jamais eu peur de personne, Noah. Pas même des grands qui nous poursuivaient avec des cigarettes allumées. Pourquoi as-tu peur de ce type ?

– Je n'ai pas peur pour moi. Ce n'est pas moi qu'il a essayé d'étrangler.

– Oh.

– Je pourrai certainement me défendre. Par contre, si Gerard veut te faire du mal, ce sera difficile d'essayer de te protéger. Tu ne comprends pas, Jocelyn ? Il cherche à mettre la main sur la chose que Jack veut nous faire découvrir avec son jeu de piste insensé. Ça veut dire qu'on est dans le pétrin si on la trouve et dans le pétrin si on ne la trouve pas. Dans un cas comme dans l'autre, Gerard finira par s'en prendre à nous.

– Qu'est-ce qu'on doit faire, alors ? Tout laisser tomber et filer le plus loin possible ?

– Non. Il faut trouver le gros lot. Qu'il s'agisse de Jack lui-même ou d'une chose qu'il t'a laissée. Sinon, on n'a rien pour nous aider à comprendre ce qui se passe.

Il me prit la bande de papier des mains et, la pinçant entre ses doigts, il l'examina des deux côtés.

– C'est une scytale, dit-il.

J'eus l'impression d'entendre la voix de Jack, provenant d'un lointain passé.

– Vous voyez ? C'est un système simple développé par les Spartes au Ve siècle. Il suffit de prendre une feuille de papier et de l'envelopper autour d'une baguette quelconque, comme ce crayon. Il faut que les deux bords se chevauchent. Ensuite, vous écrivez dessus pour laisser un message.

Noah et moi étions penchés au-dessus de lui pour le regarder faire. Il traça une ou deux lettres sur les deux bords de la feuille, en tournant lentement le crayon pour écrire plusieurs lignes :

« Monique est idiote, Tabby est demeurée, Geena pleure comme un bébé, Nessa suce son pouce. »

On rit pendant que Jack déroulait la bande de papier et la posait à plat sur la table de la cafétéria. Les lettres n'avaient plus aucun sens maintenant car elles n'étaient plus dans l'ordre.

– Le truc super cool, c'est qu'il faut absolument utiliser une baguette du même diamètre. Si tu écris le message autour d'un pinceau par exemple et qu'après, tu enroules le papier autour d'un crayon plus gros, les lettres ne s'alignent pas. Et donc, tu ne peux pas le lire. C'est comme ça que les Spartes se transmettaient leurs plans de bataille. Le messager parcourait des kilomètres en courant, avec la bande de papier. Il la remettait à un capitaine qui possédait une baguette identique à celle de l'auteur du message. Comme ça, si le messager était capturé ou tué, l'ennemi ne pouvait pas décoder ce qui était écrit.

Les branches des arbres se balançaient dans le vent, tels les bras de danseuses de hula hoop, tandis que des nuages épais passaient devant le soleil. Les oiseaux tournoyaient au-dessus de nos têtes. Comme ce serait agréable de revenir ici pour pique-niquer sous un soleil éclatant, sans méchants tapis dans la pénombre ! J'en venais à me demander si ma vie cesserait un jour d'être hantée par le passé ou menacée par l'avenir.

Noah sortit un stylo de la boîte à gants et enroula la bande de papier autour, mais aucun message n'apparut.

– Ça ne pouvait pas être aussi facile, hein ?

– Non.

– Mais il n'y avait pas de baguette de scytale cachée derrière le tableau. Et cette clé ? On dirait une clé de boîte postale. Sauf que le numéro qui était dessus a été gratté. Pourquoi ?

Je haussai les épaules.

– Sans doute parce que si Paul Gerard est à la recherche des indices laissés par Jack, celui-ci voulait qu'on soit les seuls à pouvoir les déchiffrer. Personne d'autre que nous ne doit lire le message.

Noah regardait danser les branches.

– Donc, il nous suffit de trouver la bonne baguette, dis-je.

– Oui.

Il redémarra et on quitta le parc, au milieu des arbres élancés, des fougères et des trèfles géants de la taille d'un poing de bébé.

– Où on va ?

– Chercher à manger. Il est une heure et j'ai faim.

Je ne comprenais pas comment Noah pouvait penser à manger, alors qu'on avait une énigme non résolue sur les bras, mais je ne fis aucun commentaire. On se retrouva bientôt sur la route principale qui conduisait à Watertown. Noah se gara derrière un restaurant et ouvrit la portière.

– Tu crois que c'est prudent de s'arrêter ici ?

– Le danger est partout, Jocey, mais pour l'instant, on a semé Gerard. Et puis, j'ai eu le temps de réfléchir. Il n'essaiera pas de te tuer avant d'avoir obtenu ce qu'il cherche.

– C'est rassurant.

Dans le restaurant, la serveuse nous installa dans un box et nous apporta les menus. Je regardai autour de moi.

– Je crois que je me souviens de cet endroit. On n'est pas venus ici le jour où on a séché l'école et où on est allés au ciné ?

– J'avais presque oublié. C'était la première fois que je mangeais dans ce restau. Ils font les meilleurs sandwichs au rosbif.

La serveuse revint et Noah me demanda la permission de commander pour nous deux. Je le laissai faire. Quand elle fut repartie, il demanda :

– Pourquoi on avait séché l'école ce jour-là ?

– C'était en septembre, les cours venaient de reprendre. Ça me déprimait. Pour commencer, il y avait ce sale groupe de filles qui paradaient avec leurs T-shirts à paillettes et leurs petits nichons tout nouveaux.

J'ôtai le papier qui emballait ma paille et jouai avec. Noah m'observait avec intérêt.

– Elles étaient vaches avec toi.

– Avec nous tous, en réalité. Je me demande ce qui n'allait pas dans leur tête. On n'était que de pauvres gamins sans parents. Elles, elles venaient de familles convenables et elles avaient tout ce qu'elles voulaient. Moi, tout ce que je demandais, c'était qu'on me laisse tranquille avec Jack et toi.

– Oui, je sais.

– Le jour où on a séché l'école, tu te souviens comme il faisait chaud ? Tout le monde se plaignait. On cherchait un peu d'ombre à l'heure du déjeuner. Ces filles avaient des petits ventilateurs électriques et elles se rafraîchissaient avec leurs brumisateurs. Évidemment, j'étais tellement accaparée par les dialogues de *La Guerre des étoiles* avec Jack et toi que je ne les ai pas vues arriver.

– Les dialogues de *La Guerre des étoiles* ?

– Tu ne te souviens pas ? Jack et moi, on testait ton incroyable mémoire. Toute la journée, si quelqu'un t'adressait la parole, tu devais répondre uniquement par une phrase de la trilogie originale. Jack avait parié que tu n'y arriverais pas. L'enjeu, c'était une semaine de corvée de vaisselle. Tu t'en sortais bien. Mais je crois que tu as eu des ennuis avec M. Farlen pour avoir dit : « Quelqu'un va-t-il ôter ce tapis sur pattes de mon chemin ? »

Je ris à l'évocation de ce souvenir.

– Il ne se serait pas senti aussi insulté s'il n'avait pas porté un postiche.

Noah sourit et son regard prit un air absent.

– Exact.

– À la pause déjeuner, quand on était dehors, tu as répondu à toutes les questions par une citation de *La Guerre des étoiles*. D'autres élèves s'en sont mêlés. Ils te lançaient des phrases idiotes et toi, tu leur sortais des réponses super cool. Monique et ses copines ne supportaient pas de ne plus être au centre de l'attention. Elles sont venues nous traiter de *freaks*. Et elles sont parties se recoiffer.

– Jack était furieux. Il les a rattrapées pour leur passer un savon.

Maintenant que l'on évoquait cette journée, de nouvelles images me venaient à l'esprit.

– On était tous furax. Même Beth, qui était de notre côté. Tu te souviens comment leurs franges ont pris feu ?

– Oh, oui. Elles s'étaient aspergées de laque, alors que le soleil brûlant leur tapait sur la tête. Soudain, leurs cheveux se sont enflammés, carrément. C'était hilarant. Elles se tapaient sur le crâne en hurlant. Quelqu'un a versé une brique de lait sur la tête de Nessa pour l'éteindre.

– Sur ce, la cantinière est arrivée et elle nous a enguirlandés parce qu'on riait.

On avait profité de cette agitation pour se faufiler à travers la grille et prendre la clé des champs. Une réunion des élèves était prévue après le déjeuner, personne ne remarquerait notre absence. En sortant du cinéma, on avait mangé dans ce restaurant.

Noah se renversa contre le dossier de la banquette, bras croisés, avec un grand sourire.

– C'était une super journée.

– Oui. En tout cas, avant de venir à Watertown, je n'avais jamais vu des cheveux s'enflammer de cette façon. Ni des rideaux éteindre les incendies. Ni des murs se déformer comme dans un cauchemar, alors que j'étais parfaitement réveillée. Parfois, des objets se volatilisaient et les enfants enrageaient. Beth était folle de rage quand son couteau à cran d'arrêt disparaissait de sous son matelas. Il réapparaissait dans sa commode ou ailleurs. Je l'ai même trouvé sous mon oreiller, et la même chose est arrivée à Jack et à Dixon.

Je regardai par la vitre du restaurant, mais au lieu de voir la route dehors, je contemplais un souvenir lointain.

– Le pire, c'est la fois où j'ai rêvé que j'étais dans la cave et que je me faisais attaquer. Le lendemain matin, je me suis retrouvée avec des bleus. Jusqu'à ce que j'arrive à Seale House, ce genre de choses n'existait qu'à la télé.

Je me retournai vers Noah ; il y avait une sorte de résignation dans son regard.

– Ça m'ennuie de l'admettre, dit-il, mais tu as raison. Il se passait quelque chose de bizarre. Au début, j'ai essayé de ne pas y faire attention, mais ça semblait empirer avec le temps.

– Tu as une théorie ?

– Peut-être, mais elle est complètement démente.

Je me penchai en avant, intriguée.

– Je t'écoute.

– À plusieurs reprises, je me suis demandé si quelqu'un dans cette maison possédait un don.

– Quel genre ?

– Des sortes de pouvoirs mentaux.

– Je ne vois pas le rapport, dis-je. À en juger par tout ce que j'ai vu, j'ai plutôt l'impression que le problème venait de Seale House elle-même. On aurait dit que plus Hazel se montrait autoritaire et cruelle, plus Conner était dangereux, et la maison réagissait de la même façon.

Il but une gorgée de soda et regarda les glaçons dans son verre.

– Je crois qu'on ne saura jamais vraiment. Et cinq ans, c'est long. S'il s'est passé là-bas des choses qu'on ne peut pas expliquer, ça ne vaut peut-être pas la peine d'essayer de comprendre. Surtout maintenant que Seale House a été à moitié détruite. Personnellement, je suis content d'être sorti de ce système des familles d'accueil. On devrait oublier tout ça.

– C'est ce que j'ai essayé de faire depuis que je suis partie. Jusqu'à ce que Jack me replonge en plein dedans.

La serveuse revint avec notre commande, interrompant notre conversation, ce qui sembla arranger Noah. L'odeur des sandwichs au rosbif et des frites me mit en appétit.

On mangea en silence jusqu'à ce que je repousse mon assiette. J'ouvris l'enveloppe de papier kraft et fis glisser sur la table les cinq pièces du puzzle. Il y avait deux bords que j'assemblai aussitôt.

– Ça ressemble à un trottoir.

– C'est tout ce que tu manges ?

– J'ai le ventre plein. Tu peux prendre mes frites, si tu as encore faim.

Je me concentrai sur le puzzle pour essayer d'assembler les pièces restantes. En vain.

– Quand on était gamins, dit Noah, tu mangeais plus que Jack et moi réunis.

– J'étais aussi plus grande que toi. Depuis, tu m'as rattrapée, et même dépassée, au cas où tu n'aurais pas remarqué. D'ailleurs, c'est chouette de ne plus te regarder d'en haut. J'en avais assez de voir les pellicules sur ton crâne.

Je fis glisser les pièces du puzzle dans le sachet hermétique et reportai mon attention sur la bande de papier rouge dont on était sûrs qu'il s'agissait d'une scytale. Je sortis la paille de mon verre et l'essuyai. J'enveloppai la bande de papier autour et constatai aussitôt que ce n'était pas la bonne taille non plus.

– C'est stupide ! Pourquoi nous donner un scytale sans baguette ?

Le téléphone de Noah vibra. Il répondit.

– Salut, Don. Quoi de neuf ?

Je supposai qu'il s'agissait de son ami inspecteur, Don Iverson.

– Hein ? (Noah plissa le front, son visage s'assombrit.) OK, j'arrive tout de suite.

Il se leva, prit quelques billets dans son portefeuille et les déposa sur la table.

– Allons-y.

Je quittai le restaurant dans son sillage, obligée de presser le pas pour le suivre.

– Que se passe-t-il, Noah ?

– Il y a le feu chez moi.

20
LE BRASIER

Noah roulait vite. On parla peu durant le trajet, et je ne pouvais pas lui en vouloir. Je gardais les yeux fixés sur la route qui serpentait entre les arbres.

En arrivant dans sa rue, on découvrit plusieurs véhicules d'intervention, un camion de pompiers et deux voitures de police. Certains voisins de Noah s'étaient regroupés sur le trottoir d'en face, ils discutaient et hochaient la tête avec gravité en regardant la scène. D'épaisses volutes noires s'élevaient dans le ciel, emportées par le vent qui éparpillait les cendres dans l'atmosphère brumeuse de l'après-midi.

C'était bien pire que ce que l'on avait pu imaginer. Si les murs tenaient toujours debout, ils étaient salement carbonisés. Les vitres avaient explosé et la majeure partie du toit était noircie ou carrément écroulée. Par comparaison, l'incendie de Seale House ressemblait à un simple barbecue. Je posai un regard inquiet sur Noah ; il paraissait abasourdi.

– Noah... Je suis désolée.

En contournant le camion de pompiers, on constata que le garage était moins endommagé que le reste de la maison. Les dégâts les plus importants semblaient se trouver à l'arrière ; la partie inoccupée était sérieusement calcinée elle aussi.

Un véhicule d'intervention bloquait l'entrée du garage dont la porte était à moitié levée. Sans un mot, Noah se gara derrière une voiture de police. On descendit et remonta l'allée. L'odeur âcre de la fumée me piqua le nez, et je compris que le nuage noir ne provenait pas des flammes, mais du bois gorgé d'eau.

Ses livres, sa collection de DVD, son ordinateur et tout le reste n'étaient certainement plus qu'un tas de débris sans valeur. Et les objets qui n'avaient pas brûlé devaient être déformés par la chaleur intense ou trempés. Avant cet instant, je n'avais pas réfléchi à ce que représentait ce petit duplex pour Noah. Personne, à part les enfants abandonnés, ballottés d'un endroit à l'autre, ne pouvait comprendre l'importance d'avoir une maison et des affaires à soi, de manière permanente. J'avais le cœur serré face à cette ruine fumante ; et à voir l'expression de Noah, c'était comme s'il avait reçu un coup à l'estomac.

– Noah ! s'écria une voix masculine.

En se retournant, on vit un homme marcher vers nous.

– Salut, Don, répondit Noah d'un ton abattu.

Il salua son ami d'un bref hochement de tête.

Je m'étonnai tout d'abord que quelqu'un d'aussi jeune puisse être inspecteur de police, mais quand il approcha, je découvris mon erreur. Don avait certainement dix ou quinze ans de plus qu'il y paraissait ; il faisait partie de ces hommes qui restent sveltes et conservent des traits juvéniles. Sans ses tempes grisonnantes, je lui aurais donné la trentaine.

– Il faut qu'on parle, Noah, déclara l'inspecteur Iverson d'une voix sèche. (Il me regarda, juste le temps de me jauger.) Qui est cette jeune personne ?

Je me présentai rapidement, en donnant le nom de ma famille adoptive.

– Jocelyn Haberton, j'habite à Troy, dans l'État de New York.

Noah sembla ne pas remarquer ce choix.

– Jocey, dit-il, voici l'inspecteur Iverson.

Il continuait à contempler sa maison dévastée.

– Si tu veux bien nous excuser, me dit Iverson, j'aimerais parler à Noah en privé.

– C'est bon, Don. Elle loge chez moi et on est de vieux amis. Elle peut écouter tout ce que vous avez à dire.

L'inspecteur réfléchit un instant, en m'observant. J'eus l'impression qu'il n'appréciait pas le fait qu'une fille loge chez Noah.

– Hier, quand tu es venu porter plainte au poste de police, tu as dit que tu ignorais pourquoi ces ados avaient balancé des pierres sur ton pare-brise. C'est vrai ?

– Bien sûr. Dites-moi, Don, pourquoi êtes-vous ici si c'est un banal incendie ?

– Des voisins ont entendu une forte explosion. C'est l'arrière de la maison qui a subi les plus gros dégâts.

– Une bombe ?

– On dirait bien.

On se regarda, Noah et moi, hébétés. Paul Gerard m'avait agressée la nuit dernière et aujourd'hui, il s'était rendu à la galerie d'art. Ça ne pouvait pas être une coïncidence. C'était forcément lui qui avait posé la bombe. Je voyais se dessiner la même conclusion dans les yeux de Noah.

L'inspecteur nous scrutait.

– Qu'y a-t-il ?

Noah détourna la tête.

– Une bombe… Pourquoi ?

– À toi de me le dire. Qui peut avoir une raison ?

– Aucune idée, Don. J'ai tout perdu, hein ?

– Je crois. Au moins, tu n'étais pas à l'intérieur ; tu aurais pu être blessé ou tué. Et heureusement que l'autre partie de la maison était inoccupée.

Noah s'efforçait de masquer l'horrible sentiment de perte qu'il éprouvait.

– Je suis vraiment désolée, répétai-je, comme si ces paroles pathétiques pouvaient atténuer sa douleur.

– Qu'est-ce qui se passe ? interrogea Noah, les yeux fixés sur le véhicule d'intervention stationné dans l'allée.

Iverson tourna la tête vers le garage.

– Toi et moi, on se connaît depuis presque cinq ans maintenant. Je suis ton parcours depuis les premiers incidents à Seale House. Tu le sais. Je t'ai aidé à ne pas retourner dans un foyer d'accueil, comme tu le souhaitais. Je t'ai même invité chez moi, tu as dîné avec ma famille.

Une ombre traversa le visage de Noah.

– Oui.

– Et j'étais content que tu puisses renverser la situation et t'offrir une meilleure vie. D'autant plus que tout était contre toi. Mais si je ne savais pas quel genre de garçon tu es, nous n'aurions même pas cette conversation en ce moment.

– Je ne comprends pas.

Pour la première fois, Noah en oublia sa maison pour se concentrer sur la réaction de son ami.

– Je vais avoir des ennuis parce que ma maison a brûlé ?

– Viens avec moi.

On le suivit dans l'allée, en passant devant ma voiture dont le capot avait été endommagé. La chaleur de l'incendie avait fait cloquer la peinture marron et fendu le pare-brise. Ma pauvre petite Civic ! J'avais travaillé dur pour me la payer et j'en prenais soin. Maintenant, elle ressemblait à une épave. Qu'allaient dire Brent et Marilyn qui avaient eu la gentillesse de me mettre sur leur assurance ? Allaient-ils écoper d'un malus, même si je n'étais pas responsable des dégâts ? Je redoutais de plus en plus le retour à Troy.

Après avoir contourné l'imposant véhicule garé dans l'allée, on se baissa pour passer sous la porte du garage à demi ouverte. Plusieurs policiers s'affairaient dans un coin. En approchant, Noah et moi, on découvrit l'objet de leur attention et je ne pus retenir un petit cri. J'en oubliai tous mes problèmes de voiture.

Un des experts de la police scientifique photographiait un corps carbonisé, mais reconnaissable. C'était Georgie.

21
INTERROGATOIRE

Les minutes s'écoulaient lentement. J'étais assise sur un banc inconfortable dans les locaux de la police, pendant que Noah se faisait interroger dans une autre pièce. L'inspecteur Iverson m'avait réclamé mes papiers et, heureusement, j'avais encore ma carte de lycéenne, avec ma photo, dans mon portefeuille. J'avais réussi à utiliser le nom de ma famille adoptive, Haberton, dans notre petite ville de Troy, et les policiers eurent beau interroger l'ordinateur, ils ne trouvèrent rien. En revanche, s'ils découvraient mon véritable nom, Jocelyn Harte, ils risquaient de tomber sur mon dossier complet au sein de l'administration chargée du placement des enfants abandonnés. Je m'étais fourrée dans un sale pétrin lors de ma dernière nuit à Seale House. Avec Jack, on avait quitté Watertown le lendemain, mais après cinq ans, étais-je toujours considérée comme une fugueuse ?

La vision du corps de Georgie avait été un moment horrible, qui m'avait obligée à revivre la scène de la ruelle. Au moins, me disais-je, Noah me croirait maintenant, mais c'était une piètre consolation. En attendant, l'inspecteur Iverson le cuisinait. S'il commettait une gaffe et avouait que j'avais été témoin du meurtre ? Comment pourrais-je expliquer tout ce qui s'était passé ? Une terreur froide m'envahit. Je me frottai les bras et grimaçai en touchant l'endroit de la morsure encore sensible.

Enfin, la porte s'ouvrit et Noah apparut, accompagné de Don Iverson. L'un et l'autre restèrent muets. Je les suivis dans le hall principal, où l'inspecteur me regarda brièvement, avant de s'attarder sur Noah. Moi aussi, je l'observai. À cet instant, il me paraissait si jeune : un garçon qui se comportait en adulte, mais demeurait, en réalité, un gamin qui en avait bavé.

– C'est loin d'être terminé, Noah, déclara Don. Tu ne dois pas quitter la ville, compris ?

– Oui.

Il essayait de se donner une apparence sereine, mais c'était un numéro et cela se voyait. J'eus encore plus de peine pour lui.

– Si jamais il se passe autre chose, appelle-moi.

C'était un ordre.

– Entendu.

– Attendez ici. Je vais demander à un agent de vous ramener jusqu'à ta maison.

– Merci.

Après nous avoir jeté un dernier regard, Iverson s'en alla. Je poussai un soupir de soulagement.

– Alors ?

Noah me regarda et dit à voix basse :

– Il m'a interrogé, voilà tout.

– Qu'as-tu dit ?

– À ton avis, Jocelyn ? J'ai menti pour te couvrir. S'ils savaient que tu étais avec Georgie quand il est mort, ils prélèveraient tes empreintes, qui sont certainement toujours dans l'ordinateur des services d'adoption. Et là, tu serais foutue, pas vrai ?

Je ne répondis pas, j'étais anesthésiée. Un policier vint nous chercher. On prit place à l'arrière d'une voiture de patrouille. On effectua le trajet sans dire un mot, observant les ombres étirées de l'après-midi qui annonçaient le crépuscule. Le mutisme de Noah me donnait l'impression d'être rejetée, et plus on approchait de chez lui, plus je redoutais de revoir la maison dévastée par l'incendie. J'aurais voulu dire quelque chose pour lui remonter le moral, mais le policier nous écoutait et ce n'était pas facile. Alors, j'avançai timidement la main et la glissai dans la sienne. Il ne me regarda pas, toutefois, après quelques secondes, ses doigts se refermèrent autour des miens.

Le policier repartit aussitôt après nous avoir déposés. On resta plantés devant la maison. La rue était déserte, à l'exception d'un camion-benne, un peu plus loin, qui ramassait bruyamment les poubelles. On entra par la porte du garage et je tournai la tête pour ne pas voir le coin où se trouvait plus tôt le corps de Georgie. Noah ouvrit la porte de communication avec la maison ; aussitôt, l'odeur de brûlé nous assaillit. Je commençai à débiter des paroles de compassion, mais il m'interrompit.

– Ne bouge pas.

Je ne protestai pas, je restai dans le garage, vidée, assoiffée et déprimée. Il ne resta pas longtemps à l'intérieur. Quand il réapparut, je le suivis au-dehors, jusqu'à l'endroit où il avait laissé sa Jeep, quelques heures plus tôt.

– Il ne reste plus rien ?

– Rien qui mérite d'être récupéré.

Arrêtée sur le trottoir, je le regardai s'agenouiller pour regarder sous la voiture. Ensuite, il plongea la tête à l'intérieur et émergea en brandissant un petit émetteur noir caché sous le tableau de bord.

– C'est Gerard qui a planqué ce truc pour pouvoir nous suivre ? demandai-je.

– Qui d'autre ?

Il se dirigea vers la poubelle d'un voisin et balança le boîtier dans un carton plein d'ordures. On regarda le camion-benne avancer lentement vers nous, puis s'arrêter pour prendre la poubelle. Tandis que le camion s'éloignait, Noah s'installa au volant de la Jeep et mit le contact. Mais je demeurai sur le trottoir, en le regardant par la vitre du passager. Il appuya sur un bouton pour l'abaisser.

– Alors, tu montes ou pas ?

– Tu veux que je vienne ?

– Non. J'ai envie de partir seul et de donner à Gerard une occasion de se débarrasser de moi pour de bon.

– Oh.

J'ouvris la portière et grimpai à bord. Il démarra aussitôt, sans regarder derrière lui. Je repris l'enveloppe de papier kraft que j'avais cachée entre le siège et le levier de vitesse.

– J'ai eu peur qu'ils t'arrêtent, avouai-je.

– Don continue à me faire confiance. Il a dit que si j'avais tué ce gamin, jamais je n'aurais laissé le corps dans mon garage. Et encore moins mis le feu à ma maison. Ce qu'il veut savoir, et que je ne lui ai pas dit, c'est qui a essayé de me faire porter le chapeau.

– Tu aurais peut-être dû. Il faut que quelqu'un arrête Gerard.

Noah secoua la tête.

– Il sera toujours temps une fois qu'on aura la chose que Jack veut qu'on récupère. Si la police s'en mêle, j'ai peur que tout tombe à l'eau. Et on ne saura jamais ce qui se passe.

On pénétra bientôt dans Watertown en passant devant des immeubles familiers. Le soleil couchant peignait les nuages en ocre flamboyant.

– Où on va ? interrogeai-je.

– On retourne à Seale House. Il faut dénicher la baguette qui correspond à la scytale.

– Je ne veux pas remettre les pieds là-bas, Noah.

– On n'a pas le choix. Il y a forcément un objet cylindrique qui permet d'enrouler correctement la bande de papier. Et il ne peut être caché que dans un seul endroit : Seale House.

Après cet échange, on roula en silence, tandis que le ciel écarlate se ternissait, à l'image de notre humeur. Ouvrant l'enveloppe, je sortis la bande de papier rouge. J'examinai les lettres sibyllines des deux côtés. Jack avait toujours prévu les moindres détails et fourni tous les éléments dont on avait besoin pour résoudre ses énigmes. Ceci ne lui ressemblait pas.

On bifurqua dans Keyes Avenue. Noah s'arrêta devant Seale House et coupa le contact. Il montra la bande de papier.

– Prenons-la avec nous pour l'essayer sur tout ce qu'on trouve.

J'observai la maison qui se découpait en ombre chinoise sur le fond du ciel délavé. Ses colonnes et sa façade de brique captaient les couleurs du coucher de soleil et enveloppaient d'ombres la véranda.

– Quelque chose cloche, dis-je. Jack n'aurait pas organisé les choses de cette façon, ce n'est pas logique.

Noah soupira.

– Essaye de maîtriser tes nerfs, d'accord ?

Une minuscule idée prit naissance dans les profondeurs de mon esprit. Je détachai ma ceinture de sécurité et m'agenouillai sur mon siège pour plonger la main à l'arrière de la Jeep.

– Qu'est-ce que tu fabriques ?

– Je crois savoir ce que Jack veut qu'on utilise pour la scytale.

Je pris le coffret métallique sur le plancher. Je me retournai vers le pare-brise, me laissai choir lourdement et soulevai le couvercle. Je sortis une des baguettes noires et regardai Noah avec un sourire triomphant.

– Ne me dis pas qu'on avait la solution depuis le début ?

– Bien sûr que si ! Jack n'aurait jamais procédé autrement.

J'enroulai la bande de papier autour de la baguette, en faisant se chevaucher les deux bords afin d'aligner les lettres. Et je la fis tourner lentement pour lire les mots qui apparaissaient en diagonale :

CHEATGRASS RAGWEED NETTLE BRIAR
BE CAUTIOUS OF SHE WHO WAS THE LIAR[2]

Je déroulai la bande de papier, la retournai et renouvelai l'opération pour découvrir l'autre moitié du message :

TARES OF HAZEL WEEDS THAT STINK
HER STORY IS NOT WHAT YOU THINK[3]

On se regarda. C'était la plus grande surprise de ma vie.

– Jack veut qu'on aille voir Hazel ?

– Impossible. C'est quoi, ces chiffres en bas ?

Je continuai à faire tourner la scytale : DEUX SIX NEUF.

– On en aura certainement besoin pour trouver Hazel, dis-je, comme on a eu besoin du nom de la Galerie Lautrec pour trouver Dixon.

– Il y a une grosse différence entre retrouver Dixon et partir à la recherche de Hazel. Jack a perdu son sens de l'humour.

– J'ai du mal à concevoir qu'il nous pousse à la revoir, mais il a certainement une bonne raison.

– Oui, genre il a pété les plombs.

2. BROME AMBROISIE ÉPINE ORTIE
ATTENTION À CETTE FEMME ET À SES TROMPERIES

3. IVRAIES DE NOISETIER (*Hazel* en anglais, *N.d.T.*) HERBES QUI PUENT
SON HISTOIRE N'EST PAS CE QUE TU AS CRU

– Ne dis pas ça !

– C'est de la démence, Jocelyn ! Ce n'est plus drôle, ça ne l'a jamais été d'ailleurs, et je suis crevé. J'ai tout perdu !

Il étouffa un juron et je perçus la souffrance dans sa voix.

– Jack n'avait pas prévu ça. J'en suis sûre ! Tu es son meilleur ami, Noah.

– Ah bon ? Un véritable ami ne t'entraîne pas sur le chemin des souvenirs quand ton passé a été un enfer. Quand je me retrouverai devant lui, j'hésiterai entre lui balancer mon poing dans la figure et le serrer dans mes bras.

J'étais démoralisée. Le soleil avait disparu à l'horizon, le crépuscule s'assombrissait autour de nous. Seale House paraissait encore plus menaçante.

– Au moins, dis-je, on n'est plus obligés d'entrer.

Noah détourna la tête et posa ses poignets sur le volant. J'observai son profil, séduite comme je ne l'avais jamais été par aucun garçon, même quand il était en colère. Il n'était pas aussi beau que certains petits amis que j'avais eus, mais quelque chose dans ses traits et la forme de sa bouche m'attirait comme un aimant.

Je m'obligeai à arrêter de baver devant lui, de peur qu'il découvre ce que je ressentais.

– Alors, que veux-tu faire maintenant ? demandai-je.

Noah n'eut pas l'occasion de répondre. Un coup de feu retentit et le pare-brise arrière se lézarda.

Je baissai la tête en hurlant, tandis que Noah mettait le contact, en faisant gémir le démarreur. Le moteur vrombit. Il enfonça l'accélérateur. La Jeep bondit.

22
LES OMBRES

Au cours des trente minutes qui suivirent le coup de feu, je découvris des coins de Watertown que je n'avais jamais vus. Noah, en revanche, semblait connaître toutes les rues et ruelles. On suivait un itinéraire sinueux, roulant parfois à tombeau ouvert, parfois au ralenti, allant même jusqu'à s'arrêter momentanément derrière une camionnette de livraison pour voir si quelqu'un nous suivait. Pendant ce temps, le ciel s'assombrit et d'épais nuages vinrent masquer la face de la lune.

– C'est certainement Paul Gerard que j'ai vu tuer Georgie, dis-je.

– Je suis d'accord.

– Mais pourquoi m'a-t-il sauvée d'un coup de couteau, alors que visiblement, il est très remonté contre moi ?

– Hmm. Peut-être parce que si tu meurs, il perd sa dernière chance de retrouver ton frère.

– Oh.

– À mon avis, il a fourré le corps de Georgie dans le coffre de sa voiture et l'a déposé ensuite dans mon garage. Avant de faire sauter la bombe.

– Oui, je suis sûre que tu as raison. Ce que je ne comprends pas, c'est comment il nous a retrouvés puisque tu as balancé le traqueur dans une poubelle.

– J'ai été imprudent. Je suis retourné dans notre ancien quartier et j'étais focalisé sur la scytale.

– Je n'aurais jamais dû venir réclamer ton aide, je suis désolée.

– Arrête de t'excuser, OK ? D'ailleurs, on ne peut pas être certains à cent pour cent que c'est Gerard qui nous a tiré dessus. Seale House est le lieu de rendez-vous des amis de Georgie, et je me dis que ça pourrait être un membre de la bande. Tu as remarqué si l'un de ces gamins possédait une arme ?

– Tout ce que j'ai vu, c'est un couteau à cran d'arrêt, une chaîne et des lance-pierres. On peut penser que s'ils avaient des armes à feu, ils les auraient sorties plus tôt. Mais évidemment, ils ont pu s'en procurer une entre-temps. D'une certaine façon, ce serait un soulagement de penser que ça vient d'eux. Gerard ne paraîtrait pas tout-puissant.

– Il n'est pas tout-puissant.

Noah voulait me rassurer, mais son ton manquait de conviction.

Gerard avait réussi à s'introduire dans la maison fermée de Noah et il m'avait regardée dormir. Je sentais encore l'étau de ses mains autour de ma gorge et l'extrême chaleur de sa peau qui avait laissé cette brûlure dans mon cou. Un frisson me parcourut. Je récupérai ma veste sur le siège arrière et l'enfilai.

– Noah, il faut que j'aille aux toilettes et que je me désaltère.

– Moi aussi. De toute façon, c'est l'heure de dîner.

On s'arrêta dans un fast-food et on commanda sans descendre de voiture.

– C'est dangereux de s'installer à l'intérieur ? demandai-je.

– Il y a trop de lumières et on est comme dans un aquarium. Ne t'inquiète pas, je connais un endroit où on peut se poser.

Il me tendit une boisson.

Dix minutes plus tard, on arriva dans un très vieux quartier, bordé d'arbres immenses. Noah se gara devant une petite maison ; sur la pelouse était plantée une pancarte « À vendre ». Il descendit de voiture, se dirigea vers un boîtier et pianota un code qui commanda l'ouverture de la porte du garage. On entra et s'arrêta à côté d'une vieille Toyota. Noah coupa le moteur et prit une lampe torche qui se trouvait sous le siège.

– On est où, là ? m'enquis-je.

– J'ai promis de surveiller cette maison jusqu'à ce qu'elle soit vendue. Attends-moi ici une minute.

Il redescendit de voiture et appuya sur un bouton pour refermer la porte du garage. Je le regardai disparaître à l'intérieur de la maison.

Je m'avachis sur mon siège. La princesse Leia aurait honte de moi. Même si dans nos jeux d'enfants j'avais accepté d'incarner un Chewbacca qui se plaignait tout le temps, j'avais toujours rêvé secrètement de prendre une arme, d'embrasser le héros et de dégommer les soldats de l'Empire comme elle le faisait dans le film qu'on avait vu des dizaines de fois. Mais à cet instant, j'étais tellement vidée et angoissée, j'avais tellement envie d'aller aux toilettes, que je me fichais pas mal de laisser à Noah le rôle du mâle qui prend tous les risques.

La petite lumière du boîtier placé au-dessus de la porte du garage s'éteignit, me plongeant dans le noir. J'écoutai le souffle du vent, en respirant les odeurs de fast-food déjà rance. Noah tardait à revenir. Je me raidis et m'interrogeai sur les pouvoirs réels de Gerard. Et si quelqu'un savait que Noah allait venir ici ? J'ouvris ma portière. Le plafonnier dispersa une partie de l'obscurité et je descendis de la Jeep. Dès que je refermai la portière, je me retrouvai dans le noir complet. Agacée, je jurai de flanquer un gnon à Noah la prochaine fois qu'il me dirait « Attends-moi ici ».

Le faisceau de sa lampe le précéda quand il franchit la porte.

– La voie est libre, annonça-t-il. Il souleva le hayon de la Cherokee. Prends ce dont tu as besoin et suis-moi.

On emporta un paquet d'affaires, éclairés par la lampe de Noah.

– Il n'y a ni électricité ni meubles, mais au moins, on est à l'abri pour se reposer. Les toilettes sont juste au coin.

J'utilisai la petite lampe LED de mon porte-clés pour me diriger. M'étant soulagée, je retrouvai Noah dans une pièce vide sur le devant de la maison. Il mangeait un des sandwichs au poulet que l'on avait commandés. Il me lança le mien. J'ôtai l'emballage et mordis dedans, surprise de constater à quel point j'étais affamée. En regardant autour de moi, je remarquai que la lampe électrique de Noah diffusait juste assez de lumière pour éclairer les coins. Rien ne se cachait dans cette petite pièce, et si la moquette était vieille, elle semblait avoir été nettoyée récemment. On sentait également une légère odeur de peinture fraîche, mais ce n'était pas désagréable.

– À qui appartient cette maison ?

– À une personne que je connais.

– Ça ne va pas l'embêter qu'on squatte chez elle ?

– Non, elle s'en fiche.

Je me demandai si Noah parlait d'une de ses ex-petites amies qu'il avait larguée parce qu'il la trouvait ennuyeuse. Quand on eut fini de manger, il sortit dans le couloir pour fouiller dans une armoire à linge. Sa torche électrique projetait des rais de lumière tremblotants. Il revint avec plusieurs vieux édredons.

– Une chance que les peintres ne les aient pas jetés. Ça ne vaut pas un vrai lit, mais ça fera un peu de rembourrage.

Il m'en lança deux, élimés et sentant un peu la fumée. Il déplia et superposa les siens pour se confectionner un matelas. Avec des T-shirts provenant de son gros sac de toile, il se fit un oreiller.

– Tu ferais bien d'en faire autant. Les piles de la lampe ne tiendront pas toute la nuit.

J'ôtai l'écharpe enroulée autour de mon cou et échangeai ma veste contre un pull plus confortable. Puis, comme Noah me l'avait conseillé, je me fis une sorte de lit. Dès que je fus allongée, il éteignit la lampe. Les ténèbres nous engloutirent. Les yeux fixés au plafond, je dis :

– Je n'arriverai jamais à dormir.

– Après tout ce qu'on a enduré, je pensais que tu aurais envie de pioncer.

– Je n'arrête pas de repenser à l'incendie. Et au corps de Georgie, jeté comme ça dans un coin. (Je frissonnai.) Et puis, il y a les indices. J'ai envie de les décoder, mais j'ai le cerveau trop embrumé. Je sais que je n'y arriverai pas.

– Attends demain.

– Oui, tu as raison.

Je me sentais découragée, j'avais besoin d'être rassurée.

– Tu sais, dis-je, malgré tout, je continue à croire que Jack est toujours vivant. Et toi ?

– Sincèrement, Jocelyn, je ne sais pas quoi penser. Après les premiers indices, tu semblais avoir raison. Mais ça a trop duré. Je ne vois pas pourquoi il nous baladerait de cette façon.

Une voiture passa dans la rue ; son moteur ressemblait à un doux ronronnement et ses phares éclairèrent brièvement l'obscurité. Je me tournai sur le côté pour essayer de prendre mes aises dans ce lieu inconnu. J'observai Noah. Il devait regretter sa maison.

– Puisque aucun de nous deux n'a sommeil, dit-il, si tu me racontais tout ce que tu as fait depuis un an ?

J'étais ravie de voir qu'il s'intéressait à moi.

– Il n'y a pas grand-chose à raconter. Quand on va à l'école le matin et qu'on suit un stage l'après-midi, ça prend pas mal de temps. De plus, ma famille adoptive adore organiser des excursions le week-end. Je les aide à s'occuper des petits. Jack nous accompagnait très souvent. (Une vague de tristesse me submergea, mais je ne voulais pas que Noah s'en aperçoive.) Dès que j'en ai l'occasion, j'aime bien traîner avec mes copines.

– Quel genre ?

– Des filles cool, à leur manière. Des *geeks*. Très branchées informatique, tu vois ?

– Oui, je vois. Tu es parfaitement dans ton élément. Pas de garçons ?

– Quelques-uns. On est tout un groupe. J'étais censée partir camper avec eux.

Étaient-ils en train de s'amuser à faire griller de la guimauve en parlant de leurs jeux vidéo préférés ?

– Des fois, ajoutai-je, on organise ce qu'on appelle une *geek-party*. Deux gars mettent leurs ordis en réseau pour qu'on puisse jouer à plusieurs. Hélas, ça ne va pas se reproduire avant longtemps. Dès la reprise des cours, on va tous bosser à fond pour les exams. Entre les travaux pratiques et les partiels, on n'aura pas beaucoup de temps libre.

Je sentis que Noah m'observait.

– Quoi ? fis-je.

– Tu as beaucoup changé depuis l'époque où on était ensemble. Par certains côtés, tu es toujours la même et je retrouve la vieille Jocey. Mais tu es différente également. Plus sûre de toi.

Je souris.

– Ça aide de vivre dans un seul et même endroit. Certaines des choses qui me rendent heureuse paraîtraient insignifiantes à d'autres, je parie. J'adore partager un repas avec une famille normale, même si ce n'est pas vraiment la mienne. J'adore avoir ma chambre. Des vêtements propres et des chaussures correctes quand j'en ai besoin. Ça ne me gêne pas de vivre dans une famille adoptive, si ce sont des gens comme les Haberton.

– Je peux te poser une question qui m'a toujours tarabusté ?

– Bien sûr.

– Comment vous êtes-vous retrouvés à Seale House, Jack et toi ? Je ne vous l'ai jamais demandé. C'est un sujet que je voulais aborder avec Jack quand on chattait, mais ce n'était jamais le bon moment.

Des tourbillons de lumière glissèrent sur le mur au passage d'une autre voiture. Finalement, je dis :

– C'est à cause d'Erv.

Noah se redressa pour me regarder dans l'obscurité.

– Jocey, tu n'es pas en train de me dire qu'Erv a réellement existé, hein ?

23
LA VÉRITÉ

– N'entre pas, Noah, avertit Georgie. Juliann vient d'Erver partout dans la salle de bains.

– Merci de m'avoir prévenu. (Noah se tourna vers Jack et moi.) Si cette grippe continue à se propager, on va ramasser de l'Erv cinq fois par jour.

On éclata de rire et il ne comprit pas pourquoi le vomi nous semblait aussi hilarant. Pour Jack et moi, et pour le reste de Seale House bientôt, plus une chose était dégueulasse, plus elle était Ervie.

Le bœuf stroganoff tout visqueux de la cantine : « Beurk ! Ça me donne envie d'Erver. »

La moisissure dans le frigo : « C'est carrément Ervi ! »

Les crottes de chien sur le trottoir : « Attention, ne marche pas dans l'Erv ! »

Un chat avec une patte en moins : « Oh, regardez ce pauvre petit Erv. »

Le nouveau parfum de Nessa : « Quelqu'un a lâché un Erv ? »

Je sentais le regard de Noah dans l'obscurité. Jack et moi, on ne lui avait jamais expliqué notre plaisanterie pour initiés.

– J'ai toujours cru que c'était un mot de votre invention, dit-il. Maintenant, tu me racontes que c'était le nom de quelqu'un ?

– Oui. Je crois que c'était notre façon de nous venger d'un type qu'on haïssait.

– Qui ça ?

– Le petit ami de Melody. Celui qui a fait qu'on s'est enfuis.

– Que s'est-il passé ?

– C'est une longue histoire.

– J'ai tout mon temps.

Je distinguais à peine les contours de son visage. Il ne dit rien de plus et j'appréciai le fait qu'il n'insiste pas.

– Avant de venir à Watertown, on habitait dans la banlieue de Boston. On vivait dans un tout petit appartement et on n'avait pas grand-chose, mais c'était bien quand même. J'aimais bien mes professeurs et Jack aussi. On avait des amis sympas.

L'image de mon frère, à cette époque, me revint en mémoire, avec ses cheveux châtains hirsutes et ses yeux presque trop larges pour son visage. À douze ans, il avait toujours les genoux écorchés. Il affichait parfois un air grave, jusqu'à ce qu'il laisse apparaître son sourire espiègle.

– En ce temps-là, Melody travaillait comme serveuse. Mais un jour, elle s'est violemment disputée avec son patron. Profitant de ce qu'il avait le dos tourné, elle a piqué du fric dans la caisse et elle a filé. Elle est venue nous chercher à l'école, elle nous a ramenés à la maison et nous a dit de faire nos valises en quatrième vitesse. On n'a même pas eu le temps de dire au revoir à nos copains et à nos profs. Ni même de récupérer nos affaires dans nos casiers. Ensuite, direction l'État de New York. Ce n'est qu'un des nombreux endroits où elle nous a traînés. Quand on est finalement arrivés à Syracuse, elle nous a laissés à Cheryl, sa cousine.

– C'était comment ?

– Pas trop mal. Cheryl était célibataire et exerçait un boulot de secrétaire juridique. Je me souviens qu'elle habitait près de la bibliothèque et cuisinait des lasagnes. Elle avait un chat nommé Minkie. Elle était gentille et ça ne l'embêtait pas de nous avoir avec elle. On espérait qu'on pourrait rester. Pendant qu'elle était au travail, on faisait le ménage, on passait l'aspirateur et on veillait à ce que la vaisselle soit toujours faite. On avait l'impression que ça pouvait durer. Hélas, Melody est revenue nous chercher, comme un boomerang indésirable. Elle revenait toujours. Jusqu'à la dernière fois, quand on avait quatorze ans.

Je repoussai les cheveux qui tombaient sur mon front. Parler de ma mère avait le don de me mettre en colère.

– Elle était tout excitée à cause du nouveau type qu'elle venait de rencontrer. Erv. Elle nous sortait des trucs du genre : « Attendez un peu de rencontrer Erv. Il est magnifique. Il conduit une Jaguar noire et il parle avec un accent français. » Elle a déliré comme ça pendant tout le trajet jusqu'à Gatineau, au Québec.

– La ville qu'on apercevait de la Peace Tower ?

– Oui. Il habitait là-bas. Mais avant qu'on rencontre le fameux Erv, Melody voulait qu'on soit présentables. Du moins, c'est le bobard qu'elle nous a servi. Comme deux gamins stupides, on l'a crue. Elle a commencé par nous acheter des vêtements neufs. Jack et moi, on a eu droit à un jean et à un T-shirt, quasiment les mêmes. Puis elle m'a emmenée chez le coiffeur. (Je m'interrompis, mal à l'aise.) Tu as vraiment envie d'entendre tout ça, Noah ? C'est plutôt rasoir.

– Bien sûr que j'en ai envie.

Son ton chaleureux indiquait qu'il savait que cette histoire avait des ramifications cachées. Cela m'aida à continuer.

– À cette époque, j'avais les cheveux au milieu du dos. Je savais qu'ils étaient toujours emmêlés, alors ça ne me gênait pas de les faire tailler. Mais ma mère a dit au coiffeur de les couper très court, comme un garçon. J'ai voulu protester, mais elle m'a lancé un regard noir. Elle allait m'arracher la tête si je ne restais pas assise bien sagement. Le coiffeur m'a demandé si j'étais d'accord pour les couper et j'ai simplement hoché la tête. (Je revoyais encore mes longues mèches tomber sur le sol et je ressentais toute la tristesse provoquée par mon impuissance.) J'avais envie de pleurer, mais je me suis retenue. Melody était assise à côté de moi, elle acquiesçait en souriant, comme si elle trouvait ça génial. « Adorable ! » répétait-elle. Je savais qu'elle mentait.

Je scrutai l'obscurité qui m'entourait en me demandant pourquoi ce souvenir tranchant continuait à m'entailler le cœur.

– Tu détestais tes cheveux courts. Je me souviens que tu avais hâte qu'ils repoussent.

– C'est pour ça que je les porte longs maintenant. Bref, quand Jack a vu le résultat, il a fait croire que c'était une chouette coupe de cheveux, mais j'avais bien remarqué sa première réaction. Il essayait de me remonter le moral.

– Pourquoi ta mère t'a-t-elle coupé les cheveux aussi court ?

– Erv, son nouveau mec, était en liberté conditionnelle. Il n'avait pas le droit de recevoir des petites filles chez lui. Elle lui a expliqué qu'elle avait deux fils, des jumeaux, et elle a commencé à m'appeler Josh.

Noah laissa échapper un juron. À cet instant, je sentis qu'il haïssait Melody presque autant que moi.

– Merci, murmurai-je.

Pour la première fois, je ne m'offusquai pas du langage coloré qu'il avait utilisé pour décrire ma mère.

– Ce type, Erv, il n'a pas deviné que tu étais une fille ?

– Non. Et je me dis que cette coupe de cheveux forcée a eu au moins un avantage. Sauf qu'ils auraient dû lui interdire d'approcher tous les enfants, pas uniquement des filles. C'était un type méchant. Des hommes de Melody, aucun n'avait eu des yeux de fou comme lui. (Ma gorge se noua à l'évocation de ce souvenir.) Dès le deuxième ou troisième jour, il s'est déchaîné contre nous parce qu'on avait fini ses céréales préférées. Il a balancé Jack à l'autre bout de la cuisine.

– Et évidemment, ta traînée de mère n'a pas réagi.

– Rien. On a compris qu'on devait s'enfuir. Melody ne le quitterait jamais, et on ne pouvait pas rester. On a pris nos affaires et on est sortis par la fenêtre de la chambre. Notre but, c'était d'atteindre la frontière, où on a été arrêtés. Les officiers canadiens nous ont remis aux autorités de l'État de New York.

– Parce que vous aviez des passeports américains ?

– Oui. Ils nous ont interrogés. On n'avait pas l'intention de leur expliquer pourquoi on était au Canada, ni qu'on venait de Gatineau. Et on avait peur de leur donner le nom de Cheryl, au cas où elle aurait le numéro de téléphone de Melody. Comme ils ne trouvaient aucun renseignement valide sur notre mère, une assistante sociale est venue nous chercher pour nous conduire à Seale House.

Les yeux ouverts dans le noir, j'écoutais les petits bruits de la maison qui s'endormait.

– Aujourd'hui encore, j'ai beau avoir les cheveux longs et me maquiller, quand je me regarde dans la glace, c'est toujours Jocey que je vois, avec sa coupe de garçon. Je ne sais pas si je me débarrasserai un jour de cette part de laideur.

Noah s'approcha de moi.

– Écoute-moi bien. Tu es la personne la plus exceptionnelle que je connaisse. Maintenant que tu as grandi, tu es devenue belle, c'est vrai, mais je me fiche de ton physique. C'est ta tête et ton cœur qui m'ont toujours fait craquer, comme personne. Tu comprends ?

Je percevais les accents de vérité dans sa voix. Tous les sentiments que j'avais éprouvés pour lui il y a si longtemps rejaillirent comme si on était redevenus deux gamins. Il était suffisamment près de moi pour que je distingue l'inquiétude sur son visage. Il repoussa une mèche de cheveux sur mon front. Je sentais son hésitation.

– Qu'y a-t-il ?

– J'ai envie de t'embrasser.

Je laissai échapper un petit souffle surpris.

– OK.

Il glissa la main sous mes cheveux, sur ma nuque, pour m'attirer délicatement vers lui. Je fermai les yeux et on s'embrassa, exauçant ainsi mon vœu secret depuis cinq ans. Sa bouche était douce, ses baisers passionnés. Des images de vampire déployant sa cape et de ninja tout de noir vêtu me traversèrent l'esprit, avant que l'on se sépare.

– J'attends que tu fasses ça depuis que j'ai douze ans.

Il gloussa.

– Heureusement que tu ne me l'as pas dit avant que je t'embrasse. Ça fait trop de pression.

– Non, c'était parfait. Recommence.

24
MONOPOLY

Les édredons n'étaient pas suffisamment rembourrés pour faire un lit confortable. Je dormis de manière intermittente. Il était environ deux heures du matin quand j'émergeai de mon rêve. Melody se lamentait sur son amour perdu, Calvert, et je la giflais. Elle s'enfuyait dans le noir, me laissant seule avec la vieille femme qui portait une croix en argent autour du cou ; elle touchait ma tête et mon cœur, avant de disparaître. Je me réveillai juste assez pour savoir que j'étais encore fatiguée ; ma conscience avait du mal à crever la surface. Je me tournai sur le côté et cette fois, je m'endormis profondément.

Mon rêve suivant était un rêve à l'intérieur d'un rêve. Je me trouvais à Seale House, de nouveau, debout dans la chambre des filles, hypnotisée par les murs. La Jocey de douze ans que j'étais sortait d'un lourd sommeil. Au début, je crus que je rêvais encore car un des murs de plâtre avait pris l'apparence de la chair et ondulait lentement comme un serpent géant. Fascinée, je tendis la main et sentis palpiter sa force vitale sous mes doigts. C'était un rythme lent, semblable aux battements sourds d'un cœur assez gros pour appartenir à une baleine bleue. La respiration de la jeune Jocey restait bloquée dans ses poumons, tandis que le mur continuait à se déformer, pour ressembler à une tumeur maligne. Je poussai un cri d'effroi et reculai en chancelant.

Je me réveillai en sursaut et me retrouvai dans une autre pièce, dans la petite maison inoccupée cette fois. Ma main était appuyée contre le mur, qui palpitait sous mes doigts. Désorientée, je m'en éloignai, le cœur battant, parcourue de frissons de terreur. Fermant les yeux de toutes mes forces, je me rappelai ce que disait toujours le Dr Candlar durant nos séances de thérapie : les cauchemars réalistes étaient simplement un moyen pour l'esprit d'affronter les peurs et les souffrances du passé. Quand je rouvris les yeux et tendis la main, il n'y avait plus devant moi qu'un mur normal.

En entendant le cri rageur de Noah, je descendis précipitamment. Dans la lumière blafarde du petit matin, il était assis sur ses édredons, le souffle haletant. Son regard furieux me rappelait ma dernière nuit à Seale House, juste avant que je m'enfuie.

– Noah ? Tout va bien ?

Il secoua la tête et se frotta énergiquement les yeux avec ses paumes, comme s'il essayait de se réveiller. Avait-on fait un cauchemar au même moment ? Il faut dire que l'on avait eu notre dose de stress au cours de ces deux derniers jours. Quand il laissa retomber ses mains, il semblait être redevenu lui-même, tout en conservant son air furieux. Je lui demandai ce qui se passait.

– J'ai rêvé de Gerard déposant la bombe. Il affichait un grand sourire et j'avais envie de le tuer.

La colère imprégnait sa voix. Noah pouvait se montrer sarcastique et furieux, mais la haine pure était un sentiment que je ne lui connaissais pas.

– Je ne peux pas te le reprocher, dis-je en m'asseyant près de lui.

Il fit passer par-dessus sa tête son T-shirt trempé de sueur et s'en servit pour s'essuyer la poitrine, avant de le lancer dans un coin. Dans la lumière naissante, je voyais nettement les muscles de son torse et de ses bras, preuve supplémentaire qu'il avait bien changé depuis la dernière fois que l'on s'était vus. Disparu le gamin pataud d'il y a cinq ans ; et si j'avais été attirée par lui durant cette phase dégingandée, lui résister était beaucoup plus difficile maintenant qu'il avait mûri.

Noah s'étira.

– Je vivais enfin chez moi, je pouvais m'acheter des trucs qui me faisaient envie. Même si ce n'était pas grand-chose. J'aurais dû souscrire une assurance, mais qui pense à ce genre de choses, sauf une fois qu'il est trop tard ? Maintenant, j'ai tout perdu, y compris mon ordinateur et tout le matériel qui va avec.

– C'est horrible.

– Je sais bien que c'est juste une perte matérielle, mais je n'avais quasiment jamais rien eu dans ma vie. Je voulais me construire un chez-moi, différent de Seale House. (Il me regarda.) Bah, ce n'est pas important, du moment qu'on est sains et saufs tous les deux. Et il me reste mon ordinateur portable.

– Si, c'est important, Noah. Évidemment.

Je me rapprochai et lui caressai le visage, comme il l'avait fait avec moi la nuit dernière. Je me penchai pour l'embrasser.

– Je ne voulais pas te contrarier avec ça… murmura-t-il contre mes lèvres, avant que mon baiser étouffe la fin de sa phrase.

Une douce chaleur se répandit en moi, et mes doigts coururent sur les muscles de son torse, tandis qu'il m'attirait contre lui. Quand on se sépara, j'éprouvai une vive frustration, teintée de bonheur. Lui aussi semblait aller mieux.

L'eau n'était pas coupée, mais elle était glacée et cela nous dissuada de prendre une douche. On se changea néanmoins, en prenant soin de s'habiller chaudement car le ciel paraissait encore plus menaçant que la veille et il faisait froid dans cette maison inoccupée. J'enfilai un pull à col roulé noir qui masquait les traces d'étranglement, un peu atténuées, dans mon cou.

Le temps que l'on remette nos affaires dans nos sacs et les édredons dans l'armoire, il faisait suffisamment jour dehors pour pouvoir lire. Assis par terre, on étala tous les indices devant nous : les pièces du puzzle, la petite clé et la scytale. On relut la strophe consacrée à Hazel, puis je pris la clé.

– Quand on l'a vue pour la première fois, tu as dit que ça ressemblait à une clé de boîte postale dont quelqu'un aurait gratté le numéro. Et si cet indice, en bas de la bande de papier rouge, *deux six neuf*, était le numéro d'une boîte postale, justement ?

– Hmm... possible.

– Je crois qu'on devrait essayer de la trouver.

– Sais-tu combien il existe de bureaux de poste ?

– Commençons par les principaux, dans Arsenal Street.

– Pourquoi là ?

– C'est ce que je ferais si je devais cacher un indice pour toi et Jack.

– Bon, OK, dit-il finalement.

On transporta nos affaires dans le garage et on transféra le reste dans la vieille Toyota dont Noah détenait également la clé. Le pare-brise présentait des traces d'éclat. La rouille avait rongé la peinture turquoise en bas de la carrosserie, abîmée par des années de circulation sur des routes couvertes de sel en hiver. Apparemment, elle n'avait pas roulé depuis un moment car le moteur refusa de démarrer. Noah dut utiliser des câbles branchés sur la batterie de sa Jeep. Cela étant fait, on monta à bord.

– Tu es sûr que ton amie ne dira rien si on utilise sa voiture ?

– Oui. Elle n'en a pas besoin pour le moment et on ne peut pas prendre la Jeep car Gerard doit la guetter.

Dehors, le ciel était d'un gris sombre. Une chose était certaine concernant le temps à Watertown en avril : il changeait en permanence. Le vent de la veille avait cédé la place à un calme étrange et les nuages flottaient au-dessus de nous, semblables à des pelotes de laine détrempées.

– Pour commencer, allons prendre un petit déjeuner, déclara Noah.

– Beurk ! Il n'est même pas huit heures.

– Je trouve que tu ne manges pas assez.

– Tu as toujours été aussi autoritaire ? Je ne m'en souviens pas.

Il parut légèrement vexé par cette remarque.

– Désolée. Je ne voulais pas dire ça. Je sais que ça te paraît naturel de veiller sur moi. Dans le temps, à Seale House, c'était toi qui gérais tout et qui nous aidais à tenir le coup. Surtout les mauvais jours, quand Hazel était complètement défoncée. En fait, c'était toi, notre véritable mère adoptive. D'ailleurs, c'est une des raisons pour lesquelles je t'aimais tant.

Aussitôt après cet aveu, je me sentis nerveuse et un peu hésitante, mais ma gêne s'envola quand Noah prit ma main dans la sienne. Je n'en revenais pas que le contact de ses doigts chauds autour des miens puisse m'apporter un tel réconfort.

On pénétra dans un McDrive. Il commanda un Egg McMuffin et j'acceptai de prendre un jus d'orange avec une galette de pommes de terre.

Le bureau de poste principal était fermé à cette heure-ci, à l'exception du hall avec son mur de petites boîtes métalliques. On entra. Je sortis la clé de l'enveloppe. Il ne nous fallut pas longtemps pour trouver la boîte 269.

– C'est parti…

J'introduisis la clé dans la serrure et la tournai. La porte s'ouvrit. La boîte ne renfermait qu'un seul objet : une enveloppe kraft. Je la décachetai et découvris quelques pièces de puzzle et une feuille de papier pliée en deux. On s'installa devant un comptoir où s'empilaient des formulaires, à côté d'un stylo muni d'une chaînette. Je posai les pièces de puzzle pour déplier la feuille. Je ne pus m'empêcher de rire en découvrant la liste des six indices.

– C'est un problème de logique.

– Il fallait s'y attendre, Jack en raffole. Je suis content que ce ne soit pas codé.

– Écoute les instructions : « Cinq joueurs participent à une partie de Monopoly à Seale House, en mort subite. Il y a : Jack, Jocelyn, Noah, Beth et Hazel. Chaque joueur est représenté sur le plateau par un symbole différent : le chandelier, le couteau, le revolver, le poison et la matraque.

– Attends voir ! Ce sont les symboles du Cluedo, pas du Monopoly.

– Jack a donc modifié les règles. Laisse-moi finir. « Lors du tour final, chaque joueur lance une dernière fois le dé pour voir où il termine la partie. Pouvez-vous déterminer la place de chacun ? »

Je retournai la feuille.

– Voici la liste des indices.

On lut en silence.

`Les cinq joueurs sont : celui qui a le poison, celui qui a atterri dans Oriental Avenue, Jocelyn, la personne qui a la matraque et celle qui s'est retrouvée dans Marvin Gardens.`

Le joueur qui a le chandelier n'est jamais allé en prison ni sur la case Oriental Avenue, alors que celui qui a le revolver s'est retrouvé coincé sur la case Chance.

Jack et Noah refusent de toucher au poison.

Beth préférait l'obscurité, alors elle n'a pas utilisé le chandelier. Elle n'est pas allée sur Park Place.

Noah ne s'est jamais rendu dans Oriental Avenue.

Jack a tiré une carte qui disait : Allez directement en prison. Ne passez pas par la case départ.

– Regarde ce dernier indice, dis-je. Est-ce que Jack se cache parce qu'il a peur de se faire arrêter ?

– Je ne sais pas, mais ça expliquerait pas mal de choses.

– Qu'est-ce qui a bien pu se passer ? Mon frère n'a jamais enfreint la loi.

– À notre connaissance.

– Je te dis qu'il ne ferait jamais ça.

Au-dessus du comptoir se trouvait un tableau sur lequel étaient affichés divers avis et prospectus. J'en arrachai un, le retournai et pris le stylo attaché par une chaînette. Pour résoudre cette énigme, j'avais besoin de tracer un tableau.

	Chandelier	Couteau	Matraque	Poison	Revolver	Chance	Prison	Marvin Gardens	Oriental Avenue	Park Place
Jack										
Jocelyn										
Noah										
Beth										
Hazel										
Chance										
Prison										
Marvin Gardens										
Oriental Avenue										
Park Place										

Après quoi, je jetai un coup d'œil aux pièces du puzzle.

– Apparemment, il y en a assez pour le terminer. Si tu essayais de les assembler ?

Noah ouvrit le sac hermétique contenu dans la première enveloppe et renversa les autres pièces sur le comptoir. On travailla en silence pendant un moment et je me retrouvai absorbée par les indices. Jack allait en prison et mon personnage était bloqué sur la case Chance. Ça semblait coller car un tas de choses dans ma vie s'étaient produites grâce à la chance.

– Regarde, me glissa Noah lorsque quelqu'un approcha de la porte.

Un vieil homme coiffé d'une casquette rouge entra dans le hall et se dirigea vers sa boîte postale. Soulagée que ce ne soit pas Gerard, je poursuivis mon travail.

– Alors, ça donne quoi ? demanda Noah.

– Attends une minute. (Je cochai quelques cases dans mon tableau.) Voilà, j'ai terminé. D'après mon tableau, Beth finit dans Oriental Avenue avec le couteau. Rien d'étonnant, n'est-ce pas ? Et moi, j'ai le revolver.

– Forcément, non ? (On n'avait pas oublié, l'un et l'autre, ce qui s'était passé la nuit où je m'étais enfuie.) Apparemment, je me retrouve dans Marvin Gardens. Astucieux.

– Pourquoi ?

– L'homme pour qui travaille Zachary Saulto s'appelle Sam Marvin. C'est le fondateur d'ISI. Jack n'a jamais mentionné son nom ?

– Si, mais je n'avais pas fait le rapprochement.

On regarda passer le vieil homme à la casquette, avec un paquet de lettres à la main. Il nous salua d'un signe de tête et sortit. Je reportai mon attention sur le tableau.

– Tu as le chandelier, mais Hazel a le poison, auquel Jack et toi refusez de toucher, d'après le troisième indice.

– La drogue.

J'acquiesçai.

– Tu disais toujours : « Pourquoi est-ce qu'elle s'empoisonne avec cette herbe et cette poudre ? »

L'addiction d'Hazel à la marijuana et à la cocaïne nous avait dégoûtés de la drogue bien plus efficacement que n'importe quel programme éducatif.

– Et cet autre indice, Noah, « les herbes qui puent ». Tu crois que Jack fait allusion à ses joints ?

– Sans doute. Quant à savoir quel est le lien avec le fait de retrouver Jack... Regarde ces pièces de puzzle. On a tous ses indices et pourtant, on n'a toujours pas atteint l'objectif.

Le puzzle était presque assemblé : les bords formaient un cadre au centre duquel il restait un trou. Une photo en noir et blanc montrait un petit immeuble d'aspect miteux percé de fenêtres étroites et d'une porte en bois. Vers le haut, là où pourrait se trouver le nom d'une boutique, il manquait quatre pièces.

– Tu as déjà vu cet endroit ? demandai-je.

– Possible. Mais je n'en suis pas sûr. Il existe des dizaines de commerces abandonnés comme celui-ci dans les vieux quartiers de la ville. On pourrait les sillonner en voiture, évidemment, mais j'ignore combien de temps ça nous prendrait.

– Trop longtemps, et l'horloge tourne. (Je replongeai dans mon problème de logique.) J'ai le sentiment qu'il faut atteindre le but rapidement. Jack ne nous a pas laissé cette énigme pour nous offrir une petite bio de nous-mêmes. À mon avis, il veut qu'on retrouve Hazel. Sinon, pourquoi nous donner cet indice sur elle avec la scytale ? Et puisque ce problème de logique situe Hazel à Park Place, il faut découvrir où ça se trouve.

Avisant un annuaire téléphonique sur le comptoir, je m'en saisis et le feuilletai jusqu'à ce que je trouve la liste des commerces commençant par le mot « Park ». Il y en avait plusieurs. Faisant glisser mon doigt de haut en bas, je m'arrêtai sur « Maison de retraite Park Place » et levai la tête.

– Quel âge a Hazel maintenant, selon toi ? Est-ce qu'elle n'avait pas déjà dans les cinquante-cinq ans quand Jack et moi on vivait là-bas ? Elle aurait donc la soixantaine maintenant. C'est peut-être là qu'elle vit.

– Soixante ans, ce n'est pas aussi vieux que ça en a l'air. Ce n'est pas comme quatre-vingts.

– Le seul autre Park Place de l'annuaire, c'est une société de courtages. (Je notai quand même les deux adresses.) Si elle n'est pas dans cette maison de retraite, on essaiera l'autre.

Noah secoua la tête.

– Pas question de la chercher.

Je le regardai avec étonnement. Son air renfrogné indiquait qu'il ne plaisantait pas.

– Pourquoi ?

– Je n'en ai pas envie, c'est tout.

– Non, ce n'est pas tout ! On ne peut pas abandonner sous prétexte que tu n'as pas envie de voir Hazel ! C'est toi-même qui as dit qu'il fallait aller de l'avant pour échapper à Gerard.

– Oui, eh bien maintenant, je suis prêt à l'affronter. Je préfère un combat loyal à cette course infernale.

– Sauf que Gerard ne se battra pas à la loyale. Et tu le sais.

Je rassemblai les indices et les pièces de puzzle pour les remettre dans l'enveloppe. Et je me dirigeai vers la sortie.

– Où tu vas ? me lança Noah.

– À ton avis ? Je vais jeter un coup d'œil à cette maison de retraite, ce n'est pas très loin d'ici.

Il m'attrapa par le bras et m'obligea à me retourner.

– Pourquoi es-tu si têtue ?

– Et toi, pourquoi as-tu peur d'affronter une vieille femme qui ne peut plus te faire de mal ?

– Je n'ai pas peur.

– Alors, conduis-moi là-bas.

– Non.

– Très bien !

Je poussai la porte vitrée et me ruai au-dehors. Je connaissais bien Noah et quand il disait qu'il ne ferait pas une chose, il ne plaisantait pas. Je ne voulais pas perdre mon temps à discuter. Toute l'exaspération que j'avais ressentie enfant ressurgissait. Folle de rage, je maudis son tempérament obstiné. On approchait enfin du but, pourquoi jouait-il les poules mouillées ?

Alors que je m'éloignais à grands pas, je ressentis en haut du bras une violente piqûre qui m'arracha à mes pensées furieuses. Je ralentis et tirai sur la manche de mon pull noir. Hébétée, je contemplai la marque de morsure : des gouttelettes de sang perlaient à la surface de ma peau. Les empreintes de dents paraissaient plus profondes et plus tuméfiées que jamais. Je caressai la blessure et tressaillis en voyant une fine pellicule de sang rougir le bout de mes doigts. La blessure n'aurait-elle pas dû commencer à cicatriser, au lieu de s'aggraver ? Et pourquoi la douleur était-elle réapparue ?

Dans le ciel, les nuages s'épaississaient. J'entendis un grondement de tonnerre au loin et je perçus la pression dans l'atmosphère moite. Un sentiment de terreur m'envahit, comme dans l'ascenseur de la Peace Tower. Tous mes espoirs semblaient aspirés dans un tunnel obscur qui menaçait de m'engloutir moi aussi. Noah avait peut-être raison de vouloir mettre fin à notre quête. À quoi bon retourner auprès de la femme que je haïssais le plus au monde, après Melody ?

Je rabaissai ma manche et m'obligeai à repartir, au moment où la Toyota arrivait à ma hauteur. Noah descendit sa vitre.

– Monte.

– Non.

Il lança un chapelet de jurons. Je me retournai vivement, les mains sur les hanches, en essayant d'ignorer la douleur dans mon bras. Je ne dis rien.

– Tu es vraiment la reine des enquiquineuses !

– Et toi, alors ?

Je voyais bien qu'il essayait de contrôler sa colère.

– OK, c'est bon, je t'emmène voir Hazel. Grimpe dans cette satanée bagnole !

Je montai à bord et claquai la portière au moment où un grondement de tonnerre ébranlait le ciel. Il se produisit un grand bruit sec et le pare-brise commença à se lézarder. Hébétés, on regarda le verre se fendre en diagonale, depuis le gros éclat dans le coin supérieur.

– C'est quoi, ce bordel ? s'exclama Noah.

La fêlure dessina son propre éclair devant nous. Elle forma une fourche, puis s'arrêta. À cet instant, le côté comique l'emporta sur l'aspect inquiétant et je ne pus réprimer un ricanement. Noah me foudroya du regard. Je haussai les épaules.

– Ne me regarde pas comme ça ! Je n'ai pas claqué la portière aussi fort que ça. C'est peut-être la pression atmosphérique.

– Oui, bien sûr.

– Je déteste quand tu es sarcastique.

Il enclencha la marche avant et repartit, sans cesser d'examiner le pare-brise fêlé.

– Je suppose qu'il était prêt à éclater, dit-il.

– J'espère seulement que ta petite amie à qui appartient cette épave ne t'en voudra pas trop.

– Ce n'est pas ma petite amie.

Quand on atteignit la maison de retraite, on avait eu le temps de retrouver notre calme, l'un et l'autre, et d'établir une trêve tacite comme quand on se battait gamins.

Une allée circulaire longeait le bâtiment d'un étage en brique blanche. Après s'être garés près de l'entrée, on franchit la porte vitrée coulissante. Je me dirigeai vers la réception et demandai où on pouvait trouver Hazel Frey. L'homme aux cheveux gris assis derrière le comptoir chercha le nom dans un registre et indiqua qu'elle était dans la section Alzheimer. Il nous expliqua comment nous y rendre, en empruntant un couloir décoré de jolies aquarelles.

Ainsi, Hazel souffrait de la maladie d'Alzheimer. Concernant n'importe qui d'autre, cette nouvelle m'aurait remplie de pitié, mais j'avais du mal à trouver en moi la moindre compassion pour une femme qui s'était montrée si cruelle.

On trouva la chambre en question ; la porte était ouverte. Mais il n'y avait personne.

– Elle n'est pas là, commenta Noah.

J'entrai la première. Les murs étaient tapissés de papier peint beige et une grande fenêtre donnait sur un jardin. Le mobilier se composait d'un lit, d'un fauteuil confortable, d'une commode et d'un téléviseur sur un pied. Un édredon dans les tons bleu et vert était plié au bout du lit ; au mur étaient accrochés trois tableaux qui ornaient autrefois le salon de Seale House.

– Allons-nous-en, dit Noah.

– Attends une minute.

Je jetai un coup d'œil à un tableau de liège sur lequel étaient punaisées plusieurs feuilles et une carte d'anniversaire, puis mon regard dériva vers les étagères. Sur l'une d'elles étaient disposées plusieurs babioles qui se trouvaient jadis sur la petite table ronde, maintenant détruite, que j'avais vue dans sa chambre au premier étage de Seale House. Sur une autre étagère, trois photos encadrées captèrent mon attention. La première représentait Hazel jeune femme ; la ressemblance était flagrante, même si le sourire semblait incongru. La deuxième photo la montrait vers la quarantaine, assise dans un fauteuil, tenant un bébé dans les bras. La troisième était celle d'un enfant en salopette.

– Que faites-vous dans ma chambre ? demanda une voix grinçante derrière nous.

On se retourna. Une femme en fauteuil roulant se tenait sur le seuil. Elle avait toujours le même casque de cheveux, mais ils avaient grisonné. Son visage était creusé, son corps avachi. Mais impossible de ne pas reconnaître ces yeux froids plissés par le soupçon.

L'aide-infirmière qui poussait le fauteuil nous sourit. Elle avait un visage rond et amical qui contrastait avec celui de sa pensionnaire.

– Regardez, Hazel, vous avez de la visite, dit-elle d'un ton enjoué. Comment ça va, Noah ?

Détachant mon regard de la moue hargneuse d'Hazel, je me tournai vers lui, stupéfaite. Cette femme le connaissait ?

Hazel s'emporta :

– Sortez de ma chambre !

– Taisez-vous donc, dit l'aide-infirmière d'un ton ferme. C'est votre fils.

25
L'HISTOIRE DE NOAH

C'était le troisième week-end d'octobre. Le ciel sans nuage brillait d'un bleu éclatant et le vent apportait le baiser frais de l'automne ; il agitait les feuilles qui jonchaient le sol de la forêt, les faisant bruisser comme des petits morceaux de papier. J'avançais à pas feutrés, en respirant le parfum poussiéreux des feuilles mortes, une de mes odeurs préférées, après la pluie et les pop-corns au cinéma. Je scrutais les troncs sombres des arbres, à la recherche de Noah et de Jack.

En ce samedi après-midi, après les corvées, on avait improvisé une partie de cache-cache à trois dans les bois derrière Seale House. Je prenais soin d'examiner les branches au-dessus de ma tête et l'arrière des souches couvertes de mousse. En regardant attentivement à travers le feuillage, j'aperçus un éclair bleu marine : le blouson de Noah. Me déplaçant à toute vitesse, je contournai un tronc pourri et m'accroupis derrière un arbre couché. Il marchait droit vers moi. Je restai baissée et attendis. Je riais sous cape en imaginant sa surprise quand je bondirais devant lui pour l'attraper.

Mais mes pensées furent distraites soudain par une constatation inquiétante : quelqu'un s'approchait dans mon dos. Au moment où je me retournais, un objet très fin passa devant mes yeux, de haut en bas. Un fil de fer se referma autour de mon cou avec une rapidité stupéfiante et j'émis un croassement de stupeur. Je voulus me libérer, mais trop tard pour glisser les doigts entre ma peau et le fil. Il se resserrait autour de ma gorge. J'agitais désespérément les bras, je commençais à suffoquer. J'essayai de frapper la personne qui se trouvait derrière moi, mais impossible de l'atteindre. Le sang battait à mes tempes et résonnait à l'intérieur de mon crâne. Les pieds solidement campés sur le sol, je poussai de toutes mes forces. Mon agresseur fut soulevé du sol, mais la douleur du fil de fer qui m'entaillait la peau devint insupportable. Il n'avait pas lâché prise et une obscurité tourbillonnante m'enveloppa.

Incapable de supporter son poids plus longtemps, je tombai à genoux. Mes oreilles bourdonnaient, le sang rugissait dans ma tête. Je m'enfonçais dans l'inconscience quand le garçon qui était derrière moi poussa un hurlement de douleur, et le fil de fer se relâcha. L'air pénétra à nouveau dans ma trachée, sans pouvoir éviter l'évanouissement.

Dans ce lieu étrange où me conduisit ma perte de connaissance, j'eus la vision fugitive, mais très nette, d'une cape de soie noire qui descendait sur moi telle une feuille géante. Je rouvris les yeux. Penché au-dessus de mon visage, Jack me parlait, mais à cause du bourdonnement dans mes oreilles, je ne l'entendais pas. C'était comme s'il s'exprimait dans une langue étrangère. Les arbres dénudés se détachaient sur le fond du ciel bleu ; une feuille unique se balançait sur une branche. Je m'attendais à la voir se détacher et flotter jusqu'au sol en prenant l'apparence d'une cape noire.

– Noah ! s'exclama Jack, mais son cri ressemblait davantage à un sanglot. Laisse-le et viens plutôt par ici !

Quelques secondes plus tard, Noah était penché au-dessus de moi lui aussi et il me parlait de sa belle voix douce, même si les paroles ressemblaient à un galimatias. Je contemplai les deux garçons que j'aimais plus que n'importe qui et me mis à pleurer. Je restai allongée là plusieurs minutes et mon esprit parvint enfin à déchiffrer ce qu'ils me disaient. Simultanément, je retrouvai mes forces. Ils m'aidèrent à me redresser en position assise. Alors que les vertiges se dissipaient, je regardai autour de moi et découvris mon agresseur. Corner Boy était salement amoché, son nez pissait le sang. Il se releva en titubant et me jeta un regard rempli de haine. Noah bondit et lui décocha un coup au visage, avec une telle force que ses jambes se dérobèrent sous lui.

– Arrête, dis-je d'une voix éraillée. Tu lui as déjà cassé le nez.

– C'est pas moi, c'est toi.

Je secouai la tête pour protester, mais m'arrêtai aussitôt : ça cognait de plus belle à l'intérieur de mon crâne.

– Il était derrière moi, dis-je, je ne pouvais pas le toucher.

– Quand on l'a vu, on s'est précipités. On avait peur de ne pas arriver à temps. Mais il s'est mis à saigner du nez soudain et il t'a lâchée.

– Peut-être que tu lui as filé un coup de boule sans t'en apercevoir, ajouta Jack.

Visiblement ébranlé, il brandit un garrot artisanal composé d'un fil de fer et de deux bâtons.

– Il a essayé de te tuer, Jocey.

Je regardai le corps avachi de Corner Boy et son T-shirt maculé de sang.

– Tu peux te lever ? me demanda Noah.

– Oui, je crois.

On parvint, je ne sais comment, à regagner Seale House tous les trois, en traînant Corner Boy. Hazel était occupée à couper des betteraves dans la cuisine ; Noah lui expliqua ce qui s'était passé. Il décrocha le téléphone et lui tendit l'appareil.

– Appelez l'assistante sociale et flanquez-le dehors.

J'étais surprise par son culot et par la réaction d'Hazel qui n'entra pas dans une rage folle. Toutefois, elle refusa d'obtempérer.

– Il faut qu'il reste ici. (Elle posa son regard glacial sur Conner.) Descends dans la cave. Tu y resteras tout le week-end. Sans manger.

Il lui adressa un sourire de dément.

– Super. J'adore la cave.

On savait qu'il mentait ; ça se voyait à la façon dont ses yeux allaient et venaient comme deux insectes affolés qui cavalent d'un coin sombre à un autre. Mais il descendit de lui-même dans la cave et claqua la porte derrière lui. Hazel la ferma à clé et éteignit la lumière, au moment où Noah s'exclamait :

– Ce n'est pas suffisant ! Conner est dangereux. Il n'est pas comme ces autres gamins qui sont prêts à tout pour ne pas aller dans la cave tellement ils en ont peur. Aucune punition

ne sera jamais assez sévère pour le faire réfléchir. Surtout si c'est tout ce qu'il risque pour avoir essayé de tuer Jocey.

Hazel me regarda à peine en répliquant :

– Elle est assez grande pour se défendre.

Une note de désespoir s'insinua dans la voix de Noah.

– Vous ne pouvez pas faire quelque chose de bien pour une fois ?

Elle croisa les bras sur son ventre flasque.

– Je t'interdis de me parler ainsi, mon garçon ! Tu n'as aucune idée de tous les sacrifices que j'ai consentis pour toi.

Sur ce, Hazel monta dans ses appartements d'un pas lourd.

On la regarda s'éloigner. Dans les yeux de Noah perçait un ressentiment glacial. Jack posa la main sur son épaule.

– Tu gaspilles ta salive.

– J'attends toujours qu'elle change et qu'elle s'intéresse enfin à nous, au lieu de ne penser qu'à se droguer.

– Ne rêve pas, dis-je.

J'avais nourri le même espoir avec Melody, jusqu'à ce que l'incident avec Erv nous oblige à fuir.

Après avoir franchi les portes vitrées de la maison de retraite, j'aspirai de grandes bouffées d'air. Je traversai la pelouse en courant, jusqu'à un banc installé sous un arbre. Je m'y laissai tomber. Ce que je venais d'apprendre s'emboîtait plus clairement dans mon esprit que toutes les pièces de puzzle laissées par Jack. Je comprenais enfin un tas de choses sur ce jeune vampire qui m'avait tant intriguée et rendue perplexe. Tous ses faits et gestes à Seale House prenaient un sens désormais.

Je levai la tête. Noah traversait la pelouse à son tour.

– Pourquoi tu ne m'as rien dit ? demandai-je.

Il s'assit sur le banc, à la manière d'un homme vaincu.

– La plupart du temps, elle oublie qui je suis. Je ne pensais pas que cette infirmière dévoilerait le pot aux roses.

– Je ne parle pas d'aujourd'hui. On a passé des heures et des heures ensemble quand on était gamins et tu ne nous as jamais rien dit !

– Pourquoi vous aurais-je dit que Hazel était ma mère, alors que vous la haïssiez, Jack et toi ? Je n'étais pas stupide.

– On a toujours supposé que tu avais atterri à Seale House comme nous tous, mais pas du tout ! Le petit garçon sur les photos, et le bébé qu'elle tient dans ses bras, c'est toi ?

– Oui.

Je le dévisageai pour chercher une ressemblance. Elle était là, légère.

– L'autre soir, pourquoi tu m'as menti quand je t'ai demandé comment tu t'étais retrouvé à Seale House ?

Il se pencha en avant, les avant-bras sur les genoux, doigts entrelacés.

– Je ne t'ai pas menti. Je t'ai dit que ma mère était une droguée mise en cloque par son dealer et qu'elle ne m'avait jamais vraiment désiré.

– Mais… elle est très vieille.

– Elle avait déjà la quarantaine quand c'est arrivé, et elle était trop défoncée pour réagir avant qu'il soit trop tard. Franchement, je m'étonne de ne pas être né avec une malformation ou débile.

– Comment a-t-elle fini à Seale House ?

– Elle y a grandi. Elle était petite quand sa mère est morte et c'est son père qui l'a élevée. Un homme méchant. Elle donnait peut-être l'impression d'avoir une volonté de fer, mais en réalité, elle était faible, elle avait toujours peur… Elle se sentait prisonnière, je pense. Elle s'est occupée de ce sale vieux bonhomme pendant des années, jusqu'à sa mort. Et pour le supporter, elle a trouvé la drogue.

– Et alors ? Qui n'a pas eu une vie difficile ? Au moins, elle avait un foyer. Et quand je t'ai raconté le passé de Melody, tu m'as dit que tu n'avais aucune pitié pour les gens qui justifiaient leur comportement infâme par une enfance malheureuse.

Il se redressa et posa sur moi ses yeux marron insondables.

– Je ne lui cherche pas d'excuses, Jocelyn. Je t'explique.

– Comment en est-elle venue à s'occuper d'enfants abandonnés ?

– J'avais environ sept ans. L'argent de son héritage était parti en fumée, littéralement. Il ne lui restait que la maison. Elle était tellement grande que quelqu'un lui a suggéré d'en faire un foyer d'accueil.

– Un jour à marquer d'une pierre blanche.

– Comme tu dis.

– Et moi qui te prenais pour un héros ! Tu lui tenais tête courageusement. En fait, tu n'étais que son larbin.

Il détourna le regard.

– Tu es injuste, Jocelyn. J'étais un gamin qui essayait de se débrouiller, comme vous tous.

Je repensai à cette première nuit, quand Noah était descendu dans la cave pour nous expliquer, à Jack et à moi, où se trouvaient les couvertures et la lampe électrique. On le prenait pour un enfant abandonné comme les autres qui avait appris à survivre à l'intérieur du système. On était loin de se douter que son histoire cachait bien autre chose.

– Oui, tu as sans doute raison, concédai-je. Ça ne devait pas être facile de jouer les équilibristes en permanence pour maintenir la paix. Tu prenais soin de ta mère et tu gérais la maison en plus.

– Le plus dur, c'était de voir à quel point vous la haïssiez, tous. J'avais peur que vous me haïssiez moi aussi, si vous découvriez la vérité. Quand j'étais petit, Hazel et moi on a appris à nos dépens ce qui nous attendait. Les premiers enfants de Seale House me tabassaient pour se venger d'elle. Alors, quand un nouveau groupe est arrivé, elle a décidé de faire croire que j'étais un garçon comme les autres. Je n'avais pas de chambre à part, je l'appelais Hazel et je la vouvoyais comme tout le monde. Personne ne devinait que j'étais son fils car on ne se ressemble pas. Elle m'avait donné le nom de jeune fille de sa mère, Collier, comme deuxième prénom. Alors, je suis devenu Noah Collier.

– Que ressentais-tu en voyant Hazel nier que tu étais son fils ?

– C'était une tactique de survie, voilà tout.

– Allons, Noah, j'ai été élevée par une femme qui ne voulait pas s'embêter avec des enfants. Tu te souviens ?

Il ne répondit pas immédiatement.

– Parfois, je me demandais ce que j'éprouverais si elle acceptait que je sois son fils. J'espérais que, peut-être, elle s'intéresserait à moi, comme une vraie mère. Hélas, même quand tous les enfants sont partis, elle n'a pas changé.

Son expression de tristesse me rappelait les périodes de ma propre vie où j'avais secrètement espéré que Melody m'aimerait un jour comme elle aimait Jack. Tous les enfants non désirés font ce même genre de rêves désespérés.

– Qu'est-il arrivé à Hazel pour qu'elle finisse ici, dans cet état ?

– Une méchante attaque, il y a deux ou trois ans. Puis Alzheimer. À partir de là, elle a sérieusement décliné. Il faut dire que sa consommation de drogues dans le passé n'a rien arrangé.

Je venais de comprendre autre chose.

– C'est à cause d'elle que tu n'as pas quitté Watertown. Comment peux-tu lui rester fidèle, alors qu'elle a été une si mauvaise mère ?

– Faut croire que je suis un peu bête. Remarque, je suis encore là avec toi, malgré tout ce que tu as fait.

Il se leva et me regarda avec une expression que je ne parvins pas à déchiffrer.

– Bon, on arrête de parler de ça ? Essayons plutôt de découvrir pourquoi Jack nous a fait venir ici.

Quelques gouttes de pluie parfumèrent l'atmosphère humide. Je n'avais aucune envie de retourner voir Hazel. D'où me venait ce désir de la retrouver, au départ ? Trop de sentiments inexpliqués se bousculaient dans ma tête, mais tant que je n'aurais pas revu Jack, je savais que je devrais les laisser en suspens. Quand j'aurais enfin mon frère en face de moi, il devrait répondre à quelques questions.

– OK, dis-je en me levant à mon tour.

On regagna le bâtiment et je rassemblai mes forces pour affronter la vieille femme.

26
CODE SECRET

Hazel avait quitté son fauteuil roulant pour s'asseoir dans le fauteuil rembourré devant la télé. Penchée en avant, elle serrait la télécommande dans sa main. Le son était à peine audible. Les yeux fixés sur l'écran, elle faisait défiler les chaînes dans une farandole confuse de feuilletons, de jeux et de publicités.

Noah approcha l'autre siège et tendit la main vers la télécommande, que sa mère écarta d'un geste brusque.

– Hazel, dit-il d'une voix douce, si on éteignait la télé pour qu'on puisse parler ?

Elle secoua la tête, agitant son casque de cheveux gris, sans quitter des yeux les programmes qui se succédaient. Malgré son âge et son triste état, j'avais une forte envie de lui flanquer une gifle. Au lieu de cela, je demandai :

– Vous ne pouvez pas être gentille avec Noah, au moins une fois dans votre vie ?

Elle tourna la tête sur moi.

– Tu es cette vilaine fille ! Tu as fermé la porte à clé, hein ?

Refusant de baisser les yeux, j'affrontai son regard avec un mépris froid.

Noah intervint :

– Laisse-moi régler ça, d'accord ?

D'un rictus, il me fit comprendre que je devrais en profiter pour fouiller la chambre. Je sortis du champ de vision de Hazel et son attention revint aussitôt sur la télé. Noah fit une nouvelle tentative :

– Hazel, tu te souviens de mon ami Jack ?

Elle ne répondit pas.

– Est-il venu te voir ?

Hazel s'était arrêtée sur une publicité pour une chaîne de fast-foods.

– Tu te souviens comme il était intelligent ? insista Noah. Il avait toujours des bonnes notes à l'école, et il m'aidait à déblayer la neige sur le trottoir. On faisait des cookies aux pépites de chocolat que tu adorais.

Toujours pas de réponse.

Pendant que Noah tentait désespérément d'aiguillonner la mémoire de sa mère, je balayai la chambre du regard. Je commençai par le petit panneau de liège sur lequel étaient punaisées plusieurs feuilles et une carte d'anniversaire. Aucun indice dans tout cela ; la carte avait été envoyée par son agent d'assurances. Hazel ne faisait pas vraiment partie de ces charmantes vieilles dames qui suscitent ce genre d'attention.

J'examinai plus longuement les photos qui montraient Noah bébé, puis enfant. J'étais émue, étrangement. Et j'en voulais à Jack, car j'aurais préféré continuer à vivre sans connaître la vérité au sujet d'Hazel et de Noah.

Après avoir passé en revue les bibelots sur les étagères et la commode, j'ouvris discrètement un des tiroirs. Fouiller dans les affaires d'Hazel était une tâche désagréable, mais comme Noah n'arrivait à rien avec ses questions, je continuai. Les deux premiers tiroirs ne contenaient pas grand-chose. En ouvrant le troisième, je soulevai plusieurs pantalons de vieille dame et découvris, tout au fond, un étroit coffret en cuir. Je soulevai le couvercle. À l'intérieur, niché dans de la mousse, il y avait un couteau en acier poli dont le manche était enveloppé de papier rouge.

– Voleuse ! cria Hazel, d'un ton si familier que je sursautai.

Me retournant, je vis qu'elle me regardait d'un air furieux.

– Fiche-moi le camp !

– Calme-toi, dit Noah. Je m'en occupe.

La vieille femme me visa avec la télécommande. Je me baissai pour l'éviter et le boîtier s'écrasa contre le mur. Quand il heurta le sol, il s'ouvrit en deux et les piles s'éparpillèrent.

Noah saisit sa mère par le poignet et, de l'autre main, il éteignit la télé.

– Ce n'est pas gentil ! Si tu ne sais pas te tenir, je dirai aux infirmières de ne pas te donner tes médicaments ce soir.

Hazel s'enfonça dans son fauteuil, l'air renfrogné.

– Elle fouille dans mes tiroirs, elle va me voler mes pantalons.

– Non, elle est trop grande pour mettre tes pantalons. (Il me regarda pendant que je refermais le coffret en cuir et le cachai derrière mon dos.) Est-ce que tu vas mettre ses pantalons ?

Je fis non de la tête. Il se retourna vers Hazel.

– Tu vois ? Elle ne touche pas à tes pantalons.

Un rictus déforma le visage de la vieille femme ; on aurait cru qu'elle allait pleurer.

– Maintenant, ma télé est cassée.

Noah alla ramasser la télécommande et les piles. Il rassembla le tout.

– Tiens, dit-il en lui tendant le boîtier.

Elle ralluma la télé et se remit à zapper, avant même que l'image apparaisse sur l'écran.

Il se retourna vers moi. Je hochai la tête et contournai le lit pour me diriger vers la porte. Il voulut me suivre, mais la main d'Hazel jaillit. Elle lui saisit le poignet. Ils se dévisagèrent.

– J'ai fait tout ça pour toi, Noah. J'ai tout fait pour toi.

Elle avait perdu sa voix frêle et son ton geignard. Son regard, levé vers son fils, était clair.

– Je sais, dit-il.

Quelques secondes plus tard, elle reporta son attention sur le téléviseur et se remit à zapper furieusement. Les images et les sons formaient un mélange indescriptible. On quitta la chambre.

Une averse avait mouillé la chaussée, mais le soleil montrait le bout de son nez. J'étais perturbée, à cause de ce que je venais d'apprendre au sujet de Noah et d'Hazel, mais aussi par le spectacle de cette vieille femme impotente.

Durant mon séjour à Seale House, elle était l'ennemie que j'avais fini par haïr et, les années passant, ma haine pour elle n'avait fait que croître. Mais maintenant que Hazel était devenue une pitoyable épave humaine, ma colère perdait de sa virulence. Et je ne savais pas trop quel sentiment cela m'inspirait. D'une certaine façon, c'était décevant, comme la scène finale de la trilogie de *La Guerre des étoiles*, quand Dark Vador ôtait son masque et apparaissait sous les traits d'un vieux bonhomme inoffensif.

De retour dans la Toyota, j'ouvris le coffret en cuir. Je sortis le couteau et déroulai les trois bandes de papier rouge qui enveloppaient le manche.

– Hazel n'a jamais possédé un tel objet, dit Noah. C'est certainement Jack qui l'a mis là.

– Je suis d'accord. De plus, il y a ces indices, on sait donc que ça vient de lui. Ce qui veut dire qu'il se trouvait dans la chambre d'Hazel il n'y a pas si longtemps.

– Elle dormait ou bien elle ne se souvient pas de l'avoir vu.

– Ou bien elle n'a pas voulu nous le dire. Intéressons-nous à ces bandes de papier.

La première était couverte de lettres imprimées, la deuxième d'une série de chiffres romains. La troisième était vierge.

– Ça ressemble à un simple code par substitution, commenta-t-il.

J'examinai les lettres.

– Tu as raison, dis-je. Il y a beaucoup de *H*, ça doit être le *E* ou le *A*. Quant au double *OO*, je parie qu'il remplace le *L* ou le *N*.

Je pris un crayon pour recopier les lettres sur mon bloc. Puis j'entrepris de remplacer les lettres pour déchiffrer le message.

FRXWHCXA HW CLJXLOOHV FRQGXLURQW
CX GHFHV PHILCQFH HW FRQILCQFH
HQXHUV EHWK OHQUCJHH

Noah me prit la bande vierge pour l'approcher de la lumière du plafonnier.

– Il y a une sorte de truc gravé que je n'arrive pas à lire, mais je suis sûr que tu vas trouver la solution.

Il me rendit la bande.

– Qu'est-ce qui ne va pas ? demandai-je.

– Tout. Ces indices, ce sont des trucs de gamin. Pourquoi s'est-il donné la peine d'aller dans la chambre d'Hazel pour cacher ce couteau ?

– Je n'en sais rien, mais je suis certaine qu'il nous le dira quand on le trouvera.

– Tu n'as jamais pensé que Jack faisait tout ça parce qu'il avait disjoncté ?

– Ne dis pas ça.

– Tu refuses d'entendre raison. Rien dans son comportement ne semble normal… à mes yeux, du moins.

– Tu lui en veux parce qu'il nous a conduits jusqu'à Hazel et que j'ai appris la vérité.

– Non, répliqua-t-il d'un ton agacé, car au moment où je te parle, je me fiche de ce que tu penses.

On fut interrompus par la sonnerie de son portable. Il regarda qui l'appelait avant de répondre.

– Salut, Don. Quoi de neuf ?

Après avoir écouté pendant quelques secondes son ami inspecteur de police, il se renfrogna.

– Oh, ça. Oui, je sais. J'allais m'en occuper… (Son froncement de sourcils s'accentua.) Je suis obligé de le faire maintenant ?

J'entendais le bourdonnement indistinct de la voix de l'inspecteur.

– Bien, dit Noah. OK, j'arrive tout de suite.

Il coupa la communication et ravala un juron.

– Que se passe-t-il ?

– Parfois, Don est le roi des enquiquineurs ! Je dois aller au tribunal.

– Pourquoi ?

– Il a entré mon nom dans le fichier central et découvert que je n'avais pas payé une amende pour excès de vitesse. J'ai dépassé le délai.

– De combien ?

– De beaucoup. Il dit qu'à cause de l'enquête sur ce qui s'est passé chez moi, je dois régulariser ma situation immédiatement.

Il démarra. Pendant que l'on roulait, mes pensées me ramenèrent à notre conversation sur le banc.

– Noah, je regrette d'avoir dit que tu étais le larbin d'Hazel. En fait, de nous tous, c'est sûrement toi qui en bavais le plus.

Il répondit par un bref hochement de tête, mais cela me suffit à me sentir soulagée : j'avais réparé mon tort. Je repris le couteau et le fis tourner entre mes doigts pour en examiner chaque centimètre, sans rien découvrir sinon une lame de grande qualité, et la mention *Cold Steel* incrustée dans le manche. Après l'avoir rangé dans son coffret, je pris l'indice composé de chiffres romains.

XX-IX-XV-XVIII-IV-XIV-V-XII-V-XXI-XVII-
IX-IV-XIV-IX-XXIV-IX-XV-XVIII-III-I-XII

On atteignit bientôt le tribunal du Comté de Jefferson. On se gara et on descendit de voiture. Dans le hall principal, Noah trouva la file d'attente qui le concernait. Je partis à la recherche d'une fontaine à eau potable. En revenant, je fus surprise de découvrir Zachary Saulto, le type de chez ISI qui nous avait abordés à la bibliothèque. Il avait toujours la même démarche pleine d'assurance. Il me sourit. Son visage en pâte à modeler paraissait encore plus effrayant dans la lumière des néons.

– Comment ça va, Jaclyn ?

– Jocelyn. Qu'est-ce que vous faites ici ?

– Mon patron, Sam Marvin, m'a chargé de prendre de tes nouvelles. Nous avons entendu parler de l'incendie. Tout va bien ?

– Écoutez, vous pouvez parler à Noah si vous voulez. Moi, je n'ai rien à vous dire.

Je repartis en direction du hall et il m'emboîta le pas.

– Hé, nous voulons juste veiller sur la sœur de Jack. Nous lui devons bien ça. Nous sommes inquiets et nous voulons être sûrs que tout va bien.

– Vous radotez. Autre chose ?

Il sourit à nouveau, en essayant de prendre un air amical, mais mine de rien, il me bloquait le passage.

– Nous voulons te mettre en garde contre un de nos anciens employés. Il s'appelle Paul Gerard.

Saulto guetta ma réaction. J'essayai de conserver une expression neutre.

– Eh bien ?

– Apparemment, Jack et lui auraient eu une prise de bec deux ou trois jours avant l'accident.

– Comment ça ?

– C'est une longue histoire. (Il se rapprocha et se pencha en avant comme s'il allait me faire une confidence :) Pour résumer, disons que Paul Gerard a volé une chose qui appartenait à notre société. Jack est allé la récupérer pour nous.

– Pourquoi aurait-il fait ça ?

– Ton frère était très loyal envers ISI.

– C'était quoi, cette chose ?

– Je ne peux pas te le dire. Question de sécurité. (Il reprit sa posture initiale.) Mais jamais nous n'aurions laissé Jack aller trouver Gerard si nous avions pensé qu'il pouvait y avoir un problème.

– Il y a eu un problème ?

Saulto haussa les épaules.

Je n'aimais pas du tout sa façon de lâcher les informations au compte-goutte.

– Jack a récupéré ce que vous l'aviez envoyé chercher ?

– Nous n'en sommes pas sûrs. À cause de l'accident de voiture, impossible de le savoir.

Comme je ne disais rien, il ajouta :

– Gerard est un personnage intéressant. C'était un de nos meilleurs spécialistes en matière de sécurité. Jusqu'à ce qu'il devienne un voleur et se mette à son compte.

– S'il vous a volé *quelque chose*, pourquoi ISI n'a-t-il pas alerté la police au lieu de faire appel à mon frère ? Non, attendez, laissez-moi deviner. Vous ne vouliez pas qu'on sache que vous étiez incapables de protéger ce qui vous appartient.

Saulto ignora ma remarque sarcastique.

– Parfois, il arrive que l'on recrute une pomme pourrie, malgré toutes nos précautions. Gerard n'a pas essayé de te contacter, par hasard ?

Je secouai la tête.

– Pour information, sache que ce type a toujours eu un faible pour les grandes et jolies blondes. Mais moi aussi.

– Vous n'allez quand même pas commencer à me draguer, hein ?

– J'ai déjà commencé, répliqua-t-il. (Je me demandai si ce large sourire ne lui faisait pas mal aux joues à force.) Dis-moi une chose : qu'est-ce qui te plaît chez un *geek* comme Noah ?

J'observai le crâne rose et rasé et Saulto.

– Ses cheveux. Je suis dingue des types qui ont des cheveux.

Son sourire disparut aussitôt. En le contournant, je glissai :

– Et un cerveau.

Il dut presser le pas pour me rejoindre, alors que je pénétrais dans le hall. Noah quittait le guichet en fourrant un reçu dans son portefeuille. Il leva la tête et son expression s'assombrit.

– Qu'est-ce que tu fiches ici ? lança-t-il à Saulto.

– Désolé pour ta baraque. Tu sais comment l'incendie s'est déclaré ?

– Je n'aime pas que tu me suives, Zach. D'ailleurs, je ne t'aime pas, toi non plus. Alors, garde tes distances.

Ils se fusillèrent du regard, jusqu'à ce que Saulto hausse les épaules et se retourne vers moi. Il me tendit sa carte de visite.

– Encore une fois, si tu as besoin de quoi que ce soit, appelle-moi.

Je ne la pris pas.

– J'ai besoin d'une seule chose, répondis-je.

– Quoi donc ?

– La vérité. Si vous êtes tous préoccupés par mon sort, soyez honnêtes. Dites-moi ce qu'a volé Gerard et ce que mon frère a tenté de récupérer.

– Désolé, je ne peux pas.

Je regardai Noah.

– Allons-nous-en.

Je sentis les yeux de Saulto dans mon dos pendant que l'on sortait du tribunal.

27
JASON DÉCEMBRE

Noah garda les yeux fixés sur le rétroviseur pendant plusieurs minutes en conduisant. Je lui répétai tout ce que m'avait dit Saulto et m'interrogeai à voix haute : qu'avait donc volé Paul Gerard à ISI et comment mon frère avait-il fait pour récupérer la chose en question ? Noah et moi, on était d'accord sur un point : Jack avait réussi à mettre la main dessus, voilà pourquoi il avait simulé sa mort. Voilà également pourquoi Gerard m'avait agressée, puis avait incendié la maison de Noah.

Plus on parlait et plus son visage se fermait ; je savais ce qu'il pensait. Les paroles de Saulto expliquaient un tas de choses, mais elles n'expliquaient pas tout. Résultat, on éprouvait tous les deux une immense frustration car si on approchait du but, on avançait toujours à l'aveuglette.

En repensant au ton furieux de Paul Gerard et à la violence avec laquelle il m'avait étranglée, je fus submergée par une nouvelle vague de peur. Il était convaincu que Jack m'avait transmis l'objet volé, et le fait qu'on ne l'ait pas nous plaçait dans une position dangereuse. Si par malheur, il parvenait à nous coincer, on n'avait rien pour négocier. Et ce crétin de Zachary Saulto qui refusait obstinément de nous dire ce que Gerard avait dérobé ! On devait mettre fin rapidement à cette chasse au trésor démentielle pour savoir ce qui se passait au juste.

Je remarquai que j'étais en train de me ronger un ongle sans m'en apercevoir. Je posai ma main sur mes genoux. Et je m'obligeai à ne plus penser à Gerard ; ça ne servait à rien de m'angoisser. J'adressai un sourire espiègle à Noah.

– Tu ne trouves pas que Saulto est le plus gros tas d'Erv qu'on ait jamais vu ?

Il pouffa.

– Oui, c'est sûr.

– Je déteste me faire draguer par ce genre de frimeurs.

– Tu veux dire qu'il t'a fait du gringue ?

Je savourai secrètement son regard jaloux. C'était bon de savoir que je n'étais pas simplement pour lui la sœur de son meilleur ami.

– Ne t'inquiète pas, dis-je, je lui ai bien fait comprendre qu'il n'était pas du tout mon type d'homme.

Alors qu'on quittait le centre-ville, je replongeai dans l'analyse des indices. Sur une des bandes de papier, je transcrivis les chiffres romains en chiffres arabes :

20 9 15 18 4 14 5 12 5 21 17
9 4 14 9 24 9 15 18 3 1 12

Noah jeta un coup d'œil à ce que je faisais.

– Étant donné qu'aucun chiffre n'est supérieur à 26, ils doivent représenter les lettres de l'alphabet.

J'acquiesçai. Je griffonnai l'alphabet et assignai un chiffre à chaque lettre. De 1 pour A à 26 pour Z.

TIORDNELEUQIDNIXIORCAL

– J'ai dû me tromper quelque part.

Quand on s'arrêta à un feu rouge, Noah en profita pour regarder le message.

– C'est peut-être une anagramme. Essaye de déplacer les lettres.

– Attends… Ça y est, je sais.

Le feu passa au vert et on redémarra. J'inversai les lettres et regroupai les mots.

– Et voilà !

LA CROIX INDIQUE L'ENDROIT

– Tu plaisantes !

Les yeux fixés sur le message, je doutais moi aussi.

– Oui, je sais, ça n'a aucun sens.

La phrase préférée de Jack dans le troisième Indiana Jones était : « La croix n'indique jamais l'emplacement d'un trésor. » Il l'avait souvent notée dans ses énigmes signées Jason Décembre.

– Pourquoi se contredirait-il avec cet indice ? m'étonnai-je.

Je repensai à toutes les fois où on avait regardé les films d'« Indy ». Hazel était opposée aux chaînes câblées et à toute forme de location, mais elle possédait une vingtaine de DVD que l'on visionnait sans cesse, dont la trilogie de *La Guerre des étoiles*.

– Je ne sais pas, avoua Noah. L'astuce dans le film, c'était que l'endroit était vraiment marqué d'une croix, tu te souviens ?

Après avoir réfléchi encore quelques secondes, je décidai de passer à autre chose. Je me concentrai sur le deuxième message, dont on avait décrété qu'il s'agissait d'un codage par substitution. Je commençai à échanger les lettres. Cette énigme était plus coriace que la précédente et je rayai de nombreuses combinaisons erronées avant de réussir enfin à déchiffrer le code. J'avais maintenant devant moi deux phrases qui formaient un nouvel indice, aussi désagréable, pensais-je, que celui qui nous enjoignait de retrouver Hazel.

```
Couteaux et aiguilles
Conduiront au décès
Méfiance et confiance
envers notre Beth l'Enragée.
```

Je lus le message à Noah.

– À ton avis, qu'est-ce que ça signifie « Méfiance et confiance » ?

– Aucune idée. Tu n'as pas un indice ?

– Très drôle. (Je faillis sourire.) Sais-tu où a fini Beth ?

– Non, mais ce n'est pas étonnant que l'énigme la concerne. Jack nous a laissé un couteau, non ? Elle apparaît également dans le problème de logique. On aurait dû se douter qu'elle serait impliquée. Et le dernier indice ?

Je pris la bande de papier vierge et l'inclinai dans la lumière, sans parvenir à distinguer les caractères gravés. Je frottai la mine de mon crayon sur mon brouillon jusqu'à obtenir un pâté presque noir, sur lequel je passai le bout de mon index. Et ensuite, comme je l'avais fait il y a si longtemps, le jour de mes treize ans, je promenai mon doigt sur le papier afin de faire apparaître le texte en creux.

Qu'a donc fait Jason
Décembre en somme ?
Pouvez-vous trouver sa nécro
dans le *Evening Sun* ?

Je lus ces phrases à Noah en essayant d'étouffer l'inquiétude provoquée par ces mots.

– Sais-tu ce qu'est le *Evening Sun* ?

– Sans doute un journal car « nécro » est l'abréviation de rubrique nécrologique. Mais je n'en ai jamais entendu parler. Quoi qu'il en soit, c'est la piste à suivre. L'indice concernant Beth ne nous indique pas où la trouver. Et l'autre peut signifier n'importe quoi.

– On devrait aller voir sur Internet.

Noah bifurqua sur une route secondaire et s'arrêta sur le bas-côté. Il se pencha par-dessus son siège pour récupérer son ordinateur, me le tendit et l'alluma. Puis il repartit, tandis que l'ordinateur cherchait un réseau sans fil.

– Je vais m'approcher du secteur des grands hôtels pour essayer de choper leur wi-fi. Généralement, ils ne demandent pas de mot de passe.

Une dizaine de minutes plus tard, on parvint à se connecter, effectivement, et Noah pénétra sur le parking d'un motel. Il coupa le moteur.

– Commence par les journaux de l'État de New York, suggéra-t-il.

Après quelques recherches, on trouva *The Evening Sun*, installé à Norwich.

– Il ne peut pas y avoir de notice nécrologique sur Jack dans ce journal, dis-je. Norwich se trouve complètement dans le sud de l'État et l'accident de voiture a eu lieu alors qu'il rentrait d'Albany, après un déplacement pour son boulot.

– Vérifions quand même. Va dans la section des archives et cherche par date.

Je m'exécutai et entrai la date du 16 mars, jours de l'accident de Jack. Je fis défiler la une et m'arrêtai sur cette manchette : « Un couple de personnes âgées meurt dans un accident. » On s'attarda sur la photo d'une épave qu'une dépanneuse sortait de l'eau. Les noms et les circonstances du drame ne me disaient rien, si ce n'est que cette voiture avait fini sa course dans la même rivière que celle de mon frère.

– Aucun rapport avec Jack.

Alors que j'allais cliquer sur la page suivante, Noah m'arrêta.

– Si. Tu te souviens de ce rapport qu'ISI m'a envoyé par mail, sur son accident ? C'est la photo de l'épave qui l'accompagnait.

28
LA REQUÊTE

– Tu es sûr ?

– Absolument. J'ai longuement étudié cette photo.

– En tout cas, je peux te dire une chose, ce n'est pas la voiture de Jack. Il conduit une Civic, comme moi. Mais un modèle plus récent, bleu.

– As-tu vu des photos de son accident ?

– Je n'ai pas eu le courage de les regarder. Personne dans la famille n'a voulu les voir.

Je n'ajoutai pas qu'en découvrant les détails de la mort de mon frère, j'avais eu peur de ne jamais m'en remettre.

– C'est une photo d'un accident de voiture survenu le jour même où Jack est censé avoir trouvé la mort, et je suis certaine qu'il y a un lien avec ISI.

– Jack voulait leur faire croire qu'il avait disparu ou alors, ce sont eux qui ont fait croire à son décès.

Je laissai échapper un petit hoquet d'effroi.

– Et s'ils le détenaient quelque part ? S'ils lui faisaient du mal ?

– Je ne crois pas, vu qu'il nous a laissé tous ces indices. Il n'aurait pas pu le faire s'il était enfermé. Mais il y a une certitude : il s'est passé quelque chose le 16 mars. Et un grave danger le menace, que ce soit lui-même ou ISI qui ait simulé sa mort.

Je quittai Internet, éteignis l'ordinateur et le remis sur la banquette arrière. Je m'enfonçai dans mon siège pendant que Noah redémarrait.

Il déclara :

– Tant que l'on n'a pas élucidé toutes les énigmes, il faut arrêter de faire des suppositions.

– C'est plus fort que moi. Et je ne peux pas m'empêcher de m'inquiéter, non plus.

– Ça ne sert à rien.

Dans le temps, il me répétait toujours la même chose, mais ça ne servait à rien.

– OK, soupirai-je. Alors, on fait quoi maintenant ?

– Là, tu me poses une colle. Jack nous a donné trois indices avec le couteau, mais aucun ne contient suffisamment d'informations. Le journal nous a quand même appris une chose importante, mais qu'en faire ? Quant aux deux autres indices, on ignore où est la croix en question, et on ne sait pas non plus où se trouve Beth.

– Beth ! Pourquoi elle ? D'accord, on partageait la même chambre toutes les deux, mais on n'était pas vraiment amies. D'ailleurs, personne ne pouvait être ami avec elle. Elle était trop cinglée.

On traversa la périphérie de la ville, d'humeur sombre l'un et l'autre, peu désireux de partager nos pensées. Après plusieurs kilomètres, on se retrouva sur une route flanquée de bouleaux, d'érables argentés et de saules. Des roseaux poussaient dans des marécages et des primevères bordaient la chaussée, tandis que des hémérocalles orange commençaient à fleurir. Dans d'autres circonstances, j'aurais apprécié ce paysage. Pas là.

Après avoir laissé derrière nous la petite ville d'Alexandria Bay, on se dirigea vers le Saint-Laurent. Noah s'arrêta sur un parking herbeux et on descendit de voiture. Un peu plus loin, près de la piste cyclable, une camionnette proposait de quoi se restaurer. Le store jaune et violet claquait au vent.

– Tu as faim, Jocey ? Allons chercher un truc.

On acheta des boissons et des hamburgers au bacon à une femme portant une veste à carreaux. Au bord de l'eau, en contrebas, on trouva un endroit pour pique-niquer. On s'assit sur la table en bois, les pieds sur les bancs, comme quand on était gamins. En été, le fleuve gris-vert était envahi d'embarcations, mais aujourd'hui, sous le ciel plombé, on n'apercevait qu'une poignée de voiliers.

– Tu sais, dit Noah, alors que je mordais dans mon hamburger, j'ai passé beaucoup de temps à essayer d'oublier mon passé. Mais depuis deux jours, j'ai l'impression que je tente d'éviter une pluie de météorites.

Je hochai la tête, avec le sentiment qu'il ne disait pas cela uniquement pour parler.

– On dirait que Jack veut nous obliger à nous souvenir.

– Oui.

On mangea en silence, jusqu'à ce que je dise :

– J'ai l'impression que tu veux me demander quelque chose, mais je n'arrive pas à savoir quoi.

Noah sourit et à cet instant je retrouvai, furtivement, le garçon qui avait tant compté pour moi.

– C'est comme quand un petit bout de quelque chose est coincé entre les dents. Tant que tu ne l'as pas retiré, tu sais que ça va te rendre dingue.

Son regard dériva vers une marina, au loin, où des mâts se balançaient lentement le long de la jetée.

– Je veux savoir comment c'est arrivé, Jocey, le soir où tu as fait ce que tu as fait. Avant de t'enfuir.

Je me raidis, les yeux fixés sur mon hamburger devenu insipide. Sans répondre. Il me regarda.

– Je crois que tu me dois bien ça, insista-t-il.

– Tu sais déjà ce qui s'est passé.

– Non, je ne le sais pas. Jack et moi, on était partis faire des courses, si tu te souviens bien. Hazel nous avait envoyés au bureau de poste. Et après, on a dû aller chercher les trucs oubliés à l'épicerie.

– Peut-être que si vous aviez été là, ça se serait passé différemment.

Je fermai les yeux de toutes mes forces. Noah ne dit rien et j'attendis, en priant pour qu'il retire sa requête.

Je courais sur le sol enneigé, mes pieds engourdis étaient parcourus de fourmillements douloureux. Les flocons ne tombaient plus ; le ciel nocturne, totalement dégagé, coupait le monde en deux : en bas, le blanc éclatant du sol, en hauteur, l'obscurité constellée d'étoiles. L'air glacial me brûlait le nez et la gorge, et formait des volutes de fumée devant ma bouche à chaque expiration. Sur mes joues, les larmes devenaient des glaçons. Malgré la vive morsure du froid, c'était la douleur qui palpitait en moi qui me faisait le plus souffrir. Je ne cessais de revoir l'expression meurtrie dans les yeux larmoyants de Noah au moment où il décollait la tête de ses bras et me jetait un regard haineux. « Si je te revois, je te tue. »

Finalement, je rouvris les yeux.

– Ça servira à quoi ? Tu vas me haïr de nouveau.

Noah froissa l'emballage de son hamburger. Puis il me prit la main. Il la tint dans la sienne et examina mes ongles rongés. Il glissa ses doigts entre les miens.

– Je ne pourrai jamais te haïr.

– À l'époque, tu as promis de me tuer si tu me revoyais. J'y ai repensé quant tu as essayé de m'étrangler dans ton garage.

– Jocey, je n'étais qu'un gamin terrorisé. Mais j'ai survécu, et toi aussi.

– Pas Conner, murmurai-je.

29
CONFESSION

Je faisais la vaisselle en chantonnant « Ticket to Ride » avec les Beatles. On avait le droit d'écouter uniquement la radio de Watertown qui diffusait des vieux tubes, et pour éviter toute infraction au règlement, Hazel avait collé le bouton de réglage des stations avec de la Super Glue.

– Tu chantes comme une casserole, me dit Beth, sans agressivité.

Ses longs cheveux roux ondulés étaient tirés en arrière par un élastique et ses sourcils étaient si pâles qu'on les voyait à peine.

Je souris.

– Allez ! Tu sais bien qu'un jour, je deviendrai une grande rock star. Surtout avec un corps pareil.

Elle secoua la tête et je continuai à chanter.

Ses critiques ne m'atteignaient pas car j'avais toujours su que je chantais trop bas, et je voyais dans son commentaire un signe positif : elle avait ouvert la bouche. Je connaissais Beth depuis un an maintenant. On partageait la même chambre et je ne saurais dire combien de monologues j'avais tenus avec elle. Toutefois, récemment, elle avait commencé à m'adresser quelques mots et elle paraissait moins furieuse.

Dehors, dans le jardin, la neige formait déjà une couche de trente centimètres d'épaisseur car l'hiver était glacial à Watertown. Derrière la fenêtre de la cuisine, les flocons continuaient à tomber : fées de brume tournoyantes qui vous enchantaient et vous remplissaient de désarroi tout à la fois. J'avais du mal à croire qu'il y ait déjà autant de neige sur le sol alors que l'on n'était pas encore en décembre. Et malgré la chaudière qui rugissait dans la cave, il faisait toujours froid dans la maison, surtout au premier. Je me languissais déjà des journées d'été et de début d'automne quand on pouvait échapper à l'enfermement de Seale House.

Je pris l'assiette que me tendait Beth et l'essuyai. J'aurais bien voulu accompagner Jack et Noah partis faire des courses. De plus en plus souvent, je me demandais combien de temps la vie allait se poursuivre dans cette maison sans qu'un malheur survienne. Pas plus tard que ce matin, Georgie avait tenté encore une fois de mettre le feu aux rideaux. Je les avais regardés s'éteindre d'eux-mêmes avant de lui passer un savon. Deux nuits plus tôt, émergeant d'un rêve, je m'étais retrouvée debout devant le mur de la chambre. Il ondulait et palpitait sous mes paumes tel un organisme vivant. J'avais eu alors une vision terrifiante : il coulait vers moi et m'engloutissait à la manière du blob *extraterrestre dans le film. Bizarrement, tous ces phénomènes perturbants semblaient liés à l'agitation grandissante d'Hazel et au comportement de plus en plus tordu de Corner Boy.*

Depuis que Conner avait annoncé devant tout le monde qu'il aimait rester dans la cave, il y passait tous ses moments libres. Quand Hazel essayait de le faire remonter, il brisait un objet quelconque, volontairement, ou il frappait un des petits pour qu'on le renvoie en bas. La nuit, il y retournait en douce ; il se faufilait dans l'escalier pour retrouver l'étrange nid qu'il s'était confectionné avec des chiffons et de vieilles couvertures. Parfois, Hazel oubliait sa présence et il loupait le car de ramassage scolaire. On ne prenait pas la peine de le signaler car à l'école, Conner était une véritable plaie. Cette séparation temporaire était pour nous un soulagement, mais le retour à la maison constituait une nouvelle épreuve. On était tous très attentifs à ce qu'on faisait ou disait ; on ne voulait surtout pas le mettre en colère ou être envoyés dans sa tanière.

Noah avait plusieurs fois évoqué le cas de Conner avec Hazel. En vain. Autrefois, elle mettait un point d'honneur à faire respecter le règlement de Seale House, mais elle semblait avoir perdu sa détermination. On se demandait si c'était à cause de la drogue. La marijuana et les quelques rails de cocaïne occasionnels ne lui procuraient pas l'évasion qu'elle recherchait, ou bien il y avait un problème avec son fournisseur. On s'interrogeait, mais c'était un sujet que l'on ne pouvait pas aborder sans risquer de graves ennuis. Même si elle donnait l'impression de se désintéresser de ce que l'on faisait, sauf quand cela la contrariait directement et dans ces cas-là, elle piquait une crise.

Et elle refusait de régler le cas Conner. S'il avait envie de vivre dans la cave, pourquoi pas ?

À la radio, la chanson des Beatles fut remplacée par un morceau des Beach Boys qui parlait de surf et paraissait incongru en plein mois de novembre. J'arrêtai la vaisselle pour regarder par la fenêtre. Le crépuscule avait pris une douce teinte violette et les flocons de neige ornaient de dentelle les arbres noirs. Beth avait fini de laver les couverts et je les essuyais. Après avoir essuyé le couteau de boucher, je le rangeai dans le bloc de bois, et alors que je m'attaquais au couteau à découper, j'entendis un cri d'effroi. Dixon surgit et se précipita vers moi. Il portait un pyjama bleu et jaune, et ses chaussettes fines glissaient sur le sol. Je regardai son visage apeuré et posai le couteau sur la table.

– Qu'est-ce qui se passe ?

Il s'accrocha furieusement à ma taille, alors que Hazel faisait irruption dans la cuisine telle une tornade. Elle saisit Dixon par un de ses bras frêles.

– Je t'interdis de te sauver, sale morveux !

Dixon m'agrippa de plus belle, mais quand elle lui tira le bras d'un coup sec, il lâcha prise en poussant un cri de douleur.

– Combien de fois je vous ai répété qu'il ne fallait pas courir dans la maison ? Tu as cassé une lampe et j'en ai plus qu'assez !

Elle l'entraîna vers la porte de la cave. Le garçonnet se mit à sangloter et une tache humide assombrit l'entrejambe de son pantalon de pyjama. Ce qui eut pour effet de décupler la colère d'Hazel. Lâchant mon torchon, je m'élançai pour le retenir en saisissant son autre bras.

– Hazel ! m'écriai-je. Non, par pitié ! Il ne peut pas descendre dans la cave !

La fureur embrasa son vilain visage.

– Comment oses-tu ?

Jamais je ne l'avais vue dans un tel état. Je priais pour que Noah et Jack rentrent à la maison. D'une voix menaçante, elle ordonna :

– Lâche-le !

Dixon était hystérique, sous l'effet conjugué de la peur et de la douleur de l'écartèlement.

– Conner est en bas, dis-je. Faites-le au moins remonter avant d'y envoyer Dixon.

– Peut-être que comme ça Dixon apprendra à ne pas courir et à ne pas faire pipi dans son pantalon. Et toi, peut-être que tu apprendras à la boucler si je t'envoie dans la cave avec lui.

De sa main libre, elle ouvrit la porte et tira Dixon vers l'obscurité béante. On avait à peu près la même taille, elle et moi, et on luttait à forces égales, mais à tant tirer Dixon chacune de notre côté, je craignais qu'on lui arrache les bras. Alors, je lâchai prise. J'entendis Corner Boy gravir l'escalier en courant et étouffer un ricanement de dément, sadique ; il attendait, caché. Dixon poussa un cri perçant, comme un animal terrorisé qui sait qu'il va être dévoré vivant. Il battit furieusement des bras pour tenter de s'échapper. J'observai le regard insensible d'Hazel. Elle était aussi inhumaine qu'un serpent. À cet instant, une profonde certitude m'envahit. Je ne pouvais absolument pas la laisser faire ça. Je me précipitai et lui décochai un coup de poing dans le ventre. De toutes mes forces.

Elle se plia en deux en laissant échapper un petit souffle d'air. Pendant que Dixon bondissait sur le côté, je la percutai d'un coup d'épaule pour l'expédier dans la cave. Elle recula dans l'escalier, en titubant. Le temps qu'elle retrouve sa voix et se mette à brailler, je claquai la porte et la fermai à clé, d'une main tremblante. Dixon s'accrocha à moi en sanglotant. Beth s'avança d'un air renfrogné.

– Tu ne peux pas faire ça !

Je m'emparai du couteau à découper sur la table et le pointai sur elle. Incapable de prononcer un mot, je l'agitai sous son nez. Les couteaux étaient le seul langage que comprenait Beth. Son habituelle colère si intimidante faisait pâle figure à côté de la fureur qui m'habitait à cet instant. Sans oser approcher, elle lança :

– Tu vas avoir de gros ennuis !

Hazel avait dû retrouver ses esprits car elle se mit à tambouriner à la porte de la cave en vociférant pour que je la libère.

– Laisse-la sortir ! ordonna Beth, hystérique elle aussi.

Je secouai la tête, tandis que d'autres enfants accouraient pour voir ce qui se passait. Les yeux exorbités, ils me regardèrent, puis ils regardèrent la porte qui tremblait sous les coups de poing d'Hazel.

– Dixon, parvins-je enfin à articuler en posant la main sur sa tête bouclée, va me chercher le téléphone.

Ses sanglots se calmèrent et il se précipita vers le comptoir pour me rapporter le combiné. Je composai le numéro de la police et attendis que l'opératrice réponde. Je lui expliquai alors qu'il s'agissait d'une urgence et je donnai notre adresse.

Après avoir coupé la communication, je regardai autour de moi. Les enfants continuaient à fixer la porte de la cave comme si c'était un spectacle plus fascinant qu'un film ; Beth secouait furieusement la tête et Georgie suçait son pouce. Je lançai le téléphone sur la table, mais gardai le couteau à la main, plantée devant la porte. De l'autre côté, Hazel ne cessait de hurler et de tambouriner, avec une telle force qu'elle semblait capable de la faire voler en éclats. Dans ce cas, je savais que j'aurais besoin du couteau.

Dixon vint se placer près de moi, les yeux fixés sur la porte fermée comme si c'était le portail de l'Enfer qui pouvait s'ouvrir à tout moment et tous nous avaler. D'un ton mi-effrayé mi-suppliant, Beth dit :

– Elle va te tuer si tu ne la laisses pas sortir. Ouvre la porte !

– Pas avant l'arrivée de la police.

Soudain, les vociférations d'Hazel furent interrompues par une sorte de râle surpris. Je pensai au garrot artisanal de Corner Boy. En avait-il fabriqué un autre durant son long séjour dans la cave ? Des bruits de lutte vinrent confirmer ma sinistre théorie.

Dixon serrait les poings, tout son petit corps était crispé.

– « L'air était encombré, tantôt, chuchota-t-il, de morceaux de guingan et de calicot… »

Beth fit un pas en avant.

– Laisse-la sortir, Jocey.

Les bruits de lutte continuaient à s'échapper de l'escalier de la cave et soudain, un choc violent ébranla la porte. Suivi d'un hurlement aigu qui pouvait provenir aussi bien de Conner que d'Hazel.

– « Le chien et le chat, récita Dixon d'une voix haletante, étaient ballottés de-ci et bousculés de-là… »

– Qu'est-ce qu'elle fait ? demanda le petit Georgie sans ôter son pouce de sa bouche.

– « … jouant des griffes et des dents, ânonnait Dixon, d'une horrible façon qui se voit rarement. »

Des cris et des volées de coups s'échappèrent à travers la porte, puis des bruits sourds, laissant deviner qu'ils avaient dévalé l'escalier. On était tous tendus, le souffle court, aux aguets. Mon cœur battait comme si je venais de courir un cent mètres et une main graisseuse me serrait l'estomac. Personne ne parlait, sauf Dixon dont la voix n'était plus qu'un murmure rauque :

– « Le lendemain matin, au même endroit… »

– La ferme ! cracha Beth.

– « … on ne trouva nulle trace du chien et du chat. »

– Je t'ai dit de la fermer !

Beth tendit le bras vers le jeune garçon. Je m'interposai en tenant le couteau à deux mains, prête à m'en servir.

Dixon semblait ne pas nous voir. Ses yeux restaient rivés sur la porte de la cave, pendant qu'il récitait les mots de son livre préféré.

– « La vérité au sujet du chat et du chien… »

– Va-t'en, Dixon.

– « … c'est qu'ils se sont dévorés bel et bien ! »

– Je sais, je sais, dis-je

Il glissa sa petite main froide dans la mienne et on attendit.

On attendit un bruit dans la cave, on attendit l'arrivée de la police, on attendit le retour de Jack et de Noah. Deux de ces événements se produisirent presque simultanément. D'abord, on entendit la sonnette, et Juliann courut ouvrir. Puis un poing frappa lentement contre la porte de la cave. Les deux agents de police entrèrent dans la cuisine. L'un d'eux me demanda de lui donner le couteau et j'obtempérai. L'autre alla ouvrir la porte de la cave.

Hazel sortit en trébuchant.

30
MENSONGES

Hazel était assise sur une des chaises de la salle à manger, le sang coulait sur son visage égratigné. Elle avait des traces de morsures sur les bras et quelques mèches de cheveux en moins. À ma grande consternation, son apparence pitoyable semblait attendrir l'agent de police d'un certain âge. Il avait un visage rond, des cheveux gris plats comme du carton, et il lui parlait d'un ton apaisant. Son collègue, plus jeune, était descendu dans la cave, à la recherche de Conner.

Durant mon séjour à Seale House, j'avais appris plusieurs choses sur Hazel. Je savais que c'était une femme sans cœur qui ne se laissait jamais aller à la moindre compassion. Je savais également qu'elle était cruelle, exigeante, dénuée de conscience et totalement indifférente au sort et aux besoins des enfants. En outre, c'était une droguée. Mais ce que j'ignorais, c'étaient ses talents de menteuse. Pour la première fois, je compris pourquoi les assistantes sociales qui venaient visiter le foyer se laissaient berner.

Postée au fond de la cuisine, dans ce même coin où Conner s'asseyait si souvent, je l'observais et l'écoutais. Je l'entendais inventer une histoire concernant ce jeune garçon à problèmes, expliquer comment elle était descendue dans la cave pour tenter de le convaincre de remonter. Alors qu'elle essayait de le raisonner, il l'avait agressée et ils étaient tombés dans l'escalier. Il faisait tellement noir qu'elle n'avait pas vu ce qui était arrivé au garçon, et soudain, la porte s'était verrouillée, accidentellement. Certainement la main de Dieu qui voulait protéger les autres enfants, affirma-t-elle.

Je m'apprêtais à intervenir en la traitant de menteuse quand le deuxième policier remonta de la cave. Il glissa quelques mots à l'oreille de son collègue, qui se retourna vers Hazel d'un air compatissant. Il avait la tristesse de lui annoncer que le garçon était mort. Apparemment, il s'était brisé la nuque en tombant. Hazel fondit en larmes. Elle enfouit son visage dans ses mains et sanglota.

Un profond sentiment de culpabilité monta en moi. Même si je détestais et craignais Conner, jamais je n'avais souhaité sa mort. J'avais juste voulu protéger Dixon, et que Hazel cesse de se montrer aussi cruelle, qu'elle prenne conscience de la terreur provoquée par cette cave. Pendant que le plus âgé des deux policiers prenait des notes dans son carnet, son collègue s'éloigna pour téléphoner. Profitant de ce que personne ne l'observait, Hazel releva la tête et me regarda avec des yeux secs et un rictus méchant.

En tremblant, je me dirigeai vers les policiers.

– Elle ment, dis-je. Elle se fiche pas mal que Conner soit mort, la seule chose qui l'embête, c'est le manque à gagner. Elle l'enfermait tout le temps dans la cave. Et nous aussi, chaque fois qu'elle était en colère.

Le plus âgé des policiers se tourna vers Hazel, qui en rajouta dans le côté larmoyant.

– Jocelyn est sous le choc, dit-elle. C'est une enfant très perturbée qui essaye de se remettre des violences qu'elle a subies avant de venir ici.

Je lui lançai un regard chargé de haine, consciente que cela ne pouvait qu'inciter le policier à gober son histoire.

– Elle se drogue ! m'exclamai-je. Allez voir dans sa chambre, vous trouverez de la marijuana et sans doute de la cocaïne.

– Calmez-vous, jeune fille, dit le policier. Madame Frey dirige ce foyer depuis longtemps et elle jouit d'une excellente réputation. Je le sais car c'est moi qui ai trouvé le petit Conner alors qu'il dormait dans un passage souterrain. Il m'a attaqué comme un chat sauvage. Je sais ce qu'elle a dû endurer avec lui.

En disant cela, il regarda les marques de morsures et les égratignures avec une compassion renouvelée.

Hazel le gratifia d'un sourire triste et prit des airs de petite sainte aussi incongrus que si des antennes lui avaient poussé sur la tête. J'étais malade d'angoisse, mais c'était ainsi dans le monde des foyers d'accueil : parce qu'on était des enfants difficiles avec un passé difficile, personne ne nous croyait.

Le plus jeune des deux policiers raccrocha le téléphone.

– Le bureau du médecin légiste envoie quelqu'un.

Je regardai son arme à sa ceinture et remarquai que le rabat de l'étui n'était pas fermé. Une idée folle prit naissance au fond de mon cerveau. À cet instant, des hurlements retentirent dans le salon — on aurait dit la voix de Beth — et plusieurs enfants se mirent à pleurer. Le policier tourna la tête dans cette direction et j'en profitai pour agir rapidement. Je m'emparai de son arme et bondis en arrière. Il poussa un juron, alors que je pointai le pistolet sur lui.

Son collègue fit un pas vers moi, les mains levées dans un geste d'apaisement.

– Donnez-moi cette arme, mademoiselle.

– Je vous la donnerai, mais d'abord, montez dans sa chambre. Ouvrez le tiroir de la petite table ronde. Vous y trouverez de la drogue. Et vous verrez que je dis la vérité !

Les braillements en provenance du salon redoublèrent, et quelques secondes plus tard, Noah et Jack surgirent dans la cuisine.

– Jocey ! s'exclama Jack en s'arrêtant net, interloqué. Qu'est-ce que tu fais ?

– Hazel voulait envoyer Dixon dans la cave ! Alors, je l'ai poussée à sa place et elle s'est battue avec Conner. Elle l'a tué !

– Non, non ! protesta Hazel en regardant les policiers d'un air implorant. Il est tombé dans l'escalier et s'est rompu le cou. Jamais je ne ferais du mal à un de mes enfants.

– Donnez-moi cette arme, jeune fille, répéta l'agent.

– Allez d'abord voir là où je vous ai dit.

La panique bourdonnait en moi comme un insecte prisonnier dans un bocal. Néanmoins, je tenais le pistolet fermement, à deux mains. Le métal froid semblait remplir tout mon corps de courage.

– On ira vérifier, promit le policier. Mais d'abord, donnez-nous cette arme, sinon, vous allez avoir de gros ennuis.

– C'est déjà fait.

– Je vous donne ma parole que l'on montera jeter un coup d'œil. Mais je ne peux pas vous laisser seule ici avec cette arme, vous le comprenez ?

Il avait raison. J'esquissai un hochement de tête et me détendis légèrement. Le jeune policier bondit pour tenter de m'arracher l'arme des mains. Affolée, j'eus un mouvement de recul instinctif. Le pistolet émit une énorme détonation qui me déchira les tympans. Je le laissai tomber et titubai à reculons en regardant avec effroi son expression furieuse céder la place au choc. Il plaqua sa main sur son bras, juste sous l'épaule, et le sang coula entre ses doigts, là où la balle l'avait effleuré. Son collègue ramassa prestement l'arme sur le plancher.

La suite se déroula dans une certaine confusion, jusqu'à ce que je me retrouve assise dans le salon avec les autres enfants. On avait été rassemblés par les travailleurs sociaux que la police avait alertés. Dans mon état second, je trouvais étrange que l'on ait enfin le droit de s'asseoir dans le salon privé d'Hazel où, en temps normal, on ne pouvait entrer que pour faire le ménage. À travers les rideaux de dentelle qui masquaient les fenêtres, on voyait que la nuit était tombée.

La neige sur le sol renvoyait une lueur irréelle et inquiétante. Les flocons semblaient figés en l'air, mais je m'aperçus que c'étaient en réalité les motifs des rideaux qui se détachaient sur le fond noir des carreaux.

J'étais installée sur la chaise tapissée de brocart, entre Dixon et Jack. Je regardais les enfants réunis dans la pièce. Juliann et Georgie partageaient le rocking-chair, blottis dans les bras l'un de l'autre. Ils me lançaient des regards chargés de reproches. Beth était assise seule sur la causeuse. Son couteau à cran d'arrêt, fermé, était niché dans sa paume, son pouce le caressait comme un talisman et elle marmonnait. En tendant l'oreille, je parvins à comprendre ce qu'elle répétait inlassablement : « Je ne veux pas retourner chez moi… Jamais !… »

Partout je rencontrais des visages apeurés, bouleversés ou accusateurs. Je ne voyais pas l'expression de Noah, assis par terre, les genoux contre la poitrine, la tête dans les bras.

– Pourquoi sont-ils tous en colère après moi ? demandai-je à Jack dans un murmure larmoyant.

– À ton avis, Jocey ? La plupart de ces gamins viennent d'endroits épouvantables. Ils ne veulent pas y retourner ou se retrouver dans une maison pire que celle-ci.

– Mais Hazel est un monstre !

– Qu'est-ce que je vais devenir ? gémit la petite Evie.

Elle vivait avec nous depuis deux mois seulement.

– Ils vont t'obliger à retourner chez ton grand-père, lui répondit Beth d'un ton cruel.

Evie se mit à pleurer. Je m'attendais à ce que Noah intervienne, comme toujours, mais il ne leva même pas la tête.

Toutes les conversations cessèrent quand un policier accompagné du médecin légiste passèrent devant nous en poussant une civière. Dessus était posé un sac noir. La bile monta du fond de ma gorge et je détournai le regard jusqu'à ce qu'ils aient atteint la porte d'entrée. Murés dans un silence hébété, on écoutait le tic-tac de la pendule sur la cheminée et les murmures dans l'autre pièce. Au bout d'un moment, Hazel passa devant nous à son tour, les menottes aux poignets. Elle nous regarda avec ses yeux vitreux, sans nous voir, comme si on n'existait pas. Dans la cuisine, une assistante sociale parlait au téléphone d'un ton affolé.

– Ils ont dû découvrir son stock de drogues, finalement, commenta Jack.

D'autres minutes s'écoulèrent, puis Juliann chuchota :

– Peut-être qu'ils vont engager une nouvelle maman.

Beth secoua la tête.

– Non. Ils vont fermer Seale House, c'est certain.

Sa voix totalement dénuée d'émotion ne lui ressemblait pas. Elle qui avait toujours bouillonné d'une rage intérieure avait éteint le feu ; elle n'était plus qu'une petite flaque de rien du tout.

– Ils vont nous renvoyer là d'où on vient, ajouta-t-elle. Ou dans un endroit encore pire, avec des enfants plus grands et une mère plus méchante. Ici, au moins, on formait un petit groupe. Et on savait à quoi s'attendre.

Jamais je n'avais entendu autant de mots sortir de la bouche de Beth et, pour la première fois, j'aurais aimé qu'elle la boucle.

Georgie sauta du rocking-chair pour s'approcher de moi. Ses cheveux blonds presque blancs et ses cernes mauves sous les yeux lui donnaient l'apparence d'un spectre.

– Je te déteste, Jocey !

Il mit toute son énergie dans cette accusation.

Pendant qu'il regagnait le rocking-chair, Dixon glissa sa main dans la mienne. Je m'en aperçus à peine. Quelques secondes plus tard, je me levai et me dirigeai vers l'endroit où était assis Noah. Je m'accroupis près de lui et dis :

– Tu ne comprends donc pas, Noah ? Il fallait que je l'empêche de faire ça.

Il leva lentement la tête et je fus surprise de voir dans son regard de la haine et un sentiment de trahison.

– Fiche le camp ! Si jamais je te revois, je te tue.

Des larmes me brûlèrent les yeux, totalement secs jusqu'alors. J'eus un mouvement de recul. Au même moment, les ampoules de deux lampes, dans des coins opposés de la pièce, explosèrent ; des éclats frappèrent les rideaux. L'obscurité s'installa. Dixon émit un gémissement de terreur et Evie se mit à brailler.

Me levant d'un bond, je traversai la maison ventre à terre, en laissant échapper un sanglot. Arrivée sur la véranda de derrière, j'enfilai mes bottes, mon manteau, et m'élançai dans le jardin. Mes pieds s'enfonçaient dans la neige. En prenant soin d'éviter les policiers postés devant la maison, je me faufilai à travers le grillage du jardin, jusque dans la rue. Je me retournai brièvement vers les fenêtres allumées. Puis mes yeux montèrent vers le ciel, d'un noir d'encre maintenant que les nuages chargés de neige étaient passés. Les étoiles, semblables à des bris de verre éclatants, devinrent des taches confuses à travers mes larmes. Le cœur meurtri, je me remis à courir.

Assis sur la table de pique-nique, Noah et moi regardions le fleuve. Des clapotis ridaient la surface. Le ciel s'était assombri, le vent s'était levé. Les bateaux avaient disparu, tout comme la camionnette qui vendait des hamburgers. Je frissonnai.

– Quand on a quitté la galerie, Dixon a dit qu'il ne m'en voulait pas, murmurai-je. Il a été recueilli par une autre famille, puis adopté par sa nouvelle mère.

– Tu as froid ?

Noah se rapprocha de moi et passa son bras autour de mes épaules.

– Le souvenir de cette nuit-là reste douloureux. J'aurais préféré que tu ne me demandes pas de te la raconter.

– On était une bande de gamins terrorisés, plus effrayés à l'idée d'affronter l'inconnu que de continuer à vivre dans ces sinistres conditions. Après ton départ, je me suis calmé. Je m'en veux d'avoir réagi comme ça. Je me demandais ce que tu étais devenue. Je m'inquiétais pour toi, en fait. Je pensais tout le temps à toi et à Jack. Il a fallu que j'attende de reprendre contact avec ton frère pour savoir où tu étais allée cette nuit-là.

Jack avait rassemblé nos affaires et quitté Seale House très peu de temps après moi. Il m'avait retrouvée en suivant mes traces dans la neige et on était restés ensemble durant cette longue nuit. Au petit matin, on avait pris un car pour Syracuse, où vivait la cousine de notre mère. Melody était là car elle avait rompu avec Erv un mois plus tôt.

– Notre mère nous a emmenés à Bennington, dans le Vermont, où elle a trouvé un boulot de serveuse dans un restaurant. Elle nous a acheté des vêtements et nous a inscrits dans une école. On est restés avec elle environ un an, puis elle nous a ramenés dans l'État de New York, et là, elle nous a abandonnés pour de bon.

– Au moins, vous avez fini chez les Haberton.

Je hochai la tête.

– Et durant toutes ces années, après avoir quitté Watertown, j'ai vraiment essayé de tout oublier. Mais maintenant, je veux savoir. Et toi ? Qu'est-ce qui t'est arrivé après cette horrible nuit ?

– D'abord, je suis resté à Seale House.

– Comment tu as fait ? Tu étais mineur. Qui s'est occupé de toi quand Hazel a été envoyée en prison ?

– Elle n'est pas allée en prison. Ils ne l'ont pas inculpée pour détention de drogue. Une histoire de vice de procédure au moment de la saisie. Et le légiste a conclu que la mort de Conner était accidentelle. Évidemment, elle n'avait plus le droit de recueillir des enfants après cette histoire, alors elle a mis la maison en vente. Elle l'a vendue vite, une jolie somme. Pour se faire pardonner, elle m'a acheté un nouvel ordinateur avec tous les accessoires et les programmes dont j'avais besoin. Elle m'a même offert un abonnement à Internet.

J'étais étonnée et il le vit sur mon visage.

– Oui, je sais, c'est difficile à croire, mais c'est plus ou moins ce qui m'a sauvé. Je suis devenu un ermite de l'informatique pour essayer d'oublier tous ces enfants qui avaient fait partie de ma vie. Surtout Jack et toi, évidemment. Un peu plus tard, Hazel a fait son attaque. Don Iverson est intervenu à ce moment-là. Tu te souviens, je t'ai dit qu'il m'avait aidé à devenir un mineur émancipé pour que je puisse vivre seul ? C'est à l'époque où elle est allée en maison de retraite.

– Je suis sincèrement navrée, Noah. J'ai de la peine pour toi et tous ces gamins.

– Tu n'y es pour rien. C'est la faute d'Hazel. Il faut que tu le saches.

– N'empêche…

Il me regarda et ses mains se posèrent sur mes bras.

– Si on faisait la paix, Jocelyn ? Décrétons que tout ce qu'on a fait quand on était gosses n'a plus d'importance. La seule chose qui compte, c'est ce qu'on fait à partir de maintenant. Et où on veut aller.

Un sourire tremblota sur mes lèvres, tandis que j'essayais de chasser la tristesse, la douleur et le sentiment de culpabilité. Noah m'attira contre lui ; il m'embrassa, longuement, tendrement, pendant que le vent froid nous enveloppait. Une sensation de calme se répandit dans tout mon corps et je me détendis. Quand Noah se détacha de moi, on échangea un sourire, jusqu'à ce qu'il lâche mes bras. La perplexité se lisait sur son visage.

Il leva la main gauche et regarda d'un air hébété sa paume rougie. Je laissai échapper un hoquet de stupeur quand il me saisit par le coude. La manche de mon pull était trempée de sang.

31
COMMUNION

– Qu'est-ce qui se passe, nom d'un chien ? demanda Noah à voix basse en relevant ma manche.

Incapable de parler, je secouai la tête. On regarda tous les deux la trace de morsure sur mon bras. Il sortit de sa poche un mouchoir blanc avec lequel il essuya le sang.

– Pourquoi est-ce que ça semble pire qu'hier ?

– C'est peut-être infecté, dis-je.

– Il faut te conduire chez le médecin.

– Non. Il appellerait les Haberton. Je ne veux pas qu'ils sachent que je suis venue ici au lieu d'aller camper.

– Tu pourras leur expliquer. Je suis sûr qu'ils voudraient que tu te fasses examiner.

– Attendons demain. (J'abaissai ma manche en essayant de rester calme.) Ça va te sembler dingue, mais…

– Je t'écoute.

– Je sens, de manière super bizarre, qu'il existe un lien entre moi et Seale House. Peut-être à cause de ce qui s'est passé.

– Tu veux parler de Conner ?

– Oui, évidemment. J'ai causé sa mort. Et peu importe que ce soit un accident. Ça ne serait jamais arrivé si je n'avais pas enfermé Hazel dans la cave. Tu as dit qu'on devait oublier le passé, mais je ne sais pas si le passé nous oubliera un jour.

Je repensai à ma première dispute avec Conner. Il m'avait mordue au bras, exactement à cet endroit. L'expression inquiète de Noah indiquait qu'il pensait à la même chose.

Les nuages gris, presque noirs, s'amoncelaient et il se mit à pleuvoir. On regagna la voiture et on quitta le parc, sans un mot. Un peu plus loin, Noah s'arrêta devant un distributeur automatique et on retira de l'argent. On repartit, puis il fit une halte dans un drugstore et ressortit avec un sac rempli d'articles de premiers soins. On décida d'aller dans un McDo car on savait que leurs toilettes seraient propres. Noah prit mon petit sac de voyage.

Il verrouilla la porte pendant que je me débarrassais de mon pull à col roulé et le fourrai dans la poubelle. Je nettoyai la plaie sous l'eau du robinet, tant bien que mal, pendant que Noah ouvrait le flacon d'eau oxygénée. Il en versa un peu sur la morsure. Ça piqua légèrement. On la regarda mousser.

Il tapota délicatement ma blessure avec une serviette en papier. Il eut le mérite de se comporter en gentleman et de garder les yeux fixés sur mon bras. Je savais que ça ne devait pas être facile car je portais un soutien-gorge de sport couleur lavande.

– Vas-y, regarde si tu veux, dis-je finalement. Après tout, la dernière fois qu'on s'est vus, j'étais plate comme une limande.

– Jocey…

– Quoi ? Je ne me montre pas en soutif devant tous les garçons.

– Je suis donc un privilégié.

Il recouvrit la blessure d'une épaisse couche de gel antibactérien, puis appliqua un morceau de gaze.

– Maintiens-la.

Il déchira un bout de sparadrap.

Quand il eut fini mon pansement, je sortis un T-shirt bleu de mon sac. Tandis que je l'enfilais, il dit :

– Tu es super bien foutue.

Je nouai mes bras autour de son cou.

– Merci, murmurai-je en l'embrassant.

J'aimai la façon dont il me rendit mon baiser.

Estimant que les toilettes d'un McDo n'étaient pas le meilleur endroit pour se peloter, on ressortit. À cause des nuages épais, la lumière de l'après-midi déclinait rapidement, et à cet instant, j'aurais donné cher pour retrouver la chaleur du soleil et l'éclat joyeux du ciel bleu.

De retour dans Arsenal Street, il dit :

– Allons à la bibliothèque.

– Pourquoi ?

– Je pourrai me connecter au wi-fi, je veux faire une recherche sur Beth. Je ne sais pas si j'ai une chance de la retrouver, mais ça vaut le coup d'essayer.

Peu de temps après, on se retrouva assis à la même table de la bibliothèque, dans un coin, là où l'on avait résolu l'énigme de Jack qui nous avait conduits jusqu'à Dixon. Pendant que Noah pianotait sur son ordinateur, je consultai mes mails sur mon netbook et ouvris mon devoir d'anglais. Je n'avais aucune envie de m'attaquer à ma rédaction, mais j'avais promis à Mme Chen de la terminer avant la fin des vacances de printemps.

Mes parents adoptifs avaient toujours été fiers de mes bonnes notes, et j'espérais que ce devoir ne ferait pas chuter ma moyenne. Je piochai quelques renseignements supplémentaires sur Mary Shelley dans Wikipedia, que j'ajoutai au reste, avec quelques fausses citations, puis je rédigeai les deux derniers paragraphes. Après l'avoir relu rapidement une dernière fois, je l'envoyai à mon professeur d'anglais et poussai un soupir de soulagement.

Deux minutes plus tard, Noah ferma son ordinateur. Il n'avait pas besoin de m'annoncer qu'il n'avait rien trouvé sur Beth. On quitta la bibliothèque. Le crépuscule avait étendu son châle sur Watertown. On s'arrêta dans un restaurant mexicain. Quand on regagna la petite maison inoccupée, j'étais épuisée et découragée.

Noah rangea la Toyota dans le garage et ferma la porte derrière nous. Il récupéra la lampe électrique sous son siège.

– Reste ici une minute pendant que je jette un coup d'œil.

Je lui balançai un coup de poing dans le bras, tout doucement. Il me regarda avec étonnement.

– Hé, capitaine Solo, je suis une grande fille maintenant, je suis capable de me débrouiller en dehors du Faucon Millenium.

Il rit de bon cœur et on entra dans la maison. Après avoir inspecté les pièces vides en haut et en bas, on transporta toutes nos affaires dans le salon. Je pris des vêtements de rechange et me rendis dans la salle de bains. Se laver à l'eau froide, éclairée par le mince halo d'une lampe LED, et se sécher avec un T-shirt, ce n'était pas très agréable, mais c'était bon de pouvoir au moins mettre des vêtements propres. J'enfilai un pantalon confortable, fermé par un cordon, des chaussettes et un pull car il faisait froid dans la maison.

De retour dans le salon, je fourrai mes affaires dans mon sac, y compris les deux enveloppes de papier kraft contenant les différents indices. J'allai ensuite rechercher les édredons usés dans l'armoire à linge et les étalai sur le sol. L'un d'eux me rappelait les édredons de Seale House. Je laissai échapper un petit rire incrédule et me tournai vers Noah, occupé à changer les piles de sa lampe.

– J'ai compris ! Hazel a vécu ici, hein ? La Toyota, c'était la sienne, pas celle d'une ancienne petite amie.

– C'est toi qui as tiré des conclusions hâtives et erronées. On s'est installés ici après Seale House, avant que j'aie ma maison à moi. J'avais hâte de foutre le camp de cette baraque. Quand ma mère a fait son attaque, Don m'a aidé à la mettre en vente.

– Qui a racheté Seale House, au fait ?

– Un couple marié. Ils ont déboursé une grosse somme d'argent car Hazel leur a laissé presque tous les meubles. Et ils en ont fait une maison d'hôtes. Mais ça n'a pas très bien marché et ils ont fini par la remettre en vente. Elle était à vendre depuis environ un an quand l'incendie s'est produit.

J'imaginais les visiteurs qui passaient la nuit à Seale House et voyaient les murs se déformer devant leurs yeux ou se faisaient mordre dans leur sommeil. Et même si ces phénomènes ne se manifestaient pas, un sentiment de tristesse devait flotter dans l'atmosphère car des enfants malheureux avaient vécu là, et l'un d'eux était mort dans la cave. Je n'étais pas surprise que ce couple ait échoué dans son entreprise.

La fatigue s'insinuait lentement en moi. Je sortis quelques pulls de mon sac pour me confectionner un oreiller. Noah tira ses édredons à côté de moi et s'allongea sur le flanc pour me regarder.

– Si ton bras ne s'est pas arrangé demain matin, on file aux urgences.

– Pour l'instant, ça ne me fait pas mal, alors inutile de s'inquiéter.

– OK, murmura-t-il en se penchant pour m'embrasser.

La chaleur et la douceur de sa bouche m'ensorcelèrent peu à peu. Je dérivai vers un lieu de bonheur, mes pensées devinrent floues, mon angoisse se dissipa. Dans un minuscule recoin de mon esprit, j'avouai que je comprenais enfin pourquoi tout le monde faisait tout un plat du baiser.

L'expérience de la veille avait été formidable, mais celle-ci confinait au fantastique. À vrai dire, personne ne m'avait jamais embrassée de cette façon. Soit les autres garçons que j'avais connus n'étaient pas très doués, soit ma forte attirance pour Noah faussait mon jugement. Finalement, alors que ça devenait vraiment chaud, je m'écartai de lui, à regret, et murmurai, au coin de sa bouche :

– Je ne suis pas encore prête à aller jusqu'au bout.

– Et je pense qu'il serait bon d'avoir un vrai lit pour ça.

Cette réponse me fit éclater de rire. Je regardai Noah dans la pénombre. J'avais toujours aimé sa voix et ses yeux. Maintenant, j'aimais ses lèvres également. Le cœur léger, je plongeai dans le puits profond de l'amour. J'espérais ardemment que rien ne viendrait le détruire.

On continua à s'embrasser encore un peu. À la fin, j'étais plus détendue que je ne l'avais été depuis plusieurs jours. Allongée dans ses bras, je dis :

– Noah ?

– Oui.

– J'ai envie que ça dure.

Il me caressa les cheveux.

– Ça durera, Jocey.

On demeura ainsi pendant un long moment et j'étais sur le point de m'endormir quand une vieille idée remonta à la surface pour m'importuner.

– Noah ?

– Hmmm ? fit-il d'un ton somnolent.

– Il y a quelque temps, j'ai lu un article sur les jumeaux. Il paraît qu'ils peuvent presque communiquer par la pensée. Tu crois que c'est vrai ?

Il respirait si lentement que je me demandai s'il dormait déjà, jusqu'à ce qu'il réponde :

– Je ne sais pas. La plupart des gens diraient que ce n'est pas très logique. Mais je vous observais souvent, Jack et toi. Parfois, on avait l'impression que vous partagiez le même cerveau. Il commençait une phrase et tu la terminais.

– Oui, je sais. (Mes yeux étaient trop fatigués pour rester ouverts.) Il me manque tellement. Mais maintenant que je suis avec toi, ça fait moins mal.

Je me retournai dans les bras de Noah et il m'attira contre lui ; son souffle soulevait délicatement mes cheveux.

On finit par somnoler, puis par s'endormir pendant plusieurs heures. Quand je me réveillai, Noah n'était plus auprès de moi. Immobile, je tendis l'oreille pour capter les bruits étouffés de la nuit. J'entendais la pluie au-dehors ; les nuages noirs avaient fini par se soulager. En appuyant sur le bouton pressoir de ma montre, je découvris qu'il était un peu plus de trois heures. Noah était peut-être allé aux toilettes. La chaleur de ses bras me manquait. Je me retournai sur le côté et glissai la main sous mon oreiller de fortune.

Je ressentis une violente douleur au pouce, comme une piqûre. Je poussai un petit cri en retirant prestement ma main. Dans la pénombre, je vis perler une goutte de sang. Je me redressai et soulevai d'un geste brusque les pulls sur lesquels j'avais posé ma tête. Un objet scintillait. Timidement, je touchai le métal froid. C'était le couteau qui faisait partie des indices laissés par Jack. La peur m'envahit car la dernière fois que je l'avais vu, il se trouvait dans son coffret en cuir, à l'intérieur de mon sac. Comment était-il sorti de sa boîte pour se retrouver sous mes pulls ?

Des souvenirs ressurgirent : dans l'obscurité de Seale House, la nuit, quand un couteau de cuisine, et même le couteau à cran d'arrêt de Beth, étaient apparus sous mon oreiller, comme par enchantement. De l'eau avait coulé sous les ponts depuis ces curieux incidents, et je m'étais presque convaincue que c'étaient des mauvais rêves. Mais au fond de moi, je savais qu'ils s'étaient réellement produits, aussi sûrement que je tenais ce lourd couteau en acier dans ma paume.

– Noah ? chuchotai-je en scrutant les ombres du salon.

Où était-il ? Sans lâcher le couteau, je me levai et marchai jusqu'à la salle de bains. La porte était ouverte, il ne s'y trouvait pas. J'inspectai les autres pièces vides du rez-de-chaussée et me dirigeai vers la cuisine quand j'entendis une petite musique discrète. Je reconnus la sonnerie du téléphone de Noah. Je me précipitai dans le salon.

La mélodie répétitive s'amplifiait à mesure que j'approchais de son gros sac marin. Je découvris le portable posé à côté. Sentant que je devais répondre pour savoir qui appelait à cette heure-ci, je soulevai le clapet et collai l'appareil à mon oreille. Je ne dis rien, je me contentai d'écouter. J'entendis alors la voix qu'à une époque j'avais cru ne plus jamais entendre.

– Jocelyn, dit Jack. Sors immédiatement de cette maison !

Avant que je puisse prononcer un seul mot, la communication fut coupée.

32
LE COMBAT

Je lâchai le téléphone, m'emparai de mon sac à dos et fourrai mes pieds dans mes chaussures. Arrivée devant la porte d'entrée, je me battis avec le loquet, sans lâcher le couteau. Je parvins enfin à le soulever, j'ouvris la porte à la volée et me trouvai face à un rideau de pluie.

Une main sur mon épaule me fit sursauter. Je hurlai et me retournai brusquement pour découvrir Noah, le visage dans l'ombre. Je me dégageai pour sortir, mais il me retint par le bras.

– Qu'est-ce que tu fabriques ?

Son ton était étrangement lointain, renfermé, à tel point que je me demandai si je le connaissais réellement. Était-ce lui qui avait placé le couteau sous mon oreiller ?

– Allons-nous-en d'ici ! m'écriai-je.

– Reste ici et calme-toi.

À cet instant, je reconnus le Noah que je connaissais et le soulagement m'envahit. Je voulus le tirer vers moi.

– Il faut partir d'ici !

– Pourquoi ?

– Vite ! (Un sanglot de terreur fit trembler ma voix.) Va chercher tes affaires !

Au moment où je franchis la porte, la pluie glacée me coupa le souffle. Mais la mise en garde de Jack résonna dans mes oreilles et je m'élançai.

Noah m'appela. Jetant un coup d'œil par-dessus mon épaule, je fus soulagée de voir qu'il me suivait en tenant sa housse d'ordinateur sous le bras. Il me rattrapa rapidement.

– Qu'est-ce qui se passe ? Pourquoi tu flippes comme ça ?

Au moment où il posait cette question, une violente détonation ébranla l'air. Instinctivement, on rentra la tête dans les épaules. Les fenêtres du premier étage de la maison volèrent en éclats. On se précipita vers la route pour se mettre à l'abri. Les flammes qui jaillissaient vers le ciel grésillaient sous la pluie.

Noah était livide.

– Qu'est-ce qui se passe ?

Je n'eus pas le temps de répondre. La silhouette d'une personne toute de noir vêtue, avec une capuche sur la tête, fonçait droit sur nous dans l'obscurité. Je poussai un cri d'avertissement en le pointant du doigt et Noah se retourna, tandis que l'homme bondissait dans les airs. Son pied percuta la poitrine de Noah, qui lâcha son ordinateur sous le choc et recula en titubant. Il pivota et traversa l'allée en courant. L'homme se lança à sa poursuite. Noah fit volte-face. Son pied jaillit et atteignit violemment son adversaire à l'épaule. Celui-ci chancela, recula d'un pas, et Noah attaqua. Ils échangèrent une volée de coups.

Je les regardais avec effroi. J'avais l'impression d'évoluer dans le plus bizarre et le plus effrayant des rêves : le ninja noir de notre enfance était revenu pour se battre. L'homme se jeta sur Noah, mais fut repoussé par un terrible contre. Les deux combattants échangeaient coups de poing et de pied avec une grande précision. Leur affrontement prit la forme d'une troublante danse guerrière. Chacun bloquait les attaques de son adversaire et ripostait aussitôt. À un moment donné, Noah parvint à saisir la main de l'homme et la tordit si brutalement que celui-ci dut mettre genoux à terre.

Mais il ne resta pas longtemps au sol. Rebondissant de manière presque surnaturelle, il frappa Noah à plusieurs reprises. Les échanges de coups reprirent de plus belle. Soudain, Noah décolla du sol et son pied atteignit le ninja au menton. Leurs mouvements rapides dessinaient une masse floue à travers le rideau de pluie et je restai là, fascinée et tremblante, à regarder les enchaînements terrifiants. La pluie étouffait également tous les sons du combat.

Plusieurs voisins étaient sortis de chez eux. Leurs cris étaient masqués, eux aussi, par le crépitement des flammes et le martèlement du déluge. Des sirènes se firent entendre au loin. Obligée de me frotter les yeux pour chasser les gouttes, je ne vis pas le coup fulgurant qui avait expédié Noah au sol. Le ninja avait pris l'avantage. Penché au-dessus de Noah, il avait saisi sa tête à deux mains et s'apprêtait à lui tordre le cou.

Je tenais toujours le couteau. Noah leva les yeux vers moi, tandis que ses doigts se plantaient vainement dans les bras de son agresseur. Son regard se fixa sur le couteau et je compris qu'il me disait de le lancer. Mais j'étais trop loin, je risquais d'atteindre la mauvaise cible, ou rien du tout. Pétrifiée de terreur, impuissante, je ne pouvais que regarder ses yeux fixés désespérément sur le couteau.

Malgré la pluie froide, j'avais l'impression que le couteau en acier chauffait dans ma main. J'ouvris la paume, la regardai, puis relevai la tête vers le ninja qui s'apprêtait à briser la nuque de sa proie. J'ouvris la bouche pour hurler, mais l'agresseur recula en titubant et lâcha Noah. Aveuglée par la pluie, je vis le manche du couteau dépasser de l'épaule du ninja. Stupéfaite, je regardai de nouveau ma paume : le couteau n'y était plus ! Pourtant, je savais que je ne l'avais pas lancé. Noah pivota sur lui-même et frappa de toutes ses forces ; son agresseur chancela. Le bruit des sirènes se rapprochait. Le ninja décocha un coup à son tour et Noah fut projeté au sol. L'homme en noir en profita pour décamper, le couteau toujours planté dans l'épaule. Il disparut dans l'obscurité.

Me précipitant vers Noah, je m'accroupis près de lui.

– Ça va ?

Il cherchait à reprendre son souffle. Ses yeux croisèrent les miens et il hocha la tête. Il se releva, ramassa la housse de son ordinateur et revint vers la maison en boitant. Le toit menaçait de s'effondrer, mais les flammes mouraient sous les assauts de la pluie. Arrivé devant le garage, Noah souleva la porte et s'y engouffra. J'entendis un bruit de moteur. Il sortit sa Jeep Cherokee dans l'allée, en marche arrière, et je sautai à bord.

On démarra en trombe en tournant dans la première rue, au moment où une voiture de police surgissait au coin, suivie d'un camion de pompiers. On ne dit rien pendant plusieurs minutes. Je ne pouvais pas m'arrêter de trembler.

Enfin, je parvins à demander :

– Tu es blessé ?

– Rien de sérieux.

Les ombres de la nuit traversaient l'intérieur de la voiture et les essuie-glaces chassaient la pluie du pare-brise d'un mouvement hypnotique.

– Où étais-tu, Noah ? Quand je me suis réveillée, tu avais disparu.

– J'ai cru entendre un bruit, alors je suis allé voir. Et toi ? Pourquoi voulais-tu fiche le camp ? Je suppose que tu ne peux pas me fournir d'explication rationnelle ?

– Rationnelle ? Non.

– Alors, quoi ?

– Tu es en colère.

– Sans blague ?

J'inspirai à fond.

– Je me suis réveillée et tu étais parti. En tout cas, je ne t'ai pas trouvé. J'avais peur car je venais de découvrir le couteau sous mon oreiller. Je me suis entaillé le pouce. (La blessure ne saignait plus, mais je lui collai quand même mon doigt sous le nez.) J'ai pensé que c'était peut-être toi qui l'avais placé là.

– Pourquoi j'aurais fait ça ?

– Je ne sais pas. Pourquoi cette bombe a-t-elle explosé ? Pourquoi le ninja noir est-il venu cette nuit pour essayer de te tuer ?

– Ce n'était pas le ninja noir, Jocelyn, c'était Paul Gerard.

– Comment le sais-tu ?

– Je l'ai déjà affronté une fois dans mon dojo, tu te souviens ? J'ai reconnu sa façon très particulière de se battre.

Je poussai un soupir de soulagement.

– J'ai cru… Je ne sais pas ce que j'ai cru. Parfois, on dirait que je suis incapable de faire la différence entre les rêves de mon enfance et la réalité… (Après avoir repris mon souffle, j'ajoutai :) Pendant ton absence, Jack a appelé sur ton portable. Il m'a dit de quitter la maison immédiatement.

– Quoi ?

Après cet échange, on resta muets l'un et l'autre, pendant de longues secondes, jusqu'à ce qu'il demande :

– Tu es sûre que c'était Jack ?

Je me contentai de le regarder.

– OK, dit-il. Comment savait-il qu'une bombe allait exploser ?

– Je l'ignore. Je suis encore toute secouée par le fait d'avoir entendu sa voix et la certitude qu'il est toujours en vie.

Noah m'observa.

– Mais pourquoi téléphoner ? Pourquoi ne pas venir en personne pour nous aider ? J'aurais pu mourir ce soir, et ensuite, Gerard t'aurait mis le grappin dessus.

Dépitée, je secouai la tête. La pluie avait faibli et les essuie-glaces crissaient sur le pare-brise. Noah les arrêta.

– Je suppose que tu n'as pas mis mon téléphone dans ton sac, pour qu'on sache d'où appelait Jack ?

– Je n'y ai pas pensé. Désolée.

– C'est donc officiel : j'ai perdu tout ce que je possédais, à l'exception de mon ordinateur portable, de cette bagnole et des antalgiques qui se trouvent dans la boîte à gants. Et dont j'ai bien besoin, soit dit en passant.

Je lui tendis trois comprimés, avec une bouteille d'eau récupérée sur le siège arrière.

– Je suis vraiment navrée, Noah. J'aurais dû essayer de te trouver. Mais après avoir découvert le couteau sous mon oreiller et reçu l'appel de Jack, j'étais terrorisée. J'ai sauté sur mon sac à dos parce qu'il contenait les indices.

Mon sac plein de vêtements était resté dans la maison, avec mon netbook. Je frissonnai en songeant à cette perte coûteuse, sans parler de tous les fichiers que je n'avais pas eu le temps de copier. Au moins, j'avais envoyé mon devoir d'anglais.

– OK, je comprends, dit Noah. Mais on ne peut pas continuer comme ça. On suit des miettes de pain qui nous font tourner en rond.

– Et maintenant, on a perdu le couteau, ajoutai-je en frissonnant de nouveau.

Noah mit le chauffage et orienta la soufflerie dans ma direction.

– Si tu n'avais pas lancé le couteau, j'aurais reçu la désagréable visite du médecin légiste.

– Je ne l'ai pas lancé.

Il me jeta un regard dubitatif et je haussai les épaules.

– Du moins, dis-je, je ne m'en souviens pas.

– Peut-être à cause de la peur. Dieu sait que j'ai eu la trouille, moi ! Je savais qu'il allait me tordre le cou et je ne pouvais rien faire. Puis j'ai vu le couteau dans ta main et j'ai pensé : « Lance-le, Jocey, ou je suis mort ! » Et soudain, l'étau de ses mains s'est relâché.

– Tu m'as impressionnée, en tout cas. J'ignorais que tu savais te battre comme ça.

– Ce n'était pas suffisant face à Gerard.

– Il bénéficiait de l'effet de surprise. Et il est plus âgé.

De nouveaux frissons de peur glacée me parcoururent. Notre ennemi était extrêmement dangereux et Noah avait frôlé la mort de très près.

Alors que l'on suivait une route qui longeait la Black River, il demanda :

– On fait quoi maintenant ?

– Aucune idée. Mais je me dis que si Jack ne peut pas venir jusqu'à nous, on doit aller jusqu'à lui. Mais comment faire ? Les indices enroulés autour du couteau ne nous en disent pas suffisamment. Peut-être qu'il n'y a plus rien à deviner.

Noah pénétra sur le parking désert d'un drugstore fermé et s'arrêta sous un lampadaire.

– Où est le coffret qui contenait le couteau ?

– Dans mon sac à dos.

Je le cherchai dans mes affaires et le lui tendis. Il l'ouvrit, prit les bandes de papier rouge qui s'y trouvaient encore et les lança sur mes genoux. Il arracha l'étui en mousse noire qui avait accueilli le couteau. Avec un sourire triomphant, il renversa le coffret. Quatre pièces de puzzle tombèrent dans sa paume ouverte.

33
LA MISSION

Dans la lumière crue du lampadaire du parking, on finit d'assembler le puzzle, Noah et moi. Une fois les quatre dernières pièces en place, on obtint une photo en noir et blanc d'une petite boutique dotée d'une enseigne, au-dessus de la porte, qui indiquait : ORIENT TATOUAGES.

– Oriental Avenue, murmurai-je. C'est là où se retrouvait Beth dans le problème de logique du Monopoly. Et l'indice la concernant disait : « Couteaux et aiguilles conduiront au décès. Méfiance et confiance envers notre Beth l'Enragée. » Je n'avais pas pensé que les aiguilles pouvaient être celles d'un salon de tatouage.

– Moi non plus.

– Celui-ci a quelque chose de familier, dis-je en examinant la photo de près. Tu sais où il est ?

– Non, mais on peut le trouver sur Internet. Si mon ordi fonctionne toujours après être tombé par terre.

Il sortit son ordinateur de sa housse et l'alluma... sans problème. On roula au ralenti dans une rue déserte pour essayer de capter un signal wi-fi. La chance nous sourit enfin. Une rapide recherche nous envoya sur le site rudimentaire du salon de tatouage en question, situé à quelques rues seulement de Seale House. On se regarda.

– C'est peut-être pour ça qu'il nous paraissait familier, dis-je.

La pluie avait cessé, mais l'atmosphère était chargée d'humidité et des nappes de brume montaient de la rivière. On traversa Watertown pour atteindre un quartier proche de Keyes Avenue, là où se trouvait Seale House. Le salon de tatouage était coincé entre un coiffeur et un dépôt-vente.

– Je connais cet endroit, dit Noah, mais il a été réaménagé. Dans le temps, il y avait la cordonnerie Borke, tu te souviens ?

Il arrêta la Jeep juste devant pour lire la pancarte fixée sur la porte.

– Ça n'ouvre qu'à neuf heures.

Je consultai ma montre.

– Dans plusieurs heures.

Il se renversa contre l'appuie-tête et ferma les yeux.

– On va devoir attendre.

Il avait raison, mais ce n'était pas très agréable de rester assis dans une voiture, avec nos vêtements mouillés, tandis que le temps s'écoulait lentement. Noah laissa tourner le moteur pendant un moment pour que l'air chaud sèche plus rapidement nos affaires. Je finis par fermer les yeux moi aussi en m'efforçant d'ignorer les palpitations sourdes dans ma tête. L'adrénaline finit par s'évacuer et je somnolai par intermittence, me réveillant fréquemment en sursaut. Alors que le ciel devenait d'un gris transparent à l'est, un bruit m'incita à ouvrir les yeux, malgré la douleur, et je vis une voiture de police s'arrêter à notre hauteur.

– Noah, réveille-toi.

Il s'arracha du sommeil et se redressa lentement.

– Manquait plus que ça, dit-il d'une voix enrouée.

Deux agents descendirent de voiture pour marcher vers nous. Noah baissa sa vitre ; un des policiers jeta un coup d'œil à l'intérieur de la Jeep et lui demanda son permis de conduire et les papiers du véhicule.

– C'est interdit de stationner dans cette rue ? s'étonna Noah en tendant les documents réclamés.

Le policier les examina et dit :

– Veuillez descendre de voiture, je vous prie.

– Pourquoi ?

– Votre passagère et vous allez devoir nous suivre. L'inspecteur Iverson vous cherche.

Un sentiment d'abattement s'empara de moi, alors que je récupérais mon sac à dos. Après avoir verrouillé et laissé la Jeep devant le salon de tatouage, on monta à l'arrière de la voiture de police. Tandis qu'elle démarrait en trombe, je me tournai vers Noah et murmurai :

– Génial.

– Je ne peux pas vraiment en vouloir à Don. Deux maisons que j'occupe sont détruites par deux explosions en moins de quarante-huit heures.

Je contemplais le brouillard et sentais monter mon angoisse à chaque kilomètre qui nous éloignait du salon de tatouage. Se retrouver sur la touche alors qu'on était tout près du but, c'était vraiment trop nul ! En outre, je n'étais pas folle de joie à l'idée de finir au poste de police.

Une fois sur place, je dus attendre seule dans une salle d'interrogatoire vide. Je me curai les ongles en me demandant si quelqu'un allait enfin venir me parler. Mon esprit suivait d'un pas lourd un chemin tortueux. Heureusement, le souvenir de la voix de Jack au téléphone m'apportait soulagement et joie. J'avais la preuve désormais qu'il n'était pas mort dans cet accident de voiture. Mais cette vérité engendrait plus de confusion et de questions que jamais. Seul Jack était capable de démêler tous les fils.

Parallèlement, je ne pouvais pas m'empêcher de penser à Paul Gerard avec son masque noir. L'idée que ce sale type aurait pu nous tuer avec sa bombe me mettait hors de moi, tout comme son attaque surprise contre Noah. À la colère s'ajoutait la peur. Pour Jack, surtout. Mon frère savait-il que cet individu dangereux nous suivait de très près, et pourrait-il rivaliser contre son talent pour traquer ses proies ?

Les minutes s'égrenèrent ainsi pendant plus d'une heure, et je finis par poser ma tête sur mes bras croisés et par m'endormir. En me réveillant, je m'étirai. L'envie d'aller aux toilettes me conduisit jusqu'à la porte et je constatai, en tournant la poignée, qu'elle n'était pas fermée à clé. Je risquai un coup d'œil dans le couloir : personne. L'agent qui était posté devant la salle à mon arrivée avait quitté son siège ; le couloir était désert. Sans doute avait-il succombé à l'ennui. Je ne pouvais pas lui en vouloir.

– Bon, me dis-je en balançant mon sac à dos sur mon épaule.

Après un passage aux toilettes, je demeurai dans le couloir quelques minutes, essayant d'évaluer les problèmes encourus si je ne regagnais pas ma place. Décidant que le jeu en valait la chandelle, je passai devant la salle d'interrogatoire sans m'arrêter. Après avoir laissé derrière moi une autre porte fermée, j'approchais d'une porte entrouverte quand j'entendis la voix de Noah. Plaquée contre le mur, je tendis l'oreille.

– Tu as peut-être oublié quelque chose d'évident, disait quelqu'un.

Je connaissais la voix de cet homme, mais ce n'était pas celle de l'inspecteur Iverson.

Noah répondit d'un ton cassant :

– Ne sois pas stupide, Saulto.

– J'essaye d'apporter mon aide, c'est tout. Imagine qu'un truc t'ait échappé.

– Non. Et je n'ai pas l'intention de tout reprendre depuis le début.

– Personne ne te le demande.

Maintenant que Noah avait prononcé son nom, je reconnaissais la voix de Zachary Saulto. Mais pourquoi était-ce un employé d'ISI qui interrogeait Noah à la place de l'inspecteur ?

– As-tu conscience qu'il s'en est fallu de peu pour que Gerard mette la main sur elle hier soir ? demanda un autre homme, à la voix plus grave.

– Il ne l'a pas fait, rétorqua Noah. Dois-je vous rappeler que s'il l'a trouvée au départ, c'était parce qu'il suivait Saulto ? Et j'essaye encore de comprendre pourquoi vous avez décidé de voler sa voiture. Pour l'obliger à venir me demander de l'aide ?

Ma voiture !

– Calme-toi, dit l'homme. Tu sais bien que l'on veille sur vous. Si je n'avais pas baratiné cet inspecteur, tu serais encore en train de te faire cuisiner.

– Je sais, Sam.

Mon esprit chercha à identifier ce prénom. Soudain, ça me revint : un certain Sam Marvin dirigeait ISI. C'était le patron de Zachary Saulto.

– Vraiment ? Nous sommes dans une situation difficile, Noah. Ça sent mauvais.

– Et vous n'arrangez pas les choses ! Pourquoi déposer sa voiture devant chez moi, d'abord ? Pour lui flanquer la frousse ?

– D'une certaine façon, oui. C'était Saulto qui avait répondu, cette fois. On voulait la mettre sous pression pour l'inciter à agir.

– Elle n'a plus besoin de vos manigances ! (Noah semblait furieux.) On a déjà largement de quoi faire avec Gerard et le reste. Où est-elle ?

– Elle dort dans une salle au bout du couloir, dit Saulto.

– Si vous retourniez voir l'inspecteur Iverson ? Pour lui demander de nous laisser sortir d'ici, Jocelyn et moi, pour qu'on puisse finir ce qu'on a commencé.

– Je ne sais pas, répondit Sam Marvin. Tu as eu tes quatre jours. On n'a toujours pas ce qu'on veut et ça devient trop dangereux. Bon sang, Noah, ça ne peut pas continuer ! Tu as failli être pulvérisé la nuit dernière ! Si tu n'es pas capable de gérer cette histoire, je vais être obligé d'intervenir.

– Dois-je vous rappeler que c'est vous qui avez fait appel à moi ? Vous avez attendu qu'elle vienne chez moi et ensuite, vous avez paniqué. Vous m'avez supplié d'accomplir une dernière mission pour vous. Alors, pourquoi ne pas me fiche la paix et me laisser faire ce que je suis censé faire ?

Une vague de nausée me submergea. Le cœur brisé, je me décollai du mur et passai rapidement, sans bruit, devant la porte entrouverte. J'avais la bouche sèche, le visage en feu. *Une mission,* avait-il dit. *Une dernière mission.* Arrivée devant l'ascenseur, j'écrasai le bouton du plat de la main, en priant pour qu'il arrive avant qu'ils sortent dans le couloir et me voient. Quand les portes s'écartèrent enfin, je me faufilai dans la cabine et appuyai sur le bouton du rez-de-chaussée, en comptant les secondes, jusqu'à ce que les portes se referment et que l'ascenseur commence à descendre. Alors seulement, je recommençai à respirer.

Mon esprit devint un kaléidoscope tourbillonnant. Je me souvenais d'être entrée dans sa cuisine pendant qu'il parlait au téléphone. Il était agacé. « J'ai dit que je m'en occupais ! »

avait-il grogné. Je comprenais maintenant qu'il s'adressait à Sam Marvin. Et la « chose » dont il devait s'occuper, c'était moi.

Tout s'expliquait. Après ce premier soir, Noah avait semblé impatient de se débarrasser de moi. Il m'avait même laissé de l'argent pour que je m'en aille. Mais ensuite, quand on s'était retrouvés à la pizzeria, il ne savait plus quoi faire pour m'aider. Il avait quasiment exigé que je revienne dormir chez lui. Ça devenait limpide !

Noah ne m'avait pas accompagnée durant ces épreuves parce qu'il tenait à Jack ou à moi, mais parce qu'il était payé par Sam Marvin. Et tout ce qui s'était passé entre nous… c'était un mensonge également. J'avais été assez stupide pour faire confiance à quelqu'un d'autre que Jack. Soudain, j'étais redevenue la Jocey d'autrefois, la fille que personne ne pouvait aimer.

Les portes s'ouvrirent. Je sortis de l'ascenseur et passai devant l'accueil avec calme et détermination. Le planton ne remarqua rien d'anormal, apparemment, et je lui en fus reconnaissante. Je franchis la grande porte, descendis les marches et me retrouvai sur le trottoir. Le brouillard flottait toujours au-dessus de Watertown tel un voile de mariée spectral. Je m'éloignai du poste de police en marchant à grands pas, jusqu'à ce qu'il ne soit plus qu'un mirage lointain dans la brume matinale.

Je ne saurais dire combien de pâtés de maisons je parcourus, perdue dans le brouillard, avant de trouver un taxi. Je grimpai à l'arrière, claquai la portière et donnai au chauffeur l'adresse du salon de tatouage. Les paroles cruelles de Noah tournoyaient dans ma tête : *une dernière mission.* J'avais beau essayer de chasser la douleur, elle m'assaillait de toutes parts comme des grains de sable en pleine tempête.

Le taxi s'arrêta devant le salon de tatouage. Je payai le chauffeur avec les vingt dollars que j'avais retirés au distributeur. Il repartit. En passant devant la Jeep Cherokee de Noah, je ressentis encore une fois le déferlement écœurant de l'espoir déçu. Je détournai le regard et poussai la porte de la boutique. Une clochette tinta.

– J'arrive tout de suite ! lança une voix bourrue à travers des rideaux noirs tendus derrière le comptoir.

Les murs étaient couverts de dizaines de motifs de tatouages et dans une vitrine étaient exposées toutes sortes de couteaux et poignards. Du plus simple au plus tarabiscoté. L'un d'eux, présenté dans un coffret en cuir, était identique à celui que m'avait laissé Jack.

Deux voix me parvenaient à travers les rideaux ; je jetai un rapide coup d'œil par la fente. Je ne vis que le dos d'un type costaud au crâne presque rasé, avec des tatouages sur les bras et dans le cou. Et les jambes d'une jeune femme allongée dans un fauteuil. Apparemment, elle se faisait graver un dessin sur la cheville et, à en juger par ses petits couinements, c'était une opération douloureuse.

Le tatoueur reposa son instrument. Il se retourna et franchit les rideaux. J'avais un peu honte de le dévisager, mais c'était plus fort que moi : je venais de m'apercevoir que ce n'était pas un homme.

– Salut, Beth, parvins-je à articuler.

Elle était beaucoup plus imposante que quand on était gamins. De ses longs cheveux roux, il ne restait qu'un demi-centimètre ; ses oreilles et ses pâles arcades sourcilières étaient chargées de multiples piercings. Son débardeur trop large laissait voir un corps entièrement couvert de tatouages.

Elle me sourit.

– Ça fait plaisir de te revoir, Jocelyn.

34
« X »

Si quelqu'un m'avait dit qu'un jour Beth la Furieuse me serrerait dans ses bras flasques et tatoués, en me bombardant de paroles, je ne l'aurais pas cru. Et pourtant, c'est exactement ce qu'elle fit. Je restai plantée là, à la regarder jacasser, comme si on était deux vieilles amies qui ne s'étaient pas vues depuis quelques jours seulement. Je n'en revenais pas.

– Au fait, Jocey, je crois que j'aurais dû te dire un truc la dernière fois. Tu es une des meilleures amies que j'aie jamais eues. Quand on partageait cette chambre à Seale House, tu prenais toujours le temps de me parler. Même si je souffrais trop pour répondre. Au début, je ne pouvais pas t'exprimer combien c'était important pour moi, et après, j'ai plus ou moins oublié. Tu sais ce que c'est, hein ?

– Euh, excusez-moi... lança la fille dans l'arrière-boutique. Vous comptez terminer ou pas ?

– Une minute ! beugla Beth à travers le rideau. (Elle se retourna vers moi et secoua la tête comme si on partageait un secret.) Faut pas être très malin pour énerver quelqu'un qu'est en train de vous tatouer.

– Oui, c'est sûr.

Je me mis à rire, même si je ne trouvais pas ça drôle. À vrai dire, Beth me faisait toujours un peu peur.

Elle baissa la voix :

– Je commence à en avoir marre de ces petites traînées qui veulent un papillon à la cheville ou une fleur autour du nombril. Tu vois le genre ? Franchement, ça me gonfle.

– Oui, je comprends.

– Bon, faut que j'y retourne. Tu repasseras me voir pour qu'on puisse bavarder ?

– OK.

Je ne voyais absolument pas pourquoi Jack m'avait fait venir ici, ni comment aborder le sujet.

Beth repassa derrière le comptoir.

– Au fait, je ne sais trop combien de temps j'étais censée garder ce truc. (Elle prit une enveloppe blanche sur laquelle était écrit mon nom.) Tu la veux ?

Je hochai la tête et pris l'enveloppe en murmurant un « merci », pendant que Beth s'éloignait. Par-dessus son épaule, elle dit :

– J'aurai fini dans une heure. Tu n'as qu'à repasser à ce moment-là, OK ?

Je quittai la boutique en repensant à l'indice laissé par Jack concernant Beth : *Méfiance et confiance*. Dans le temps, c'était elle dont je me méfiais le plus à Seale House. Mais après sa métamorphose — son crâne presque rasé, son corps couvert de piercings et de tatouages — et peut-être une sérieuse thérapie de groupe, c'était maintenant quelqu'un en qui je pouvais avoir confiance, d'après Jack.

J'ouvris l'enveloppe, glissai la main à l'intérieur et en sortis un petit dessin à l'encre représentant une croix médiévale très travaillée qui formait un carré de cinq centimètres de côté. En dessous, Jack avait écrit, en lettres capitales : LA CROIX INDIQUE L'ENDROIT. C'est à ce moment-là qu'un souvenir enterré depuis longtemps sembla émerger du brouillard couleur d'opale qui m'entourait.

– On va avoir des ennuis, chuchotai-je. Tu sais bien qu'on n'a pas le droit de pénétrer dans les appartements d'Hazel.

Jack ouvrit lentement la porte.

– Ne fais pas ta froussarde. Viens.

– Où est Noah ?

– Il n'est pas obligé de participer à tout ce qu'on fait, si ?

On se faufila dans la pénombre du petit salon au premier étage et je balayai du regard cette pièce où je n'avais jamais mis les pieds. Mon cœur battait à tout rompre, mais je suivis Jack, convaincue, comme toujours, que partout où il allait, je devais aller aussi. Il me conduisit vers la petite table ronde sur laquelle étaient disposés un napperon en dentelle et plusieurs bibelots. Soulevant le napperon, il ouvrit un tiroir secret. Décoré d'un crucifix en filigrane.

– La croix indique l'endroit, dit-il en sortant totalement le tiroir pour écarter quelques feuilles.

Dessous, soigneusement rangés, je découvris des sachets de marijuana et d'autres contenant ce que je devinais être de la cocaïne. Ainsi que tout un assortiment de médicaments.

– Oh, non, dis-je en agitant les mains et en reculant. Jack, si elle sait qu'on a vu ça, elle va nous tuer !

– Ce vieux dragon n'en saura rien. (Il remit tout en place et referma le tiroir.) Écoute-moi bien, Jocey. Combien de fois t'ai-je dit que pour vaincre tes adversaires tu devais connaître leurs faiblesses ?

– Je n'ai pas envie de l'affronter, murmurai-je en battant précipitamment en retraite. Je ne veux pas être envoyée dans la cave, c'est tout.

J'entrouvris la porte et risquai un coup d'œil au-dehors. Je sortis dans le couloir, suivie de Jack, et on referma la porte. Je poussai un soupir de soulagement. Et lui donnai une grande tape sur le bras.

– La prochaine fois, ne m'entraîne pas dans tes plans stupides, d'accord ?

Je marchais à grands pas à travers le brouillard en serrant la feuille dans ma main ; mon sac à dos cognait contre mes omoplates. Cinq ans plus tôt, si j'avais été capable de dire à ces deux policiers où Hazel cachait sa drogue, c'était parce que Jack me l'avait montrée auparavant. Ce qui avait provoqué la fermeture du foyer de Seale House.

Je repensai à ma seconde intrusion dans le petit salon d'Hazel quelques jours plus tôt, lorsque j'y avais été transportée de manière inattendue, contre ma volonté. Quelqu'un, ou quelque chose, m'avait emmenée dans cette pièce pour une raison précise, je le savais maintenant. J'étais censée ouvrir le tiroir de la petite table ronde, tachée par l'humidité, qui se trouvait toujours dans le salon du premier étage. Mais l'apparition de la fille à la chaîne m'en avait empêchée.

Malgré mon désir de fuir dans la direction opposée, je me mis à courir vers Seale House. Je sentais que telle était la volonté de Jack depuis le début. Je fonçais vers lui, espérant le trouver là-bas, impatiente de rejoindre la seule et unique personne qui tenait à moi.

Jack, où es-tu ? Le brouillard étouffait le claquement de mes chaussures sur le bitume. *Jack, mon tueur de dragons...*

N'était-il pas le seul qui ne m'ait jamais trahie ? La vérité apparaissait clairement, douloureusement révélée durant la conversation que j'avais surprise entre Noah et Sam Marvin.

Oh, Jack, Jack... où es-tu quand j'ai le plus besoin de toi ? Cours, Jack, vole...

Je courais sans m'arrêter, ma poitrine se soulevait douloureusement.

Une voiture venant en sens inverse sembla se matérialiser hors de la brume ; elle passa devant moi et disparut, tandis que le vrombissement de son moteur mourait au loin.

Je tournai au coin et continuai à courir vers cette maison que je fuyais depuis cinq ans.

Brusquement, je fus prise d'une crampe et d'un horrible point de côté ; je ralentis, le souffle coupé.

Obligée de marcher maintenant, je me tenais le flanc, en espérant que la douleur finirait par disparaître. Soudain, au loin, Seale House apparut, monstre à moitié calciné dans la brume. Je m'empressai de traverser la rue et de gravir les marches du perron. Je poussai la porte et pénétrai dans l'obscurité.

Au lieu de s'atténuer, ma douleur au côté s'intensifiait ; j'avançais presque pliée en deux. Ce n'était vraiment pas le moment de faire une crise d'appendicite. M'obligeant à pénétrer plus profondément dans la maison, j'atteignis l'escalier et commençai à monter. Un nouveau spasme de douleur me transperça et je dus m'arrêter.

Je relevai mon T-shirt et défis le cordon de mon pantalon. D'un geste brusque, je le baissai pour observer le côté droit de mon abdomen. Tout d'abord, je fus soulagée de ne rien voir. Puis, devant mes yeux fascinés et horrifiés, des traits sombres commencèrent à émerger sous la peau !

Haletante de douleur et de peur, je ne pouvais détacher mon regard des tourbillons d'encre qui émergeaient de ma chair telles d'antiques runes. De nouveaux détails apparurent ; c'était comme si une aiguille chauffée au rouge se déplaçait à la vitesse de la lumière pour injecter de l'encre sous ma peau. Je titubai et faillis tomber à la renverse, mais j'eus le réflexe d'attraper la rampe.

– Que se passe-t-il ? hurlai-je.

Seale House resta muette. Aucun son ne me revint en écho, comme si les murs avaient avalé mes paroles. Les yeux écarquillés, hypnotisée, je regardais l'encre qui continuait à former des volutes et des traits. Pour finir, elle créa une réplique exacte du dessin de la croix médiévale que je tenais dans la main. Je jetai la feuille avec répugnance, sachant qu'il serait moins facile de se débarrasser du motif qui s'incrustait dans ma peau.

– Qu'est-ce que tu me fais ? sanglotai-je en contemplant l'image désormais achevée.

À cet instant, il me sembla entendre l'écho de la voix de Jack, venue de profondeurs insondables, me lancer une explication :

« La croix indique l'endroit ».

35
JACK

Je parvins, je ne sais comment, à suivre l'escalier sombre qui menait au petit salon d'Hazel. J'avais toujours mal au côté, cependant la sensation de brûlure intense s'était un peu atténuée maintenant que l'image était achevée. Mais pas question de la regarder, si je tenais à rester saine d'esprit.

Le plancher, bien plus voilé qu'autrefois, craquait et grinçait sous mes pas. J'avais besoin de tout mon courage pour traverser cette maison, Aux odeurs de fumée et de bois moisi venait s'ajouter une puanteur qui évoquait la mort. J'eus la vision fugitive de Seale House sous l'apparence d'un immense cadavre où rien d'humain ne pouvait survivre. En passant devant la porte de la chambre des filles, je me souvins d'Evie qui parlait à sa poupée, de Juliann et de Laura en train d'assembler un puzzle, et de Beth qui astiquait son couteau. C'était là que j'avais passé des heures et des heures à rêver du jour où Jack, Noah et moi pourrions quitter cette maison ensemble.

J'atteignis enfin la porte des appartements d'Hazel. Je la poussai et eus un mouvement de recul en entendant couiner les gonds rouillés. Arrêtée sur le seuil, je scrutai l'intérieur. À cause du brouillard devant les fenêtres, la lumière était encore plus grise et sinistre que lors de ma précédente visite. Mes yeux sondèrent les ombres. J'espérais ardemment apercevoir mon frère, mais je ne le voyais nulle part. L'accablement m'entraînait vers les profondeurs, comme si mon âme était prisonnière d'un bloc de ciment destiné à finir sur le fond vaseux du fleuve.

Je pénétrai dans la pièce. Je pataugeai dans une flaque d'eau de pluie entrée par un trou dans le toit. Certaine maintenant que Jack n'était pas ici, et ne sachant pas quoi faire, je plaquai la main sur mon flanc douloureux et m'approchai de la petite table ronde. Malgré son triste état, je réussis à ouvrir le tiroir. Je regardai à l'intérieur. Vide.

J'avais affronté ce supplice du retour à Seale House pour rien ! D'un geste brusque, j'arrachai le tiroir et l'expédiai à l'autre bout du salon. Il heurta le mur avec fracas et se retourna en tombant. C'est alors que je découvris quelque chose fixé dessous. Je me précipitai pour détacher une enveloppe beige portant mon nom.

– Pourquoi, Jack ? murmurai-je.

Pourquoi encore un indice qui ne menait nulle part ? Et pourquoi faire en sorte que je retombe amoureuse de Noah, afin qu'il me poignarde en plein cœur comme si j'étais un vampire et lui Van Helsing ?

Je me débarrassai de mon sac à dos d'un mouvement d'épaules et le lançai sur une partie sèche du plancher. J'ouvris l'enveloppe d'où je sortis plusieurs feuilles de papier sur lesquelles je reconnus l'écriture de mon frère. M'approchant de la fenêtre sale, j'orientai les feuilles dans la faible lumière.

Salut, Jocelyn,

Si tu trouves cette lettre la première fois où je t'aurai entraînée dans le salon d'Hazel, certaines choses n'auront guère de sens. Mais j'espère que tu commenceras par l'indice caché dans la cave et que tu suivras le parcours que j'ai tracé pour toi.

– Je te reconnais bien là, commentai-je à voix haute, avec un sourire triste.

Avant d'en venir à la raison principale de cette lettre, il faut que je te raconte ce qui s'est passé chez ISI. Tout a commencé quand mon patron, Sam Marvin, est venu me voir pour m'expliquer qu'un dénommé Paul Gerard, un ancien d'ISI, leur avait volé quelque chose. Étant donné que j'étais le seul employé que Gerard ne connaissait pas, Sam m'a demandé de récupérer la chose en question. Il ne pouvait pas m'expliquer de quoi il s'agissait, mais il m'a clairement fait comprendre que, entre de mauvaises mains, cela pouvait ruiner sa société.

J'ai accepté de l'aider car je ne voulais pas que Noah en pâtisse. Si ISI faisait faillite, cela risquait de détruire la vie du seul gars qui avait toujours veillé sur moi. Il fallait que j'empêche ça, alors avec les informations fournies par Sam, je suis allé trouver ce Paul Gerard.

Je n'entrerai pas dans les détails ici, mais disons que ça s'est mal fini. J'ai réussi à récupérer le dossier volé, mais Gerard a vite compris ce que j'avais fait et il m'a suivi. Il m'a attaqué et je m'en suis sorti de justesse. J'étais blessé et sacrément secoué. Sam Marvin n'aurait jamais dû me demander de récupérer ce dossier, j'aurais pu me faire tuer.

Une fois en lieu sûr, j'ai décidé de regarder ce que Gerard avait volé, et pourquoi c'était si important. En ouvrant le dossier, j'ai appris avec stupéfaction que des portes dérobées avaient été introduites dans un grand nombre de programmes de sécurité d'ISI. Ce que Gerard avait subtilisé, c'était la liste de tous les mots de passe permettant d'utiliser ces programmes pirates. Il pouvait la revendre pour une coquette somme, je suppose. Sam avait raison sur un point : entre de mauvaises mains, ce dossier pouvait couler leur société. Et même déboucher sur des arrestations, car c'est illégal.

Je voulais toujours protéger Noah, mais je ne savais pas si je devais rendre les mots de passe à ISI. J'avais besoin de temps pour réfléchir, alors j'ai caché la liste. Puis je suis allé au Canada, j'ai visité le Parlement et la Peace Tower. C'est là-bas que m'est venue l'idée de laisser des indices.

Tu te demandes sans doute pourquoi je t'ai entraînée dans une chasse au trésor si étrange. Premièrement, je voulais que tu retournes dans la cave. Tu en as toujours eu peur, peur surtout d'affronter le souvenir de Conner et de ce que tu avais fait. Sais-tu que la dernière fois qu'on a parlé de Seale House tous les deux, j'ai évoqué Conner, mais tu l'avais oublié ou du moins, tu t'interdisais d'y penser. Il est important, je pense, que tu tires un trait sur cette sombre histoire. Après tout, tu n'étais qu'une enfant qui essayait de se comporter en adulte et de faire ce qu'il fallait faire. Personne ne peut te le reprocher.

Deuxièmement, je t'ai envoyée à la Peace Tower car je voulais que tu contemples Gatineau de haut et que tu comprennes que même si Melody s'est montrée aussi brutale avec toi là-bas, toutes ces choses, cet endroit, elle et Erv n'ont aucune importance. Nous n'y sommes restés que quelques jours, mais ce que t'a fait Melody t'a laissé une cicatrice. Pourtant, en regardant cette ville, et cette femme, de loin, vois-tu à quel point elle était insignifiante et négligeable ? Tout comme ces sales morveuses de l'école, comme Hazel et sa cruauté. Ce ne sont que des galets sur le rivage. Si tu les tiens près de tes yeux, ils paraissent gigantesques. Mais si tu les mets à leur vraie place, tu les vois tels qu'ils étaient réellement.

Troisièmement, je t'ai envoyée au Septième livre dans la chapelle du Souvenir car il représente ceux qui ont perdu la vie en temps de paix, et d'une certaine façon, j'en fais partie.

Je levai la tête et froissai la feuille dans mon poing. Que voulait-il dire par là ? Je poursuivis ma lecture.

Il me semblait important également que tu retrouves les autres personnes qui ont hanté ton passé. Tu te connais, Jocelyn, tu n'oublies rien. Voilà pourquoi je voulais que tu voies Dixon, pour que tu constates par toi-même qu'il va bien. Idem pour Beth. Je voulais aussi que tu voies Hazel, dans quel état d'impuissance elle se trouve désormais, et combien elle a toujours été pathétique.

Venons-en maintenant à la raison principale pour laquelle je t'ai laissé ces indices. Je l'ai fait surtout pour que tu passes du temps avec Noah. Je savais, en éparpillant ces énigmes, que ni lui ni toi ne pourriez résister à l'envie de les élucider.

– Oui, tu parles. Il était ravi de le faire à condition d'être payé.

Il y a une chose que tu ignores à son sujet, Jocey. Un jour où on bavardait en ligne, il m'a avoué une chose. Il m'a confié que depuis qu'on était gamins, il était secrètement amoureux de toi.

Hébétée, je regardais fixement la lettre. Comment était-ce possible ? Noah semblait tellement furieux en me voyant débarquer chez lui. Mais il est vrai qu'enfant, il avait toujours dressé des murs autour de lui. Je n'avais jamais su ce qu'il pensait.

Je détachai de la feuille mes yeux mouillés de larmes et me laissai tomber sur le sol, sans pouvoir retenir un sanglot.

– Mais seule, je n'ai plus rien, chuchotai-je.

Ma douleur au côté s'amplifia.

Lentement, je repliai la lettre et la remis dans l'enveloppe, puis j'essuyai mes larmes. Un nouveau spasme, violent, me fit grimacer, mais j'avais peur de regarder la marque médiévale. Pourquoi Jack avait-il laissé tant de questions en suspens ?

Entendant un bruit de pas, je me levai en me tenant le flanc. Peut-être Jack allait-il venir, finalement ?

Je fis face à la porte qui s'ouvrit avec fracas et plissai les yeux. La silhouette d'un homme franchit le seuil. La lumière grise qui entrait par les fenêtres l'éclairait suffisamment pour que je le reconnaisse… et le voie pointer le pistolet sur mon visage. C'était Paul Gerard.

36
L'ENNEMI

Dans la pénombre, les traits séduisants et le teint mat de Gerard prenaient un aspect sinistre. Il sourit.

– Ravi de te revoir.

À cause de son ton très calme, ses paroles évoquaient moins une menace qu'une formule toute faite pour draguer.

– Comment va votre épaule ? demandai-je.

– Elle guérit. Et toi, ta gorge ?

– Ça va beaucoup mieux.

– Je dois avouer que j'admire ton habileté. Je crois que tu es la nana la plus intelligente que j'aie jamais affrontée. Pas la plus jolie, mais la plus intelligente.

– À choisir…

Il me saisit par les cheveux et me colla le canon de son arme sous le menton, me coupant la chique. L'étincelle de démence dans ses yeux me rappelait Conner et je compris que je ne pourrais m'en tirer par le bagout.

– Lâchez-moi.

Ma voix était étrangement sereine.

Il me sourit avec cette fausse assurance que j'avais déjà remarquée à la galerie.

– Bien sûr. Mais dis-moi d'abord où elle se trouve.

– Je crains que ce ne soit pas possible.

– Et la gratitude, Jocelyn ? Tu me dois une fière chandelle. Si je n'avais pas abattu ce gamin, il t'aurait poignardée.

Cet aveu plein de suffisance provoqua ma colère. Comment osait-il se vanter d'avoir tué Georgie sur le ton d'un boy-scout parlant d'une bonne action qu'il avait faite ?

– Alors, où est-elle ?

Je parlai lentement, comme une demeurée.

– Je... ne... sais... pas.

La fureur assombrit son visage et il me bombarda d'insultes, avant de m'expliquer en détail ce qu'il allait me faire. Sa voix s'éleva dans les aigus, tandis que son poing me tirait la tête en arrière, à m'en faire mal au cou. Je compris pourquoi il avait fait si peur à Jack. Craignant d'affronter ses yeux à la Conner, je laissai mon regard glisser sur le papier peint décollé et le plâtre écaillé des murs. Ils s'étaient mis à palpiter et, derrière les menaces stridentes, j'entendais le vrombissement sourd des battements lents du cœur qui avait hanté mes cauchemars à Seale House.

Appuyant plus fortement le canon du pistolet contre ma gorge, il menaça de me faire sauter la tête. Malgré tout, j'essayai de conserver un ton calme.

– Dans ce cas, vous ne trouverez jamais la liste des mots de passe.

Il me jeta au sol et me décocha un coup de pied. Je me roulai en boule pour essayer de me protéger. La douleur au côté était devenue insoutenable et je craignais qu'il m'ait perforé l'appendice. Dans un brouillard de terreur, je me demandais si l'encre qui suintait à travers ma peau n'était pas le signe d'une infection. Il écrasa mon poignet sous sa semelle et, en regardant sa chaussure cirée, je me dis que Noah ne porterait jamais un truc aussi ringard.

– Je n'ai pas besoin de te tuer. (Il appuya de tout son poids sur mon poignet, jusqu'à ce que je hurle de douleur.) Je vais te tirer une balle dans la main, pour commencer. Qu'en dis-tu ?

En levant les yeux vers lui, je vis que le mur commençait à se déformer et à se contorsionner dans son dos.

– Non, pas ça, suppliai-je.

– Trop tard.

Il s'accroupit et pressa le canon de son arme contre ma paume.

Les yeux fermés de toutes mes forces, je me raidis dans l'attente de la détonation qui provoquerait une douleur et une mutilation que je ne pouvais même pas imaginer. Mais soudain, Gerard laissa échapper une imprécation et recula en titubant, libérant mon poignet. J'ouvris brusquement les yeux, au moment où son pistolet tombait bruyamment sur le plancher. Il poussa un juron et agita la main. Je me jetai sur l'arme, mais la lâchai aussitôt : elle était brûlante !

En trébuchant, il recula jusqu'au mur, qui enflait et ondulait. Il poussa un cri d'angoisse et tenta de s'écarter, mais en vain. Le mur le retenait comme une araignée dans sa toile, et quand Gerard se débattit pour se libérer, il se referma sur lui à la manière du *blob* et commença à l'avaler goulûment, comme si, affamé, il attendait ce morceau de choix depuis longtemps.

Gerard hurla de plus belle et je l'imitai. Me relevant d'un bond, je fonçai vers la porte. Ses cris de terreur me poursuivirent jusque dans le couloir, dont les murs étaient agités de spasmes. Les auréoles d'humidité dessinaient des motifs fantastiques et inquiétants. Horrifiée, je me ruai dans la chambre où j'avais dormi jadis avec les autres filles. Il ne restait qu'un banc et une commode abîmée. Des rideaux déchirés encadraient deux fenêtres entre lesquelles un miroir tacheté était suspendu de travers.

Des taches sombres émergèrent des murs, de la même manière que le X était apparu sur mon ventre. Mon cœur battait si vite qu'il semblait sur le point de se fendre en deux, et pourtant, j'étais incapable de détacher les yeux de ce spectacle. Soudain, les carreaux d'une fenêtre explosèrent et se déversèrent sur moi, pendant que je hurlais, accroupie, la tête entre les mains.

– Assez ! sanglotai-je.

Je me bouchai les oreilles pour ne plus entendre les battements de mon cœur qui se mêlaient aux cris de Gerard.

Les minutes suivantes perdirent toute réalité, jusqu'à ce que les murs interrompent leurs pulsations répugnantes. Quand j'osai relever la tête, la pièce était redevenue comme avant, à l'exception des éclats de verre qui jonchaient le sol. Et Noah était là. Il s'agenouilla près de moi et me dit quelque chose ; peut-être me demandait-il si tout allait bien. Comme en cet après-midi d'automne, des années plus tôt, quand Conner avait failli me tuer. Mais je ne comprenais pas ses paroles, à cause du bourdonnement dans mes oreilles.

Deux hommes firent irruption dans la pièce, dont Zachary Saulto. La douleur au côté, en se réveillant, me coupa le souffle ; je fermai les yeux et m'empoignai le flanc à deux mains.

– Qu'est-ce qui lui arrive, Sam ? demanda Noah.

Il semblait très loin de moi.

À travers le bourdonnement dans mes oreilles, j'entendis l'homme répondre :

– Montre-lui le dessin.

Noah brandit sous mon nez la feuille froissée sur laquelle figuraient la croix médiévale et l'écriture de Jack en dessous.

– J'ai trouvé ça dans l'escalier, Jocey. Ça vient de Jack ?

Je hochai la tête et ma voix se brisa :

– Mais il n'est pas là.

L'homme s'agenouilla devant moi. Il avait une quarantaine d'années, un visage long et des yeux gris délavés. Il portait un costume strict, sombre, avec une cravate rouge, et quand il me regarda, j'éprouvai un curieux sentiment de familiarité.

– Jocelyn, je suis Sam Marvin, le patron de Jack. Je veux t'aider. Sais-tu ce qu'il a voulu dire avec ce dessin ? C'est important ?

Je l'ignorai et me tournai vers Noah.

– Je sais pourquoi tu es resté avec moi. Tu travailles toujours pour ISI. Comment as-tu pu me trahir ? Je croyais qu'on était dans le même camp, avec Jack.

– C'est le cas.

– Combien t'ont-ils proposé pour remonter la piste avec moi ?

– Pas assez.

Je détournai la tête, mais il me saisit le menton pour m'obliger à le regarder.

– Aucune somme d'argent n'aurait pu me convaincre de faire tout ça, dit-il. Si j'ai accepté, c'est uniquement parce que je tiens à toi.

Je le dévisageai, sans rien dire ; j'aurais voulu ignorer l'intensité de son regard, mais c'était très difficile. Il baissa la voix afin que moi seule puisse l'entendre :

– Je voulais juste te protéger, Jocey.

– Tu aurais dû me le dire.

– Tu serais partie.

Une nouvelle vague de douleur me vrilla le flanc et je repensai au violent coup de pied de Paul Gerard. Tournant la tête vers la porte ouverte, je regardai le couloir. Seale House avait-elle tué mon agresseur ?

– Où est Gerard ? demandai-je.

– Il a filé. On l'a vu quitter la maison ventre à terre et sauter dans sa voiture. Il se tenait le bras comme s'il était cassé et il semblait effrayé ; il avait un regard de fou. Tu t'es battue avec lui et tu lui as cassé le bras ?

Je fis non de la tête. J'aurais voulu lui dire la vérité, mais j'avais peur d'expliquer ce que la maison avait fait.

Sam Marvin reprit la parole :

– Jocelyn, dit-il avec un regard qui respirait la sincérité. Il faut qu'on parle à Jack, c'est très important.

À cet instant, un flot de colère inattendu monta en moi.

– Il ne vous fait plus confiance !

Une autre fenêtre explosa dans la pièce et tout le monde se mit à l'abri. Je sentis une vive douleur dans le bras. Baissant la tête, je vis Zachary Saulto m'enfoncer dans la peau l'aiguille d'une petite seringue. Je reculai d'un mouvement brusque, au moment où Noah lui sautait dessus et lui écrasait son poing sur le visage. Sam Marvin se mit à vociférer et obligea Noah à lâcher Saulto qui saignait de la lèvre.

Je grimaçai de douleur, pliée en deux, la main plaquée sur le côté. Noah me rejoignit d'un bond.

– Qu'y a-t-il, Jocey ?

– J'ai mal.

Je me balançais d'avant en arrière.

– C'est Gerard qui t'a fait ça ?

Je secouai la tête. Un nouveau spasme, plus fort que le précédent, me submergea. Sam Marvin revint s'accroupir devant moi.

– Écoute-moi. Jack a caché quelque chose, et toi seule peux le retrouver. Dis-moi ce dont tu as besoin…

– Elle a besoin d'aller à l'hôpital. J'appelle une ambulance.

– Non ! protestai-je. Pas l'hôpital.

Mais je ne pouvais plus supporter une telle douleur. Je dénouai le cordon de mon pantalon et baissai le tissu, juste assez pour leur montrer la croix à l'endroit où devait se trouver mon appendice.

– La croix indique l'endroit, murmurai-je d'une voix terrifiante que je ne reconnaissais pas.

Ils regardèrent la croix d'un air hébété, jusqu'à ce que Zachary Saulto dise :

– Elles sont cachées là... Je n'arrive pas à y croire.

– Y a-t-il un endroit plus sûr ? dit Sam Marvin. On peut les extraire ?

– Oui. Il y a un scalpel dans la trousse de premiers soins dans la voiture ! s'exclama Saulto en fonçant dans le couloir.

Scandalisé, Noah se tourna vers Marvin.

– Vous êtes fous ! Vous n'allez quand même pas lui ouvrir le ventre !

– Une simple petite incision superficielle.

– Conduisez-la à l'hôpital si vous voulez, mais ne faites pas ça ici !

Marvin fronça les sourcils.

– Tu ne comprends vraiment pas la situation, Noah. Jack a caché nos données sous cette marque, et maintenant, il veut qu'on les récupère.

– Jack ? Vous êtes cinglé ou quoi ?

– Crois-moi, c'est la vérité.

– Jamais il ne ferait une chose pareille à Jocey.

Je pris Noah par le bras, au moment où j'étais secouée par un nouveau spasme, et je dis d'une voix haletante :

– Laisse-les faire. Ça ira.

Il m'observa pendant plusieurs secondes ; je soutins son regard.

– OK, dit-il finalement en s'asseyant à côté de moi.

Saulto revint avec la trousse de secours et un ordinateur portable. Il marcha droit vers moi.

– Attendez ! m'écriai-je. Pas lui. (Saulto me jeta un regard mauvais ; sa lèvre fendue lui donnait un air boudeur.) Je ne veux pas que ce type me touche. Noah, fais-le, toi.

Son visage se ferma.

– Tu es sûre, Jocey ? Je veux dire… vraiment sûre ?

Je hochai la tête. Saulto déposa la trousse dans les mains de Noah. Celui-ci l'ouvrit, sortit un scalpel de son étui et prit des compresses. Je fermai les yeux aussi fort que je le pouvais et retins mon souffle. À vrai dire, je sentis à peine l'incision à cause des spasmes. Dès que la chose que Jack avait cachée en moi fut retirée, la douleur cessa. Essoufflée comme après une course folle, le corps inondé de sueur, j'ouvris les yeux. Noah tapota avec les compresses la fine incision au milieu du tatouage.

Il brandit le petit sachet hermétique récupéré sous ma peau. Marvin se servit de son mouchoir pour le lui arracher des mains ; il essuya le sang et l'ouvrit. Il en sortit une puce à circuits intégrés. Sans perdre une seconde, il l'introduisit dans une clé USB et tendit le tout à Saulto, qui se dirigea vers son ordinateur posé sur la vieille commode. Il introduisit la clé, tapota sur le pavé tactile et observa l'écran.

– C'est bon, on l'a !

Une vague de vertiges m'engloutit. Je me sentis sombrer dans un brouillard qui se déplaçait au ralenti : la substance que Saulto m'avait injectée dans le bras produisait son effet. Alors que j'allais perdre connaissance, Marvin s'accroupit de nouveau devant moi, avec un grand sourire de soulagement.

– Excellent travail, Jack. On te doit une fière chandelle.

37
SOUVENIRS

La route sinueuse s'enfuyait devant nous tel un ruban grisâtre ; la lune était un globe imparfait. Un an s'était écoulé depuis que l'on avait quitté Seale House et Watertown. On vivait avec notre mère. Jack et moi, on avait commencé à se construire une nouvelle vie dans le Vermont, mais on avait dû tout abandonner dans la précipitation. Sans même retourner dans notre petit appartement pour récupérer le peu de choses que l'on possédait.

La route semblait disparaître dans les collines, alors que la voiture roulait à tombeau ouvert. Melody marmonnait des bribes de phrases en conduisant et crachait des morceaux de regrets, de colère et de chagrin. Parfois, elle laissait échapper un rire rempli d'amertume vengeresse ; à d'autres moments, elle pleurait en pensant à Calvert, son premier amour, le seul homme qu'elle avait jamais vraiment aimé.

Mon frère et moi, qui à quatorze ans avions déjà vu beaucoup trop de choses, étions assis l'un près de l'autre. Jack s'appuyait contre la portière, la tête calée par la vitre. Il avait le souffle court et le front rouge, fendu par une plaie enflée et sanglante.

Tandis que notre vieille camionnette brinquebalait, je priais ardemment pour qu'il se réveille. À travers le pare-brise fêlé, suite au choc provoqué par la tête de Jack, j'observais la poussière rouge qui corrodait le capot et semblait se rapprocher centimètre par centimètre. Assise entre mon frère endormi et notre mère qui délirait, je fus parcourue par un frisson glacé. Il était évident maintenant que ces taches rouges sur le métal n'étaient pas uniquement de la rouille, mais aussi du sang ! Le capot bosselé était maculé par le violent impact qui avait tué Calvert, le chéri de Melody, et la femme qui se trouvait avec lui.

Je tremblai en repensant à ce qui s'était produit une heure plus tôt seulement. Jack et moi, on attendait notre mère sur le parking du restaurant où elle travaillait. Elle était sortie en sanglotant. Quand elle avait mis le contact, Jack avait essayé de lui parler, de savoir ce qui n'allait pas. Il tentait encore de la calmer quand l'homme qu'elle désigna comme étant Calvert sortit à son tour, en compagnie d'une femme aux longs cheveux bruns. Ils marchaient tranquillement bras dessus bras dessous.

Melody fit rugir le moteur, ôta le frein à main et accéléra. L'homme et la femme tournèrent la tête et hurlèrent. Notre mère aussi hurla, quand elle les percuta de plein fouet avec la camionnette, propulsant leurs corps contre le mur de briques du restaurant. J'avais eu le temps de me préparer au choc, mais Jack était occupé à essayer d'arrêter notre mère. Sa tête heurta le pare-brise.

Melody se lança ensuite dans une course-poursuite solitaire à travers la nuit pour quitter le Vermont et franchir la frontière de l'État de New York. Mes supplications pour qu'elle fasse demi-tour et conduise Jack à l'hôpital de Bennington demeuraient vaines. Elle n'entendait que ses propres pensées obsessionnelles. Calvert n'aurait jamais dû l'abandonner dans un relais routier jadis, disait-elle, il avait détruit le restant de sa vie. Ils auraient mené une existence merveilleuse et parfaite tous les deux s'il était resté avec elle. C'était à cause de lui si elle était obligée de faire toutes ces choses maintenant. Après avoir entendu Melody raconter si souvent la trahison de Calvert, je n'arrivais pas à croire qu'elle avait fini par le retrouver et l'assassiner pour se venger.

Au loin, on aperçut enfin des lumières sur le velours noir du paysage : un collier de joyaux scintillants. Je pris la main molle de Jack dans la mienne et l'exhortai à tenir bon. On allait bientôt s'occuper de lui.

On pénétra en ville sans ralentir et on atteignit bientôt un petit hôpital. Melody s'arrêta à l'entrée des urgences et réclama de l'aide en hurlant. Des infirmiers aux visages anxieux vinrent prendre le pouls de Jack. Puis ils le déposèrent, toujours inconscient, sur un brancard et le conduisirent rapidement à l'intérieur. Je les suivis jusque devant les portes derrière lesquelles ils l'avaient emmené, et j'attendis, en me raidissant chaque fois qu'une personne en blouse blanche passait en courant.

Au bout d'un long moment, un médecin vint me voir. Il avait un regard doux, et son badge indiquait qu'il s'agissait du Dr Brent Haberton. Il fit signe à une infirmière et lui demanda de me conduire dans la salle d'attente. Je la suivis, mais je n'entrai pas dans la pièce car Melody s'y trouvait déjà. Assise sur une chaise, elle pleurait. Je ne pouvais pas supporter de me retrouver près de ma mère. Je m'éloignai dans le couloir et trouvai une petite chapelle, inoccupée, aux fenêtres sombres. J'y restai longtemps, à me balancer d'avant en arrière, à supplier pour que Jack ait la vie sauve. Soudain, la porte s'ouvrit. Me retournant, je vis Melody entrer dans la chapelle.

– Jack est mort, annonça-t-elle en pleurant.

Je la regardai d'un air hébété. Je ne la croyais pas.

– Non, murmurai-je d'une horrible voix rauque.

– D'abord Calvert, et maintenant Jack, sanglota-t-elle. J'ai perdu les deux seules personnes que j'aimais réellement.

Comment pouvait-elle lier ces deux noms ? Je posai sur elle un regard rempli d'un mépris froid. Elle me saisit le bras et dit :

– La police est ici. Je les ai aperçus à l'accueil. Il faut filer avant qu'ils essaient de nous interroger.

Je me libérai d'un geste brusque et la giflai, si violemment que j'en eus mal à la main. Elle tituba, et la surprise mit fin à ses pleurs. À quatorze ans, j'étais déjà plus grande qu'elle, mais jusqu'à présent, elle n'avait jamais eu peur de moi. Je devais avoir une expression terrifiante car elle recula à petits pas.

– Tu as tué Jack ! lançai-je en crachant ces paroles comme si c'étaient des pierres qui me cassaient les dents. Il est mort à cause de toi ! Je raconterai à la police ce que tu lui as fait. Et si tu restes ici, si tu essaies de me revoir, je leur raconterai ce que tu as fait à Calvert et à cette femme.

Melody resta bouche bée. Elle en oublia ses larmes pour Jack, et même pour cet imbécile de petit ami qui l'avait larguée dans le temps. Elle se retourna et s'enfuit, me laissant seule dans la pénombre de la chapelle. Je m'assis lourdement sur le banc. Il n'y avait plus rien en moi, uniquement une âme brisée sans le moindre germe d'espoir, sans aucune raison de vivre. J'avais envie de rejoindre Jack et je me haïssais pour avoir agrippé le tableau de bord au moment du choc et sauvé ma vie. Mon frère et moi, on avait toujours formé les deux parties d'un tout. Je ne savais pas comment je pourrais survivre sans lui.

La porte de la chapelle s'ouvrit de nouveau. Je me retournai, prête à sauter sur Melody si elle avait osé revenir. Mais c'est une vieille femme à la peau parcheminée, le visage entouré d'une auréole de fins cheveux blancs, qui marcha vers moi. Une croix reposait sur son chemisier violet, à côté d'un badge qui portait la mention Bénévole. Elle me regarda avec des yeux verts remplis de tristesse, mais aussi de compréhension, me semblait-il. Elle me demanda si elle pouvait s'asseoir à côté de moi ; je ne répondis pas. Elle s'assit malgré tout. Et elle me raconta qu'elle avait perdu son fils à cause d'un cancer, ici dans cet hôpital. Elle dit un tas de choses, d'une voix douce. Je les entendais à peine.

Au bout d'un moment, elle cessa de parler et l'on resta assises côte à côte, en silence. Mes pensées appelaient Jack. Je le suppliais de me dire qu'il était toujours en vie, que c'était encore un de ses canulars, le plus cruel.

– Tu sais, reprit la vieille femme, j'ai appris une chose : tu l'auras toujours avec toi.

Je me tournai vers elle. Du bout de ses doigts décharnés, elle caressa ma tempe.

– Il sera toujours là. (Sa main descendit vers mon cœur.) Et là.

Finalement, elle m'abandonna à mon chagrin et je demeurai immobile dans la chapelle sombre. Ses dernières paroles ne cessaient de résonner dans mon esprit. En levant les yeux vers la fenêtre obscure, j'y vis le pâle reflet de Jack. Je me levai d'un bond et me retournai, incapable de croire qu'il était là, finalement. Il n'y avait même pas de marque sur le front, ni aucune tristesse dans ses yeux, et il me souriait.

– Ne pleure pas, Jocey, l'entendis-je dire dans ma tête. (Ses lèvres restaient immobiles, son sourire ne tremblait pas.) Elle a raison, tu sais. Je serai toujours avec toi, dans ton esprit et dans ton cœur.

Je remontai lentement des profondeurs, vers la conscience. J'entendis la voix de Noah. Son timbre suave m'avait toujours attirée, alors je laissai mon esprit voyager dans cette direction.

– Je ne vois pas comment c'est possible, disait-il. J'ai parlé à Jack, tout le temps.

– Seulement sur l'ordinateur, non ? dit Sam Marvin. Vous ne vous êtes jamais parlé de vive voix.

– Non.

Son ton trahissait un doute embarrassé.

– Pourtant, vous ne viviez pas très loin l'un de l'autre. Tu n'as jamais eu envie de le voir ?

– Si, bien sûr. On faisait même des projets. Au début, j'ai demandé à venir leur rendre visite, à Jocelyn et à lui, pour rencontrer leurs nouveaux parents adoptifs. Mais Jack a dit que sa sœur ne voulait pas. Alors, on s'est organisés pour qu'il vienne ici, mais il y a eu plein de contretemps.

– Quel genre ?

– Des problèmes de voiture. Un voyage en famille imprévu... puis il a eu une infection à la gorge. (Le ton de Noah se fit plus amer.) Mais Jack m'envoyait des photos de lui par mail.

– Sans doute vieillies par ordinateur. Elle était très douée pour modifier les photos numériques. Et Jack tenait réellement à ton amitié. Il faisait tout ce qu'il fallait pour entretenir votre relation en ligne.

– Ça ne tient pas debout ce que vous racontez ! Vous parlez de Jocelyn ou de Jack ?

– Les deux, car c'est la seule et même personne.

– C'est absurde !

– Je vais t'expliquer. Jack est mort dans un accident de voiture un an après que Jocelyn et lui avaient quitté Watertown. Ils avaient quatorze ans. Incapable de supporter cette horrible perte, Jocelyn a effacé le souvenir de sa mort et elle a intériorisé la personnalité de son frère. Cela s'apparente à un trouble de la personnalité multiple. Comme ils étaient jumeaux, et très proches l'un de l'autre, elle n'a eu aucun mal à adopter son identité. De cette façon, elle le maintenait en vie... Et donc, vois-tu, quand Jack travaillait pour nous, c'était peut-être dans le corps de Jocelyn, mais elle n'a aucun souvenir des choses qu'il faisait. C'est un peu comme si elle lui avait donné une partie de son cerveau, sans le savoir. De même, quand Jocelyn se livrait à ses propres activités, la personnalité de Jack n'était pas présente. Mais la partie de l'esprit qui lui appartenait savait toujours ce qu'elle faisait. À bien des égards, on pourrait dire que deux êtres séparés partageaient un seul corps. Il était le programmeur et elle, l'artiste graphiste. Mais c'est elle qui créait tout, évidemment. Difficile de concevoir à quel point c'était un esprit brillant.

– Comment vous avez découvert tout ça ?

Sam Marvin hésita.

– La société que j'emploie pour enquêter sur mes employés fait un excellent travail. Ils ont réussi à mettre la main sur un double de son dossier médical.

– Vous n'aviez pas le droit de faire ça.

– Du calme… Jack le savait.

– Quoi ?

– Il commençait à se méfier de son psy et il voulait savoir ce que le Dr Candlar écrivait dans son dossier. En fait, il nous a autorisés à le subtiliser. Surtout quand je lui ai affirmé qu'un brillant avenir l'attendait dans notre société.

– Mais Jocelyn ! Regardez ce qui lui arrive.

Ils demeurèrent silencieux pendant plusieurs secondes et je replongeai dans les ténèbres, terrifiée à l'idée d'en entendre davantage.

Plantée devant le salon de tatouage, j'essayais de rassembler assez de courage pour franchir la porte. Quand j'entrai enfin, Beth était là. Couverte de tatouages et de piercings fantastiques et bizarres, avec ses cheveux roux coupés aussi court que ceux d'un homme. Alors que je faisais semblant de m'intéresser aux vitrines, elle se contenta de m'observer. Elle n'arrivait pas à croire que c'était moi.

Finalement, j'achetai un des couteaux, ce qui eut pour effet de l'amadouer. Puis je choisis un dessin dans ses catalogues, et lui demandai de me tatouer un X par-dessus ma petite cicatrice récente à l'abdomen. Beth était ravie d'utiliser ses aiguilles sur moi. Cela créait entre nous un lien qui n'existait pas quand on était gamines. Allongée dans le fauteuil inclinable, je l'écoutais parler d'une manière apaisante qui contrastait totalement avec son apparence agressive. On bavarda et je ne sentis absolument rien, ce qui l'impressionna encore plus. Avant de quitter le salon, je lui demandai de conserver le dessin original du X, en promettant de revenir le chercher.

38
FREAK

– Tu ne peux pas nous en vouloir, disait Sam Marvin au moment où je revenais à moi de nouveau. As-tu idée de ce qui se serait passé si Paul Gerard avait vendu cette liste de mots de passe à l'acheteur qui voulait l'acquérir ? Après nous l'avoir volée, il a également détruit tous les doubles. Nous n'avions plus aucun moyen de protéger nos clients.

– De les espionner, vous voulez dire ? rétorqua Noah d'un ton mordant. Écoutez-moi bien : je me contrefiche de vos problèmes. Ce qui m'intéresse, en revanche, c'est que vous étiez prêts à mettre Jocelyn en danger.

– Ça ne semblait pas si grave, au départ. Nous supposions que Jack avait su régler son différend avec Gerard. Et voilà qu'il nous envoie un faux rapport de police annonçant sa mort et qu'il disparaît. Jocelyn ne se doutait de rien, elle non plus. Elle croyait sincèrement que son frère était décédé. Nous ne voulions pas perdre les données qu'elle avait reprises à Gerard, mais nous ignorions où elle avait bien pu les cacher. C'est alors qu'elle a débarqué ici, à Watertown, en début de semaine. Nous étions persuadés qu'elle se rendait à l'endroit où se trouvait la liste. Au lieu de cela, elle s'est mise à te suivre.

– À me suivre ? Pour essayer de retrouver Jack, car dans son esprit, il existe réellement ?

– Exact.

J'écoutais la conversation sans bouger. J'avais le ventre noué par une boule de chagrin, à cause de Jack. La douleur était aussi intense que le jour où cela s'était produit ; l'horreur de ce que lui avait infligé Melody m'écrasait. Et pourtant, il y avait une différence entre le fait d'accepter sa disparition maintenant et à l'époque. J'étais devenue plus forte, capable désormais de supporter cette douleur qui m'aurait détruite à quatorze ans. Quelque chose en moi, éveillé peut-être par le danger que représentait ISI, savait que le moment était venu de lâcher prise.

Cela faisait plusieurs semaines déjà, je m'en apercevais maintenant, que Jack se détachait de moi. Je repensai à l'école. Le proviseur m'avait convoquée car mon professeur d'anglais, Mme Chen, avait remarqué que tous mes poèmes parlaient de la mort, de la perte et du chagrin. Elle les lui avait montrés.

« Mon frère est mort, comment ne serais-je pas triste ? » voilà ce que j'avais répondu. Ensuite, j'avais refusé d'en parler, expliquant que j'étais suivie par mon propre psychologue en dehors de l'école.

Tout le monde, mes parents adoptifs et mes amis, semblait s'inquiéter de mon comportement dépressif. Mais ils n'avaient aucune idée de ce qui se passait réellement en moi. Par une sorte de fonctionnement mental tordu, j'avais fini par croire que la mort de Jack était survenue quelques semaines plus tôt seulement, et non il y a plusieurs années.

Ouvrant lentement les yeux, je battis des paupières pour éclaircir ma vision. Je me redressai en position assise ; ça cognait dans ma tête.

Noah vint s'agenouiller près de moi, en essayant de dissimuler son embarras.

– Comment tu te sens ?

Sam Marvin ordonna :

– Zach, allez lui chercher un verre d'eau, je vous prie.

Zachary Saulto était concentré sur son ordinateur. Il me regarda d'un air mauvais, avant de sortir dans le couloir. Je l'entendis actionner le robinet du lavabo de la salle de bains.

– Ça va, Jocey ? demanda Noah.

– Apparemment, non.

Je me sentais humiliée par la réalité de ma véritable personnalité. Oh, Jack ! sanglotai-je intérieurement. La perte de mon frère était une douleur physique.

Saulto revint. Il s'accroupit devant moi et me tendit un verre d'eau.

– Tiens, Jaclyn.

– Jocelyn, rectifiai-je.

– Jocelyn... Jaclyn... Jack... Tout ça, c'est pareil, non ?

Le verre se brisa dans sa main. Surpris, il le lâcha et se releva, en poussant un juron et tenant son doigt coupé.

– Ça suffit, Zach, dit Sam Marvin. (Il se tourna vers moi.) Reste calme, Jocelyn, s'il te plaît. Je sais que tout cela est très perturbant. Si tu pouvais me laisser parler à Jack un instant... J'ai très envie de savoir ce qui lui arrive.

Il se produisit un grand craquement et le miroir explosa ; une pluie de bris de verre tinta sur le plancher.

Sam Marvin me regarda d'un air sévère.

– Il faut que tu arrêtes.

Après un silence de plusieurs secondes, Noah demanda :

– Qu'est-ce qui se passe ?

– Tu ne le sais pas ? C'est pourtant toi qui la côtoyais. Elle possède des pouvoirs de télékinésie.

Je secouai la tête.

– Mensonge !

– Il est temps d'accepter la vérité, Jocelyn. À ton avis, qui éteignait les incendies à Seale House quand vous étiez enfants ? Qui a fait sauter les ampoules la nuit où tu t'es enfuie ? Et à ton avis, qui t'a sauvée des griffes de Gerard ce matin ?

Se pouvait-il qu'il ait raison ? La partie rationnelle de mon esprit repoussa cette idée.

Noah jeta un regard noir à Sam Marvin.

– Hé, attendez une minute ! À supposer que ce soit vrai, comment vous savez tout ça ?

Sam ne répondit pas.

– Ça figurait également dans son dossier ?

– Partiellement. Tu oublies que j'ai eu un certain nombre de conversations avec la partie Jack qui est en elle, même si elle ne s'en souvient pas. Il m'a expliqué que sa télékinésie est apparue lors de leur arrivée à Seale House et elle s'est toujours manifestée de manière imprévisible. Évidemment, au début je ne l'ai pas cru et j'ai réclamé des preuves. (Sam esquissa un sourire crispé.) C'était une erreur.

– Pourquoi ?

– Son dossier médical était ouvert sur mon bureau. Il s'est enflammé et a été détruit avant même que je puisse l'asperger avec ma tasse de café.

Sam revint sur moi. Malgré son attitude en apparence décontractée, je voyais bien qu'il jaugeait ma réaction.

– À partir du moment où tu as recréé la personnalité de Jack en toi, il a appris à canaliser ton énergie psychique. Il s'en est servi également pour annihiler la conscience que tu avais de sa présence en toi. Voilà pourquoi tu n'as gardé aucun souvenir, et tu n'as même pas vu ce qui se passait, jusqu'à ce qu'il décide, récemment, de se cacher.

– Et Seale House ? rétorquai-je. (Je relevai ma manche pour lui montrer ma morsure au bras.) Regardez ! C'est arrivé pendant que j'étais dans la cave.

– Sans doute une forme de stigmates. La peur et le sentiment de culpabilité poussent parfois certaines personnes à s'automutiler. Compte tenu de tes capacités mentales, cela peut facilement se produire. Accepte la vérité, Jocelyn. Il n'y a aucun fantôme dans cette maison, uniquement ceux que tu y as apportés. (Son ton s'adoucit :) Réfléchis et tu comprendras ce que je dis.

Je ne pouvais pas nier la logique de son raisonnement et, à partir du moment où j'acceptais sa théorie, tout le reste s'emboîtait. Le coup de téléphone de Jack, l'épisode terrifiant dans l'ascenseur de la Peace Tower, et même l'apparition du tatouage demeuré caché jusqu'alors. Toutes ces choses avaient une explication : *elles existaient uniquement dans ma tête.* Et ce qui se trouvait dans ma tête pouvait changer le monde réel.

– As-tu conscience du don rare et particulier que tu possèdes ? Jack et toi êtes capables de faire des choses très impressionnantes. Regarde la façon dont tu as réglé le problème Gerard. Avant que tu l'affrontes, nous avions perdu espoir de récupérer ce dossier. Grâce à tes capacités, rien ne pourrait te résister. Et comme je l'ai dit à ton frère, la dernière fois que nous nous sommes parlé, finis les maigres salaires de stagiaire. Nous sommes prêts à te payer grassement pour que tu viennes travailler pour nous après avoir obtenu ton diplôme.

– Pour faire quoi, au juste ? De l'espionnage industriel ?

Noah se releva, le corps raidi par la colère.

– Évidemment ! Je comprends tout maintenant, Sam. Vous vous servez d'elle, hein ? Voilà le but de tout ça.

Sam Marvin croisa les bras. Il observa Noah d'un air agacé et secoua la tête.

Je regardai cet homme maigre dans son costume chic.

– Bien sûr que oui ! dis-je. Ils ne se sont jamais intéressés à Jack en tant que programmeur… ni à moi en tant que personne. Ce qu'ils veulent, c'est utiliser mes dons. S'ils trouvent normal d'introduire des *portes dérobées* dans les programmes de sécurité de leurs clients, ça ne les gênera pas de me demander de voler des documents importants ou des programmes.

Le visage de Sam Marvin s'empourpra.

– Il ne s'agit pas du tout de ça ! Tu ne comprends donc pas, Jocelyn ? Nous sommes de ton côté, et nous pouvons te rendre très riche. Tu ne seras plus jamais une pauvre petite fille adoptée. Nous te verserons un énorme bonus dès l'embauche.

Les poings serrés, je me tournai vers Zachary Saulto, qui se tenait près de la commode. Il avait enveloppé son doigt d'un mouchoir désormais rouge de sang et il continuait à examiner fiévreusement les données sur son ordinateur.

Je m'adressai à Sam Marvin, sans toutefois quitter le portable des yeux.

– Jack ne voulait pas du contrat que vous lui proposiez. Il ne voulait pas non plus vous restituer les codes de ces *portes dérobées* car ce que vous faites est mal.

À force de regarder fixement la clé USB qui dépassait de l'ordinateur de Saulto, je vis s'en échapper un mince filet de fumée. Saulto s'en aperçut seulement quand son écran devint tout noir. Il poussa un cri de désarroi et voulut arracher la clé, mais il retira aussitôt la main, en poussant un juron : il s'était brûlé. Sam Marvin se précipita vers l'ordinateur en hurlant.

Me levant d'un bond, je me ruai à l'extérieur de la pièce. Sans me soucier de leurs cris paniqués, je m'arrêtai dans les appartements d'Hazel, juste le temps de récupérer mon sac à dos. J'évitai de regarder le mur qui avait avalé Paul Gerard.

Je dévalai l'escalier et traversai le vestibule. Je franchis la porte d'entrée pour émerger dans la brume matinale. J'avalai les marches du perron, décidée à ne plus jamais revenir à Seale House.

J'entendis quelqu'un courir derrière moi. Noah criait mon nom. Je ralentis, juste assez pour lui permettre de me rejoindre.

– Je suis désolé, dit-il en calquant son pas sur le mien. Je ne voulais pas te faire du mal, Jocey. J'essayais juste de veiller sur toi.

Je tentai de reprendre mon souffle.

– Tout cela n'a plus d'importance maintenant.

Voyant la tristesse se peindre sur son visage, je murmurai :

– Moi aussi, je suis désolée.

C'est alors qu'un autre souvenir enfoui revint à la surface. Je me revis assise devant l'ordinateur, au milieu de la nuit, en train de discuter avec Noah en ligne, avec beaucoup de plaisir.

– Je n'ai jamais cherché à mentir.

Il me prit la main pour me retenir.

– Arrête-toi une minute, tu veux bien ?

Debout sur le trottoir à côté de lui, j'observais les mouvements subtils du brouillard.

– Je ne pourrais pas t'en vouloir si tu me hais.

– Je ne te hais pas. Je suis surtout triste que Jack soit mort il y a si longtemps, et à cause de l'enfer que tu as vécu.

La douleur de la perte de mon frère m'écrasait toujours, mais je la repoussai de mon mieux. Des larmes me brûlaient les yeux ; je battis des paupières pour les refouler.

– Toutes ces fois où on a communiqué et où tu croyais que c'était Jack…

– Tu m'as offert la seule véritable amitié que j'aie jamais eue. Maintenant que je sais que c'était toi, un tas de choses que nous avons partagées ces derniers jours prennent tout leur sens.

Submergée par l'humiliation, due aux phantasmes alambiqués que j'avais créés et à la quête insensée dans laquelle je nous avais entraînés, j'osais à peine le regarder.

– Il y a quelques minutes encore, je ne me souvenais même pas d'avoir fait tout ça. Je crois que je suis vraiment…

Noah me regarda d'un air perplexe.

– Une *freak*.

Il ne put cacher son émotion.

– C'est si grave que ça ?

J'éclatai en sanglots et il me prit dans ses bras.

– Ça va aller, Jocey.

– Comment veux-tu que ça aille ? Je suis folle, non ?

Sa bouche frôla ma tempe. Il soupira.

– On dirait bien.

Il ne me mentait pas et, pour cette raison, je l'aimais encore plus.

Je reculai, séchai mes joues et murmurai :

– Prends soin de toi, Noah.

Ses mains glissèrent le long de mes bras et il me lâcha. Je m'enfuis dans le brouillard, sans me retourner.

39
COUCHER DE SOLEIL

Après avoir quitté Watertown avec ma voiture endommagée par les flammes, je ne rentrai pas chez les Haberton. Même si cela voulait dire que je n'obtiendrais pas mon diplôme, il m'était totalement impossible de retourner dans cette maison où j'avais vécu avec un Jack imaginaire.

J'adressai à mes parents adoptifs une lettre pour leur dire combien je leur étais reconnaissante pour leur gentillesse. Je m'excusais également de partir de manière si brutale et concluais en disant que je ne les oublierais jamais.

Au cours des semaines suivantes, je vécus totalement seule, ici et là, survivant grâce à l'argent que j'avais retiré sur mon compte avec ma carte. Je franchis la frontière du Canada. Je me rendis d'abord à Toronto, mais cette ville était trop grande, trop bruyante, et je connus quelques moments d'angoisse en imaginant que Paul Gerard me suivait. Même si je n'avais plus la puce et si je savais que son expérience à l'intérieur de Seale House l'avait sans doute effrayé pour de bon, je ne parvenais pas à oublier ses yeux de fou.

« Mes nerfs me jouent des tours », me disais-je, mais n'ayant aucun moyen de m'assurer qu'il avait définitivement renoncé à me retrouver, je bougeais en permanence.

Décidant de voyager vers l'est, je visitai ensuite le New Brunswick et la Nouvelle-Écosse, deux endroits du Canada que j'avais toujours voulu voir. Pendant tout ce séjour, je restai dans mon coin et pris le temps dont j'avais besoin pour pleurer véritablement la mort de mon frère ; ce que je n'avais jamais fait. J'effectuai également des recherches sur les personnalités multiples. Plusieurs articles que je consultai sur Internet expliquaient que lorsque les personnalités se fondaient les unes dans les autres, c'était une bonne chose, le signe que le patient faisait des progrès. Les psychologues appelaient ça « l'intégration ». Je ne me sentais pas bien pour autant. Certes, j'avais récupéré quelques-uns des souvenirs de Jack, mais j'avais toujours l'impression d'avoir un gros trou en moi. Et chaque fois que je prenais une douche ou me changeais, ce X tatoué me rappelait comment mon frère avait marqué ma vie.

Quant à ces pouvoirs de télékinésie que m'attribuait Sam Marvin, je continuais à me demander, très sérieusement, si tout cela n'était pas lié à Seale House. Car maintenant que je m'étais éloignée de cet endroit maléfique, mes pouvoirs semblaient avoir disparu.

J'occupais mes journées à lire et à voyager, en jouant les touristes ordinaires. Le soir, la solitude devenait plus dure à supporter. Très souvent, l'image de Noah envahissait mes pensées ; je le revoyais debout sur le trottoir embrumé de Watertown, au moment de nos adieux. Aussi fort soit mon désir de le revoir, je savais que je ne pouvais pas faire machine arrière. Tout d'abord, j'étais le catalyseur qui avait transformé sa vie en champ de ruines ; à cause de moi, sa maison et tout ce qu'il possédait avaient été détruits. Pire encore : il avait perdu son meilleur ami. Je ne voyais pas comment je pourrais le regarder en face un jour.

Mai céda la place à juin et je me rendis à l'île du Prince-Édouard, l'endroit que j'avais le plus envie de découvrir quand, fillette, je lisais les romans de L. M. Montgomery. Cette île était toujours mon choix numéro un quand, avec Jack et Noah, on dressait la liste des endroits où on voudrait vivre, et en y débarquant, je ne fus pas déçue. C'était encore plus beau que je l'avais imaginé.

Dans la petite ville de Charlottetown, je trouvai un emploi chez une libraire spécialisée dans les livres d'occasion et louai une chambre dans une pension de famille. Très vite, je m'installai dans une paisible routine faite de travail, de la relecture des ouvrages de Montgomery qui avaient rendu cette île célèbre et de longues promenades. J'attendais avec impatience mes dix-huit ans, pour être enfin majeure, libérée de la peur de me retrouver dans un nouveau foyer d'accueil.

Le 1er juillet, aux petites heures du jour de mon dix-huitième anniversaire, je rêvai de Jack. On était enfants et on fêtait notre anniversaire en faisant une partie échevelée de base-ball dans un parc voisin. Il faisait semblant de courir au ralenti et je riais aux éclats en voyant sa démarche d'idiot. À mon réveil, le bonheur lié à ce souvenir persista, remplacé peu à peu par une sensation de quiétude. Comme si cette lourde pierre qui me broyait le cœur depuis si longtemps se soulevait.

Ce soir-là, assise sur une jetée dans la baie, je regardai le feu d'artifice de la fête nationale canadienne illuminer le ciel. Je souriais intérieurement en repensant à ce jour où on avait eu huit ans à Toronto. Ce n'est pas grave si on n'a pas de cadeaux, m'avait dit Jack. On a un feu d'artifice à la place, c'est encore mieux.

Le lendemain matin, la libraire me demanda d'aller lui chercher un paquet à la poste. J'en profitai pour regarder s'il n'y avait pas du courrier pour moi. Un monsieur d'un certain âge me remit le colis et une lettre.

– Il faut venir chercher votre courrier plus souvent, mademoiselle, me dit-il avec un sourire chaleureux. Cette lettre attend ici depuis un moment. Au bout de quinze jours, les envois sont retournés à leur expéditeur. (Il tapota le dos de l'enveloppe, totalement vierge, et ajouta :) Celles-ci, on les jette.

Je marmonnai une réponse polie, pris la lettre et quittai le bureau de poste. Une fois dehors, je me précipitai vers un banc abrité, m'y assis et posai le paquet sur mes genoux. Mes doigts se débattirent avec l'enveloppe. Finalement, je l'arrachai et regardai à l'intérieur, mais il n'y avait pas de lettre. Uniquement des pièces de puzzle qui glissèrent dans ma paume. Il s'agissait d'une photo découpée.

Je pensai immédiatement à Jack et aux indices de Jason Décembre, mais tout aussi vite, je me morigénai : ne sois pas idiote ! Je commençai à assembler les pièces et découvris rapidement que c'était une photo de Noah. Il tenait une grande feuille de papier sur laquelle était écrit un numéro de portable. J'observai son visage grave, déconcertée par l'intensité de son regard qui semblait me scruter.

Pendant plusieurs minutes, je restai assise là, à manipuler les pièces de la photo, comme pour tenter de les rapprocher le plus possible. Finalement, je sortis le téléphone que j'avais acheté récemment et composai le numéro qui figurait sur la feuille. Noah décrocha à la troisième sonnerie. Quand j'entendis sa voix après tout ce temps, mon cœur s'emballa. J'étais incapable de dire un mot.

Il attendit, aucun de nous deux ne parlait. Au bout d'un moment, il demanda :

– C'est toi, Jocey ?

Je fermai les yeux.

– Ne raccroche pas, dit-il.

J'obéis.

– Parle-moi, s'il te plaît.

J'inspirai à fond et soufflai lentement.

– Salut, Noah.

C'était à son tour d'hésiter. J'entendais ses doutes, même s'il essayait de les cacher.

– Hier... tu as eu dix-huit ans, je crois. Joyeux anniversaire.

– Merci.

Nouvel instant de gêne.

– Où étais-tu, Jocey ?

– Un peu partout.

Je pris les deux morceaux de puzzle qui composaient son visage, en me demandant pourquoi il s'était coupé en deux de cette façon.

– Tu as reçu mes mails ? demanda-t-il.

– Tes mails ?

– Oui. Je t'ai écrit sur la boîte de Jack, en espérant que tu la consulterais. J'ai laissé des messages sur des forums également. J'ai pensé qu'il y a certaines choses que tu aimerais savoir.

– Je ne vais plus tellement sur Internet. Disons que je fais une petite pause.

– Oui, bien sûr.

– Alors, quoi de neuf ?

– Il s'est passé un tas de trucs depuis ton départ. Tout d'abord, ISI a coulé. Ils se sont déclarés en faillite le mois dernier. Et Paul Gerard va bientôt se retrouver en prison. J'ai tout raconté à l'inspecteur Iverson, et la police a découvert son pistolet, là où il l'a laissé tomber, dans le salon d'Hazel. Il était couvert de ses empreintes. Les balles correspondent à celle qui a tué Georgie.

– Tant mieux. Georgie ne méritait pas de mourir de cette façon. (Je me tus et écoutai le silence à l'autre bout.) Merci de me l'avoir appris.

– Ça fait deux mois que j'essaye de te retrouver. Si tu n'as pas lu mes mails, j'en déduis que tu as reçu la photo que je t'ai envoyée à l'île du Prince-Édouard. C'est l'autre idée que j'ai eue pour essayé de te contacter.

– Un jour, j'irai en Californie, déclara Noah. Je vivrai sur la plage et plus jamais je ne déblayerai la neige à la pelle. Et toi, Jack ?

– En Chine, répondit mon frère sans la moindre hésitation, en brandissant les baguettes qu'il venait d'acheter. Je veux voir la Grande Muraille et apprendre le chinois.

Les deux garçons me regardèrent. Je fermai le roman de L. M. Montgomery que j'étais en train de lire. Les mains posées sur la couverture, je répondis :

– L'île du Prince-Édouard.

Noah éclata de rire.

– Tu veux aller quelque part à cause d'un bouquin ?

Malgré son ton moqueur, je sentais qu'il comprenait.

– Je peux venir te voir ? demanda Noah. Je pourrais être là dans la soirée.

Je rassemblai les pièces du puzzle dans ma main et serrai le poing. Difficile de croire qu'il avait réellement envie de me revoir.

– OK. Rendez-vous devant le phare du port au coucher du soleil.

Je coupai la communication avant que l'un ou l'autre puisse ajouter quelque chose.

J'atteignis un peu avant le coucher du soleil le chemin qui menait au phare carré, au bord de la baie. Le soleil étendait ses tresses dorées à la surface de l'eau et le ciel indigo était marbré de nuages lumineux.

À la sortie d'un virage, je m'arrêtai, les yeux fixés sur la silhouette lointaine d'un garçon éclairé en ombre chinoise par les reflets de la mer. Il se décolla de l'arbre contre lequel il était appuyé et je le reconnus immédiatement à sa démarche. C'était Noah.

Il s'approcha de moi. Le soleil couchant couvrait de bronze un côté de son visage et laissait l'autre moitié dans l'ombre. On se rejoignit à mi-chemin. Je plongeai mon regard dans ces yeux chaleureux qui m'avaient tant manqué. Noah tendit la main vers moi, puis se ravisa. Il la glissa dans la poche de son jean.

– Ça fait longtemps que tu attends ?

– Pas mal, oui.

Je voulais m'excuser, mais à la place, je demandai :

– Comment ça va, Noah ?

Il s'ensuivit un nouveau silence gêné, pendant que j'observais chacun de ses traits chéris.

– J'ai déménagé. Dans un petit appart.

– Ça ne répond pas à ma question.

– Oui, tu as raison. La vérité, c'est que je suis malheureux comme une pierre sans toi. Tu veux bien revenir à Watertown avec moi ?

Je détournai la tête, vers le port qui chatoyait comme de la soie dans le crépuscule grandissant. Noah se rapprocha et je sentis ses mains sur mes hanches, son souffle sur ma tempe.

– Si tu ne veux plus vivre là-bas, je comprendrai. On ira où tu veux, même en Californie. Ou bien, on restera ici quelque temps. Je peux exercer mon métier de programmeur n'importe où.

Une brise souffla dans le port et rida la surface de l'eau.

– Alors, qu'en dis-tu ?

J'étais incapable de répondre.

Il repoussa délicatement les mèches de cheveux qui barraient mon visage. Et d'une voix pleine de tendresse, il demanda :

– Qu'est-ce qui ne va pas, Jocey ?

– Pourquoi veux-tu vivre avec moi, Noah ? Je suis folle.

– Qui ne l'est pas ?

– Je suis dangereuse.

– Pas pour moi.

– Je suis une cinglée.

Il m'attira contre lui et m'embrassa longuement, lentement, si tendrement que toutes mes peurs commencèrent à se dissiper. Finalement, il se retira, juste le temps de demander :

– Tu m'aimes ?

– Tu sais bien que oui.

– C'est tout ce que je voulais entendre.

Il m'embrassa de nouveau. Ses bras m'encerclèrent et il me tint serrée. J'avais posé ma main sur sa poitrine et je sentais battre son cœur sous mes doigts. Je respirais son odeur. On demeura longtemps dans cette position, jusqu'à ce que je me détende dans son étreinte. Noah me lâcha et recula d'un pas. Il me regarda avec ses yeux incroyables.

– Tu vas venir avec moi, hein, Jocey ?

Je hochai la tête.

– Allons-y, alors.

Il me tendit la main. Je la pris et laissai ses doigts se glisser entre les miens. Il m'entraîna sur le chemin, en tournant le dos au phare, pour me conduire chez moi.

Je savais que Jack souriait quelque part.

REMERCIEMENTS

Du manuscrit brut au roman achevé, de nombreuses personnes ont influencé ce livre et méritent mes plus sincères remerciements.

Rachel : ma fille, mon amie et la meilleure confidente dont je pouvais rêver pour les séances de brainstorming littéraire. Deserét et Pamela : quelle chance d'avoir deux amies qui possèdent un tel talent pour lire les épreuves, mais aussi une grande finesse et une grande franchise. Jessica Regel, l'agent parfait pour ce travail, car non seulement tu as cru à son potentiel, mais, tout aussi important, tu as su repérer les changements qui s'imposaient. Et, bien sûr, Margaret Miller, ma perspicace directrice de collection, assez large d'esprit pour accepter ce livre et participer à son remaniement durant tout ce processus exaltant. Merci également à vous, Caroline Abbey, Danielle Delaney, Regina Roff, Alexei Esikoff et tous les gens de Bloomsbury.

Deux autres personnes ont énormément influencé ma vie, et donc mon travail d'écriture. Ma sœur Linda : tu es montée avec moi sur les terrifiantes montagnes russes de l'enfance sans jamais me lâcher la main. Et surtout, Kelly, l'homme qui, quand je suis enfin descendue de ce manège, m'attendait. Je suis ici grâce à toi.

TABLE DES MATIÈRES

DERNIERS TITRES PARUS DANS LA MÊME COLLECTION

Pas assez pour faire une femme, **Jeanne Benameur**

« Je suis nue.

Lui aussi. Tout près de moi.

La tête sur son coude replié il me regarde.

Tout à l'heure il a enlevé ses petites lunettes rondes cerclées de métal et j'ai aimé voir ses yeux. Son vrai regard. Comme si les yeux aussi pouvaient être nus. Tout son visage offert.

J'ai pris son visage dans mes mains et je me suis sentie transportée d'amour. Pour ce visage, ce corps, l'odeur de sa peau, son épaule. Lui. Tout lui. Complètement présent pour moi. Rien que pour moi.

J'en avais tellement rêvé. Et je pensais tellement que c'était impossible. »

(Extrait du chapitre 1)

Desert Angel, **Charlie Price**
traduit de l'anglais (États-Unis) par **Valérie Dayre**

« La bagarre démarra après minuit, Scotty bourré, la mère d'Angel pétée au crack. Comme ça ne se calmait pas, Angel quitta la caravane pour aller dormir à proximité, dans un petit creux formé par un fossé de drainage. À l'abri des vents nocturnes, isolée des cris et des menaces, Angel put se pelotonner dans sa robe de chambre et regarder les étoiles. Voilà longtemps qu'elle ne faisait plus de vœux. À quatorze ans, elle avait passé l'âge. Quand elle s'éveilla à l'aube, la camionnette était partie, la caravane était vide. Sur la cloison intérieure près de la porte, il y avait du sang. »

(Extrait du chapitre 1)

Que deviennent les enfants quand la nuit tombe ?, **Jean-Paul Nozière**

« Nous habitions la ferme depuis deux ans quand c'est arrivé. Je n'oublierai jamais cette journée, même si je dois vivre mille ans. La ferme n'en était plus une depuis longtemps. Quand mes parents ont acheté les bâtiments, pour une bouchée de pain, seuls les murs tenaient debout. Et encore. Mais il y avait beaucoup de terrain autour et papa disait qu'on pouvait faire quelque chose de sensationnel de la propriété.

– Il va falloir se retrousser sérieusement les manches et ne pas se montrer fainéants ! s'était-il exclamé, en shootant nerveusement dans une des nombreuses touffes d'orties qui envahissaient la cour.

Il s'était tourné vers moi, les sourcils en accent circonflexe, son regard évaluant à la fois la minceur excessive de mon corps de fille de quatorze ans et mes aptitudes à un travail de maçon. Mon père estimait que je m'intéressais trop aux mannequins des magazines de mode.

– Tes jolies mains vont déguster, Bertille. Je crois que nous devrions commencer par nous munir d'une collection de gants blindés.

"Gants blindés" était son genre d'humour ! »

(Extrait du chapitre 1)

Mary-Lou, **Stefan Casta**
traduit du suédois par **Agneta Ségol**

« C'est l'heure de pointe. Du moins pour moi. Notre cours de dessin de l'après-midi a eu lieu en plein air et je suis resté après les autres, ce qui m'a mis en retard. Je sors du métro à Skanstull et je me fraye un passage à travers la foule.

Comme d'habitude, je jette un regard dans la vitrine de la poissonnerie Göta Fisk. Il y a une pub pour du chien de mer. Tout en traversant Götgatan je me demande comment on cuisine le requin. À la poêle ou au court-bouillon ? Deux types dans une Peugeot 306 cabriolet me sortent de mes réflexions en me klaxonnant et je me réfugie sur le trottoir avec mon carton à dessins plein de croquis sous le bras.

C'est la première voiture décapotable que je vois cette année et je me fais la réflexion que l'été ne va pas tarder. On est mi-avril, l'air est doux et un soleil pâle, presque argenté, brille sur le quartier de Söder.

Cela explique peut-être pourquoi je ne la vois pas. Mes pensées sont trop occupées par l'été qui attend, par mes projets et par une petite inquiétude qui me ronge.

Tout d'un coup, je heurte quelque chose et je sens une douleur foudroyante dans mon pied droit. Je me retrouve à quatre pattes avec un million d'anges blancs voltigeant de façon incontrôlée autour de moi. Je dois avoir l'air complètement ridicule. »

(Extrait du chapitre 1)

L'Heure de la vengeance, **Jan Chr. Næss**
traduit du norvégien par **Pascale Mender**

« Comme une méduse dans une mer d'azur, le soleil flottait dans le ciel. Il clapotait contre la fenêtre de ma chambre quand je me réveillais, et quand je me couchais, la brûlure était encore là, dans tout le corps.

La nuit, j'étais en nage et je me retournais dans mon lit sans réussir à dormir.

C'est à la fin de cet été-là que j'ai frappé à la porte de l'enfer.

Difficile d'avoir les idées claires quand le soleil ne te laisse aucun répit. Difficile de prendre la bonne décision.

Il y en a un qui en a pris une sacrément mauvaise, de décision : Fanny a été tuée dans la maison d'à côté. Victime de coups portés à l'aide d'un objet contondant pendant que je suffoquais dans mon lit sans trouver le sommeil. »

(Extrait du chapitre 1)

Goodbye Berlin, Wolfgang Herrndorf
traduit de l'allemand par Isabelle Enderlein

« La nuit de samedi à dimanche. Quatre heures, avait dit Tschick. Ce serait la meilleure heure. Quatre heures du matin. J'ai presque pas dormi. J'ai somnolé la moitié de la nuit pour me réveiller illico quand j'ai entendu des pas sur notre terrasse. J'ai foncé vers la porte. Tschick était là, dans la pénombre, un sac de marin sur l'épaule. On chuchotait sans raison aucune. Tschick a posé son sac de marin dans notre vestibule, et puis on est partis.

En rentrant de Werder, il avait laissé la Lada dans la rue où elle était censée être le reste du temps. C'était à dix minutes de chez nous. En y allant, un renard a déboulé à nos pieds en direction du centre, un véhicule de nettoyage de la ville est passé en chuintant, et une retraitée expectorante a croisé notre chemin. Au finish, on se faisait plus remarquer qu'en plein jour. À trente mètres de la Lada, Tschick m'a fait signe d'attendre. Je me suis collé contre une haie, le cœur battant. Tschick a sorti une balle de tennis jaune de sa poche. Il a pressé la balle contre la poignée de la Lada et a appuyé dessus du plat de la main. Je comprenais pas bien en quoi c'était utile, mais Tschick a lancé dans un sifflement : “Les pros en action !” Puis il a ouvert la porte et m'a fait signe de le suivre. »

(Extrait du chapitre 1)

Samien, la Conquête de la planète froide, Colin Thibert

« Depuis son installation dans le comté du Vomer, Samien accompagnait Bolumir presque tous les jours, à la chasse ou à la pêche. Il appréciait la bonne humeur inaltérable du petit homme et ses talents de pisteur. Il n'y avait pas un sentier, pas une grotte, pas une source dont Bolumir ignorât l'existence. Il connaissait les habitudes de tous les animaux sauvages et savait lire leurs traces. À partir d'une laisse, d'une plume ou d'une touffe de poils accrochée à un épineux, il était capable de déduire l'âge de la bête, son poids, la direction qu'elle avait prise.

À l'instar de la plupart des natifs du comté, Bolumir était court sur pattes, vêtu de braies et d'une cotte rougeâtre, assortie à sa carnation. Il portait généralement un gros bonnet et des mitaines qu'il tricotait lui-même. Le contraste avec Samien, élancé, élégant et noir de peau, était plaisant. Les deux hommes s'appréciaient et se comprenaient à demi-mot. Bien que Samien restât plutôt discret sur son passé, Bolumir devinait qu'il avait traversé nombre d'épreuves. Le fait qu'il ait bourlingué à travers l'Outremonde et soit originaire des Kraspills, la plus haute chaîne de montagnes du Sarancol, forçait également son respect. »

(Extrait du chapitre 1)

Fuir les taliban, André Boesberg
traduit du néerlandais par Emmanuèle Sandron

« Des vautours se laissent porter dans le ciel bleu par les courants ascendants. L'ombre des montagnes se profile au loin. J'essaie de maîtriser ma respiration, de ne pas penser. Il pèse un tel silence sur le stade ! Difficile d'imaginer qu'avant, on jouait au football, ici. J'essuie mon front en sueur du revers de la main. Je me lèche les doigts, pour le sel, aussi précieux en été que le bois en hiver.

Regard furtif vers Obaïd. Il a les yeux fixés sur un point devant lui, le visage impénétrable, les mâchoires serrées. Si mes parents et Taya, ma sœur, savaient que je suis ici ! Mais ils l'ignorent, et je ne veux pas qu'ils l'apprennent. Je sens qu'il va se passer tant de choses cet après-midi. Des choses dont je n'ai encore qu'une vague idée. Des choses que je voudrai effacer le plus vite possible de ma mémoire.

"Le mieux, c'est d'oublier", dit toujours Obaïd.

Il sait de quoi il parle, il en a déjà vu beaucoup plus que moi. »

(Extrait du chapitre 1)

Le Monde dans la main, Mikaël Ollivier

« C'est mon plus lointain souvenir. L'un de mes premiers Noël, mais je n'en savais rien. Je ne savais rien à rien, je ne vivais même pas au jour le jour mais simplement au présent. Le présent. J'habitais le présent. Le temps n'existait pas encore pour moi. Mon monde se limitait à quelques visages familiers, des odeurs, des sons, la faim, le sommeil, la douleur, le chaud, le froid...

J'étais sur les genoux de ma mère. Il existe une photo de cet instant. L'image est sombre, mon visage rond de bébé n'y est éclairé que par les flammes des quatre bougies du carillon des anges, ce petit mobile sur son socle en laiton doré, au mécanisme si simple et si malin : les flammes forment des colonnes d'air chaud qui font tourner des ailettes qui, elles-mêmes, entraînent un axe supportant trois anges dans une ronde de plus en plus rapide qui permet à des petites tiges métalliques, à chaque passage, de faire tinter joyeusement des clochettes.

Mes parents avaient éteint la lumière pour mieux mettre en valeur le jeu des flammes sur le métal. Les anges s'étaient mis à tourner, sans bruit tout d'abord. Au plafond étaient apparus des reflets qui ressemblaient à la surface d'une eau précieuse. Puis un premier tintement, un autre, un autre encore, de plus en plus rapprochés. La ronde des anges avait atteint sa vitesse de croisière et le son des clochettes était devenu régulier. *Ding, ding, ding*… Fine chevauchée dans les aigus, promesse d'une magie à venir, d'une douceur qui tient en haleine, d'une beauté simple, poétique et fragile de la vie.

Et mon regard, ce réveillon-là, avait glissé des anges au visage de ma sœur de l'autre côté de la table. Alix, attentive, immobile, aussi transportée que moi, bouche ronde entrouverte et dans les yeux brillants une danse d'or et de lumières. »

(Extrait du chapitre 1)

Candor, Pam Bachorz
traduit de l'anglais (États-Unis) par Valérie Dayre

« *KA-TCHUNK, KA-TCHUNK, KA-TCHUNK.*

Le son arrive par la fenêtre de ma chambre. Il perturbe ma concentration. Non qu'il soit fort, mais il est impossible de l'ignorer. Ce n'est pas un bruit d'ici.

Ka-tchunk, ka-tchunk, ka-tchunk.

Candor est la même chaque soir. On y entend le chuintement de l'arrosage automatique. Le cri perçant des grenouilles des marais. Le bourdonnement de la camionnette anti-moustiques qui fait le tour de chaque pâté de maisons.

Ce bruit-là ne fait pas partie du programme.

Ka-tchunk, ka-tchunk, ka-tchunk.

Il devient plus fort à présent. Je recule ma chaise à roulettes de mon bureau et me lève. J'ai le temps d'une brève expédition dehors. Mon travail scolaire peut attendre cinq minutes. Ou plus, s'il s'agit d'un truc intéressant.

Mais l'un des Messages de P'pa jaillit dans mon cerveau. *Les études sont la clé du succès.* Ça m'immobilise net, mes pieds pèsent une tonne. Je n'irai nulle part. »

(Extrait du chapitre 1)

Rien qu'un jour de plus dans la vie d'un pauvre fou,
Jean-Paul Nozière

« – Tu surveilles Élise une petite heure, mon grand ? Le temps d'une ou deux courses dans le quartier.

Je déteste que maman m'appelle "mon grand". J'ai dix-sept ans. C'est ridicule. Surtout quand elle parle aussi fort, ameutant les autres personnes assises sur les bancs du parc Émile-Zola. Une façon de clamer : "C'est mon fils ! Il est beau, n'est-ce pas ? Et gentil à un point, si vous saviez !" Si je suis dans les parages, maman ne peut pas s'empêcher de débiter ces niaiseries à quiconque discute avec elle plus de trois minutes.

Mais là, nous sommes au parc alors que j'aimerais être sur la plage. Et je déteste surveiller ma sœur. Je ne suis pas si gentil que maman le dit. Obéissant, plutôt. Élise a trois ans. Un bébé. J'aurai l'air de quoi à pinailler autour des bacs à sable et des toboggans, pendant que ma sœur se fera tirer les cheveux par des têtes à claques ou tirera ceux des têtes à claques ? »

(Extrait du chapitre 1)

Samien, le Voyage vers l'outremonde, Colin Thibert

« Lorsque Samien se réveilla, la dernière lune avait quitté le ciel et, quelque part, un oiseau chantait pour saluer le lever du soleil. Il se sentait bien, n'avait plus mal nulle part et l'araignée bavarde de son cauchemar s'était évaporée avec le jour. Il quitta son abri et ôta sa chemise : la boursouflure rosâtre qui marquait son épaule droite, là où la mèche du fouet de Barthélemy l'avait entaillée, avait entièrement disparu. La peau était lisse, noire et luisante. Il se déshabilla entièrement : son corps ne portait plus la moindre trace, hormis, sur un genou, la cicatrice d'une chute ancienne. Devait-il cette guérison expresse à l'oxémie ? »

(Extrait du chapitre 3)

All together, Edward van de Vendel
traduit du néerlandais par Emmanuèle Sandron

« L'été dernier, ma vie a franchi le mur du son. Six mois se sont écoulés depuis août, mais elle reste marquée par ce clivage entre l'avant et l'après. Avant, j'étais un gars insignifiant de dix-huit ans ; aujourd'hui, je suis dévoré par un amour fou. Avant, je vivais dans mes rêves ; aujourd'hui, j'arbore un tatouage : un petit avion sur le bras qui, jour après jour, raconte mon départ pour l'Amérique, ma découverte de la Norvège et puis mon retour aux Pays-Bas. Autrement dit : mon voyage avec Oliver, mon voyage vers Oliver, mon voyage loin d'Oliver.

Avant, j'habitais chez mes parents ; aujourd'hui, je vis dans une coloc à Rotterdam. Avant, je préparais mon bac comme un imbécile ; aujourd'hui, je suis inscrit à l'École nationale de création littéraire. Avant, je papotais à la table de la cuisine avec ma mère ; aujourd'hui, je discute avec Vonda. Et avec Vonda, ma vie a franchi un deuxième mur du son. »

(Extrait du chapitre 1)

La Maison du pont, **Aidan Chambers**
traduit de l'anglais (Grande-Bretagne) par **Élodie Leplat**

« Adam surgit devant moi comme un fantôme. Un instant, je crois qu'il en est un. Puis, comme souvent par la suite, il transforme son apparition en jeu. Il fait semblant d'être un fantôme, mais seulement quand il découvre qu'il s'est trompé.

Alors qu'il cherche un endroit où squatter pour la nuit, il tombe sur la petite maison octogonale à côté du pont, pas de lumière, ça a l'air vide, mort, et il se dit que c'est son jour de chance. Il ne sait pas que je me trouve à l'intérieur ; en plus, c'est Halloween.

Il force la porte, doucement. Ça ne lui pose aucun problème. La serrure est vieille et fragile, il est costaud. Même s'il n'est pas grand – petit, souple – on a parfois l'impression qu'il a les muscles d'un homme vigoureux, ce qui participe de sa face cachée, de son mystère.

Il force la serrure si doucement que je ne me réveille pas. Cela fait trois mois que j'habite dans la vieille maison du péage et je dors bien, ce qui n'était pas le cas lorsque l'endroit m'était encore étranger et que je n'avais pas l'habitude d'être seul. »

(Extrait du chapitre 1)

En attendant New York, **Mitali Perkins**
traduit de l'anglais (États-Unis) par **Valérie Dayre**

« Par la vitre baissée, Asha et Reet pressaient les mains de leur père. Le train se mit lentement en mouvement, prit de la vitesse. Baba dut courir. Quand ses doigts échappèrent à leur étreinte, les filles se penchèrent davantage pour le voir s'effacer puis disparaître dans la brume de Delhi.

– Attention ta tête, Osh ! s'écria brusquement Reet en tirant sa sœur vers l'intérieur du compartiment.

Le train s'engouffrait dans un tunnel, il bringuebala violemment et, dans l'obscurité, Asha se cramponna au bras de sa sœur. En temps ordinaire, leur mère l'eût mise en garde bien avant Reet. Mais parfois Ma était prisonnière des griffes du Geôlier – ainsi les filles nommaient-elles la pesante mélancolie qui souvent tombait sur elle tel un linceul. Était-elle déjà partie si loin que même la crainte de voir sa fille décapitée ne pouvait la tirer de sa torpeur ?

Lorsque le train sortit en ahanant du tunnel, Asha eut peine à croire à ce qu'elle voyait. Leur mère avait enfoui son visage dans ses mains, et des larmes – de vraies larmes, mouillées, salées – striaient de larges sillons brunâtres ses joues poudrées.

Que se passait-il ? Il devait y avoir une erreur – il était impossible que Sumitra Gupta puisse pleurer. Les filles avaient maintes fois vu leur père ému aux larmes, même quand Ma ou Reet chantait la pluie, le chagrin ou les peines de cœur. Mais leur mère ne pleurait jamais, se retirant plutôt dans un silence froid qui pouvait durer des heures, des jours, des semaines. Jusqu'à des mois, comme après l'arrivée du télégramme lui annonçant la mort de sa mère. »

(Extrait du chapitre 1)

La vie commence, Stefan Casta
traduit du suédois par Agneta Ségol

« As-tu déjà pensé à ce que serait la vie sur la planète Terre s'il n'y avait que les hommes ?

S'il n'y avait pas d'oiseaux dans le ciel, pas de poissons dans la mer. Pas d'agneaux, pas de chiens de bergers, pas de chauves-souris, pas de lièvres blancs.

Rien que des Toi & Toi & Toi. Et des Moi & Moi & Moi.

Excuse-moi, c'est juste une idée qui vient de me passer par la tête. (Personnellement, je pense qu'on aurait une impression de grand vide !)

Mais venons-en au fait.

Je vais te raconter l'histoire d'une fille qui adore les animaux.

En écrivant ces lignes, je m'aperçois que je ne sais pas grand-chose d'elle. À peine son nom.

C'est sans doute ce qui explique pourquoi mes pensées volent comme des oiseaux dans ma tête.

Je soupire, j'arrête l'ordinateur et je vais me coucher.

Et quand je ferme les yeux, le monde s'éteint.

C'est alors que remontent *les contes*… »

(Extrait du chapitre 1)

Cet ouvrage a été achevé d'imprimer avec un décodeur sur Roto-Page
pour le compte des éditions Thierry Magnier
par l'Imprimerie Floch à Mayenne en août 2013
Dépôt légal : septembre 2013
N° d'impression : 85301
Imprimé en France